Cwrs Mynediad

Cwrs dechreuol

i oedolion sy'n

dysgu Cymraeg

A beginners'

course for adults

learning Welsh

Fersiwn y Gogledd

North Wales Version

Elin Meek

Cyhoeddwyd gan CBAC
Cyd-bwyllgor Addysg Cymru
Published by the WJEC
Welsh Joint Education Committee

Yr Uned Iaith Genedlaethol,
CBAC, 245 Rhodfa'r Gorllewin,
Caerdydd CF5 2YX
The National Language Unit,
WJEC, 245 Western Avenue,
Cardiff CF5 2YX

Argraffwyd gan Wasg Gomer
Printed by Gomer Press

Argraffiad cyntaf: 2005
Ail argraffiad: 2007

First impression: 2005
Second impression: 2007

ISBN 978 1860 856 112

Cyhoeddwyd trwy gymorth ariannol ELWa.

Published with the financial assistance of ELWa.

Noddir gan Lywodraeth Cynulliad Cymru
Sponsored by Welsh Assembly Government

Cydnabyddiaeth
Acknowledgements

Awdur: *Author:*	Elin Meek
Golygydd: *Editor:*	Glenys Mair Roberts
Dylunydd: *Designer:*	Olwen Fowler
Rheolwr y Project: *Project Manager:*	Emyr Davies
Awdur yr Atodiad i Rieni: *Author of the Appendix for Parents:*	Carole Bradley

Lluniwyd y darluniau ar y tudalennau canlynol gan Brett Breckon:
The illustrations on the following pages are by Brett Breckon:
tud./*pp.* v, 1, 8, 31, 76, 78, 87, 97, 104, 111, 114, 120, 161, 170, 178, 207, 210.

Lluniwyd y darluniau eraill gan Huw Vaughan Jones.
Other illustrations are by Huw Vaughan Jones.

Mae'r cyhoeddwyr yn ddiolchgar i'r canlynol am ganiatâd i ddefnyddio'r ffotograffau:
The publishers are grateful to the following for permission to use photographs:

Western Mail Cyf.	tud./*pp.* 37, 40, 56, 65, 150, 160.
Associated Press	tud./*pp.* 20, 130.
Bwrdd Croeso Cymru	tud./*pp.* 91, 168, 170, (a'r llun o'r Wyddfa ar y clawr / *and the picture of Snowdon on the cover*)
BBC	tud./*p.* 134.

Tynnwyd y ffotograffau eraill gan:
Other photographs were taken by:
Mark Johnson, Pinegate Photography

Nodyn / *Note*
Mae hwn yn gwrs newydd sbon, felly croesewir sylwadau gan ddefnyddwyr, yn diwtoriaid ac yn ddysgwyr. Anfonwch eich sylwadau drwy e-bost at: lowri.morgan@cbac.co.uk, neu drwy'r post at: Lowri Morgan, Yr Uned Iaith Genedlaethol, CBAC, 245 Rhodfa'r Gorllewin, Caerdydd CF5 2YX.

This is a brand new course, so we would welcome any comments from users, whether tutors or learners. Send your comments by e-mail to: lowri.morgan@cbac.co.uk, or by post to: Lowri Morgan, The National Language Unit, WJEC, 245 Western Avenue, Cardiff CF5 2YX.

Cyflwyniad

Introduction

Cwrs Mynediad is the first part of a three-level course that will help you to speak and understand Welsh. There are different versions for learners living in north and south Wales. It has been designed for groups of learners who meet in classes once a week, or on more intensive courses.

Cwrs Mynediad is made up of 30 units to be used in class with your tutor, including a revision unit every five units. The new patterns are shown in boxes and activities follow which help you to practise these patterns in class. There are vocabulary and grammar sections in each unit which are summarized at the end of each revision unit, as well as checklists for you to see how you are progressing. A separate *Pecyn Ymarfer* or *Practice Pack* is available, with tasks and exercises to help you revise at home. There are also CDs or cassettes accompanying the course, which will help you revise each unit through repetition and various exercises. The best advice is to use what you learn as soon as possible, with other learners, your tutor and others.

Two appendices are included at the end of the main course book. The first is for learners who are learning in their workplace. The second is for parents with children under five years old, who are learning with their children. Your tutor will select parts of these appendices, if they're relevant to the group, and use them in class. Otherwise, you can try them out for yourself.

At the end of the course, you will be ready to sit an exam, called *Defnyddio'r Gymraeg: Mynediad*. You don't *have* to sit an exam if you're following the course, but it does give you something to aim for. It is an accredited Entry Level qualification, and you should be able to take the different tests at a centre near you.

Learning a language is all about contact time – having as much contact with the language as possible, through listening, reading, speaking or writing. There are plenty of opportunities through radio, TV, magazines for learners, weekend courses and so on. Be aware of all the Welsh you see and hear around you. One particular member of a class I once taught took this 'contact time' business so seriously that he eventually became my husband! Learning Welsh is fun, but it does also demand a degree of commitment – the more you put into it, the more you'll get out of it.

Elin Meek

A Hitch Hiker's Guide to Learning 'Cymraeg'

1. Don't panic.

2. It is definitely not like learning languages at school. Expect to participate, play games and make a complete fool of yourself.

3. Grammar. Assume that the tutor is an idiot and knows nothing about grammar: he/she won't expect you to. Anyway, you've come to learn to speak Welsh, not to learn about grammar.

4. How to really annoy your tutor: (i) ask questions about grammar, (ii) write during oral/aural practice, (iii) have your nose in a dictionary throughout the lesson.

5. At some point, the tutor will have obstinately abandoned English virtually completely. Refer back to Point 1.

6. Remembering. Some people can remember things quickly, some people can't.

7. Frustrations. Experienced 'dysgwyr' talk about 'bridges' and 'plateaux'. This has nothing to do with geography, but that learners go through alternating periods of sinking/going backwards/going mad and of feeling on top of things. Remedy: large gin and tonic.

8. Don't expect too much too soon. Having mustered enough courage to talk to a native, you will probably face a completely incomprehensible torrent. Again refer to Point 1.

9. How to really please your tutor: (i) speak Welsh to each other, (ii) speak Welsh to other people. Pair work is there to help you learn the patterns, not to give you time to exchange the latest gossip in English.

10. Say everything you can say in Welsh. Think in terms of what you **can** say rather than what you **would like** to say. If this means adapting your lifestyle so that you only do the things that you can talk about, so be it.

11. Dialect. The tutor will be enabling you to communicate with the locals and therefore will teach you local words and phrases. Rumours that Hwntws/South Walians /Tibetans speak a completely different language are untrue. Be prepared for slight variations though.

12. Treigladau. Otherwise known as 'mutilations'. Learners find these strange at first, but they are not difficult, if you learn from examples. Welsh could change a tomato into 'domato', 'nhomato' and 'thomato' long before anyone heard of genetically modified food.

13. English words in Welsh. Welsh speakers can lean heavily on the English language – they stick an 'o' at the end of a word, and Hey Presto! A Welsh verb! They are not unique. Just you try speaking English avoiding the Latin or French borrowings.

14. Homework. This is usually given to reinforce aural/oral work. Getting it all right does not receive half as many brownie points as the tips in clause 9. of your guide.

15. Remembering. Link a pattern or phrase to something you already know, e.g. *Mae hi'n braf:* think of fine weather on the Costa **Brav**a. Also useful for remembering mutilations, e.g. Think of **Ll**anelli **l**osing (ll > l).

16. Look after your fellow victims: if someone's absent, ask the tutor for worksheets, or/and give them a ring – it could avoid dropping out. Frustrations shared are often lessened.

17. Find someone to practise with. Spouses, children and neighbours do have their uses – the family pet often makes a sympathetic listener. Talking out loud to yourself can also be very useful, especially if you sit in front of a mirror. You might even answer yourself back!

18. Essentially, the tutor can't *teach* you anything. This does not necessarily mean that he/she can't do his or her job, but that achievement is directly linked to the commitment and application of the individual learner – how much he or she uses Welsh outside the classroom walls.

Cynnwys

Cwrs Mynediad: Uned 1

Nod: Ynganu ***Pronunciation***

1. The Alphabet

Ymarfer efo'r tiwtor

Practise with the tutor

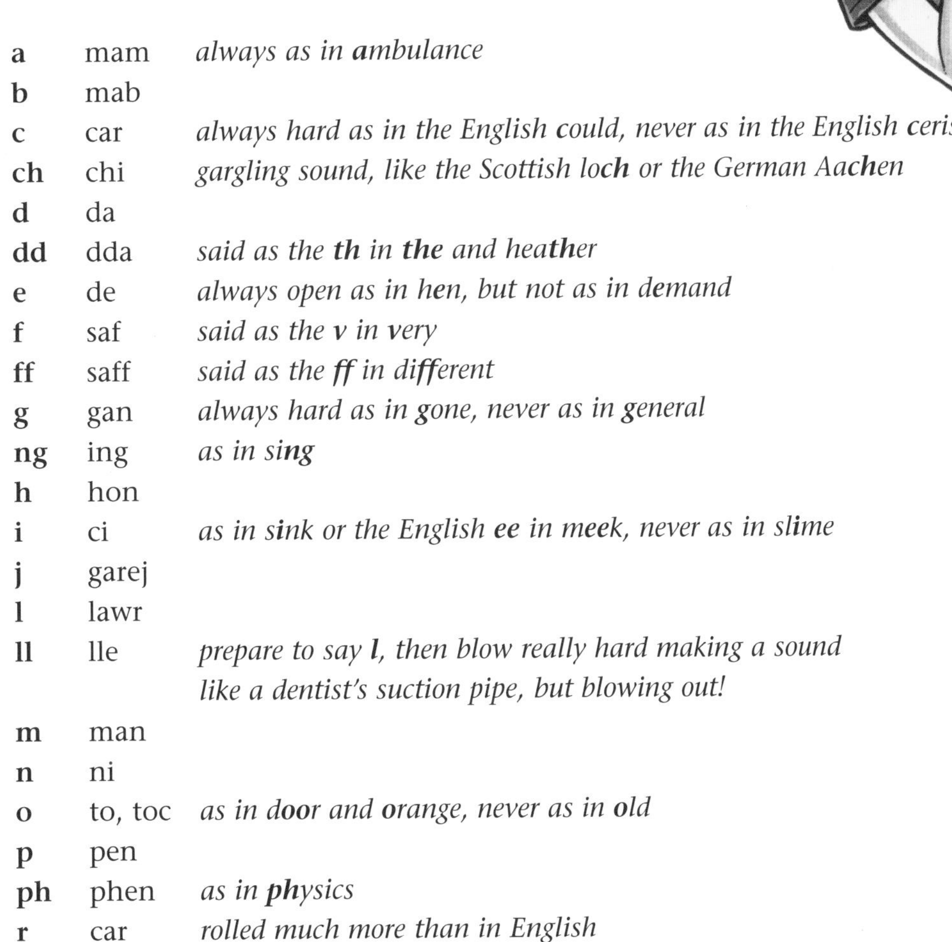

a	mam	*always as in **a**mbulance*
b	mab	
c	car	*always hard as in the English **c**ould, never as in the English **c**erise*
ch	chi	*gargling sound, like the Scottish lo**ch** or the German Aa**ch**en*
d	da	
dd	dda	*said as the **th** in **the** and hea**th**er*
e	de	*always open as in h**e**n, but not as in d**e**mand*
f	saf	*said as the **v** in **v**ery*
ff	saff	*said as the **ff** in di**ff**erent*
g	gan	*always hard as in **g**one, never as in **g**eneral*
ng	ing	*as in si**ng***
h	hon	
i	ci	*as in s**i**nk or the English **ee** in m**ee**k, never as in sl**i**me*
j	garej	
l	lawr	
ll	lle	*prepare to say **l**, then blow really hard making a sound like a dentist's suction pipe, but blowing out!*
m	man	
n	ni	
o	to, toc	*as in d**oo**r and **o**range, never as in **o**ld*
p	pen	
ph	phen	*as in **ph**ysics*
r	car	*rolled much more than in English – think lawn mowers and old-fashioned phones*

rh	rhif	*a more breathy* **r**, *without the voice*
s	saff	
	siop	***si-*** *is pronounced as sh in English, but the Welsh word* ***si*** *on its own is pronounced as the English sea, or the Spanish si.*
t	ti	
th	beth	*as in* ***th****ings*
u	uno,	
	pump	*as in* ***tree****,* ***pimp****, but make your lips rounder*
w	pwll	*as in* ***blue*** *or* ***cool***
y	dyn	*as in* ***Dean****, but, again, make your lips rounder*
	llyn	*as in the English* ***tin***
	Cymru	*as in* ***up***
	y, yr, yn,	
	dy, fy	*also as in* ***up***

- **ch, dd, ff, ng, ll, ph, rh, th** *are* ***one*** *letter in Welsh, so the word* ***lleng*** *would fit into 3 squares in a crossword.*

2. Ymarfer llafariaid

Practise your vowels

da	*good*
de	*south*
do	*yes*
du	*black*
dy	*your*

If there is a circumflex (^) on a vowel, keep it going a bit longer:

can	cân
her	sêr
mor	môr
pwn	sŵn
llyn	Llŷn

3. Ymarfer dwy sain

Practise two sounds

cofi	coffi
bedd	beth
dal	dall
iâ	iâr
saf	saff
fi	ffi
ofer	offer

llon	llong
Gwyneth	Gwynedd
nodi	noddi
dallu	dathlu
yr ardd	yr arth
crafu	craffu
dur	dŵr

dyn	dynion
sych	sychder
pys	pysgod
dydd	dyddiau
llys	llysiau
byd	bydol
hynny	ymyl
ynys	yfory
dyffryn	ysbyty

4. Combined vowels or diphthongs

Practise these with your tutor - are you feeling like a parrot yet?

- **ai, ae,** *and* **au** *as in the English aisle*
  craig
  aur
  traed
- **aw** as *in the English cow*
  cawr
  mawr
- **eu, ei** *and* **ey** *as in the English say*
  creigiau
  euraid
  Gwrtheyrn
- **oe, oi** *and* **ou** *as in the English boy*
  oed
  rhoi
  cyffrous
- **ow** *as in the English own*
  brown
- **wy** *as in the American English hooey*
  bwyd

Efo partner

With a partner

Say each of these in turn, then start again with the other partner going first this time:

1. mawr
2. troes
3. mwy
4. brown
5. main
6. lleyg
7. hwylio
8. bloedd
9. craig
10. owns
11. tawdd
12. neis
13. Duw
14. mewn
15. troir
16. dreigiau
17. draig
18. sain
19. cyffrous
20. mawn

---

5. Geiriau hir – lle i roi'r acen

Long words – where do you put the accent?

Mae'r acen fel arfer ar **y sillaf olaf ond un.**

The accent is usually on ***the last syllable but one.***

Ymarfer efo'r tiwtor, wedyn efo partner:

Practise with the tutor, then with a partner:

cymylog	tywyllwch	penderfynu	crochenwaith
dibynnu	meddygfa	mabolgampau	eliffantod
cymysgu	llygoden	Aberystwyth	cricedwr

Enwau llefydd

Place-names

Efo partner

With a partner

Mae gan Bartner A a Phartner B ddau fap gwahanol o Gymru. Partner A i ddewis enw lle a'i ddweud o, yna Partner B i chwilio am enw'n dechrau â'r un llythyren a'i ddweud o.

Partners A and B have two different maps of Wales. Partner A chooses a place-name and says it; Partner B has to look for a name starting with the same letter and say it.

Partner A

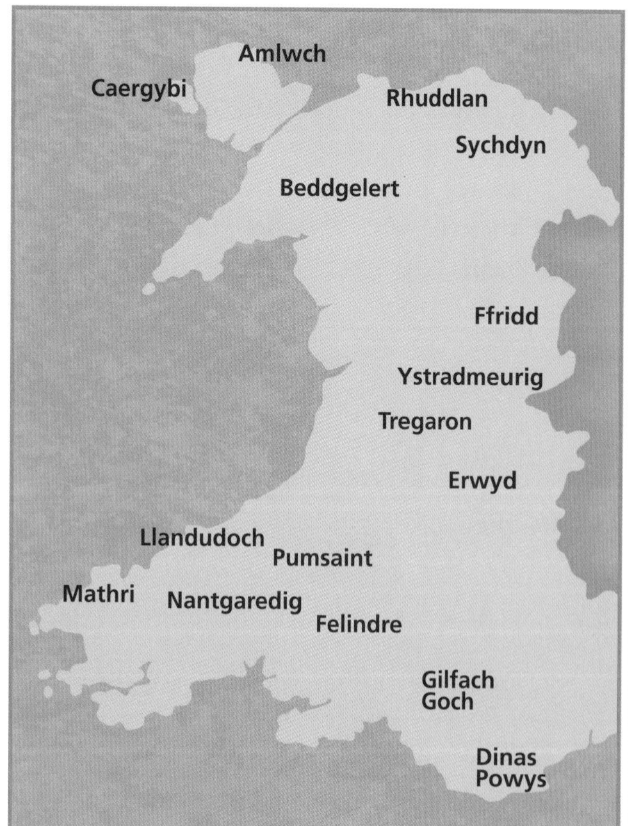

Partner B

Arwyddion

Signs

Efo partner

With a partner

Dyma rai arwyddion cyffredin. Ynganwch nhw.

Here are some signs you may already have seen here and there. Practise reading them aloud.

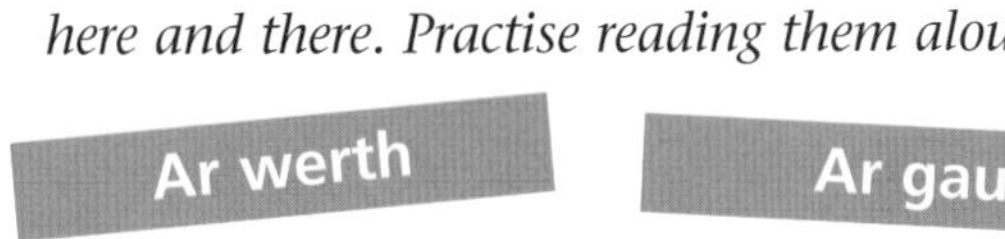

Y Prawf Terfynol

The Ultimate Test

Efo partner

With a partner

Dyma eiriau Cymraeg sydd hefyd yn eiriau Saesneg. Ynganwch nhw fel geiriau **Cymraeg**!

Here are some Welsh words which are also words in English.
*Pronounce them as **Welsh** words!*

1. partner	**2.** angel	**3.** Euros
4. cell	**5.** faint	**6.** pump
7. union	**8.** paid	**9.** truth
10. bun	**11.** allan	**12.** gem
13. march	**14.** campus	**15.** afraid
16. her	**17.** hurt	**18.** person
19. murmur	**20.** dull	**21.** dawn
22. sail	**23.** toes	**24.** draw
25. haul		

Have fun going over this unit before the next lesson!

Cwrs Mynediad: Uned 2

Nod: Cyfarch a chyflwyno, Cyfrif 0-10, Dyddiau'r wythnos
Greetings and introductions, Counting from 0-10, Days of the week

1. Cyfarchion / *Greetings*

S'mae?	*How are things/you?*
Bore da	*Good morning*
Pnawn da	*Good afternoon*
Noswaith dda	*Good evening*
Hwyl / Hwyl fawr	*Goodbye*

 **Efo partner**

Pa gyfarchiad?
Which greeting would you use at these different times of day?

8.00 a.m. 7.00 p.m. 2.30 p.m. 8.30 p.m.
10.00 a.m. 9.30 p.m. 11.05 a.m. 4.00 p.m.

2. Pwy dach chi? — *Who are you?*

__________ dw i	*I'm __________*
Braf eich cyfarfod chi	*Nice meeting you*

3. Sut dach chi? — *How are you?*

Da iawn, diolch	*Very well, thank you*
Iawn	*Fine*
Go lew, Gweddol	*O.K., Not bad*
Wedi blino	*Tired*
Ofnadwy	*Terrible*

Tasg i'r dosbarth **Gofynnwch i 4 person**
Ask 4 people

	Pwy dach chi?	Sut dach chi?
1.		
2.		
3.		
4.		

4. Cyfrif / *Counting*

0	-	dim
1	-	un
2	-	dau
3	-	tri
4	-	pedwar
5	-	pump
6	-	chwech
7	-	saith
8	-	wyth
9	-	naw
10	-	deg

Grid Bingo

Ysgrifennwch dri rhif o 0 - 10 yn y grid a gwrandewch ar eich tiwtor yn galw'r rhifau.

Write three numbers from 0 - 10 in the grid and listen to your tutor calling out the numbers.

Gwneud sỳms!

Rhowch yr ateb i'r symiau yn Gymraeg.

Give the answer to the sums in Welsh.

1. 4 + 5 = ____________
2. 8 – 2 = ____________
3. 3 + 4 = ____________
4. 8 – 6 = ____________
5. 5 + 3 = ____________
6. 4 + 6 = ____________
7. 9 + 2 - 11 = ____________

5. Dyddiau'r wythnos / *Days of the week*

Dydd Sul	*Sunday*
Dydd Llun	*Monday*
Dydd Mawrth	*Tuesday*
Dydd Mercher	*Wednesday*
Dydd Iau	*Thursday*
Dydd Gwener	*Friday*
Dydd Sadwrn	*Saturday*

 **Efo partner**

Yn eich tro, dwedwch ddyddiau'r wythnos mewn trefn, gan ddechrau efo dydd Sul.

Take it in turns to say the days of the week in order, starting with Sunday.

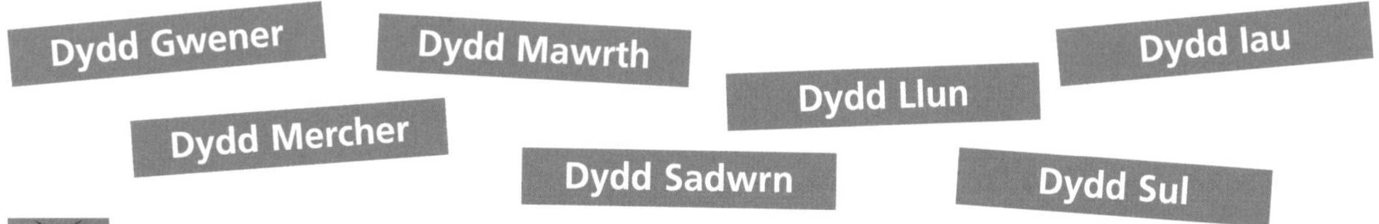

Deialog

A: **Bore da**. Pwy dach chi?
B: **Siân** dw i. Pwy dach chi?

A: **Huw** dw i. Sut dach chi, **Siân**?
B: **Wedi blino**. Sut dach chi?

A: **Da iawn**. Braf eich cyfarfod chi. Hwyl!
B: Hwyl!

Ewch dros y ddeialog efo'ch partner, yna newidiwch y geiriau sydd mewn **llythrennau trwm**, er enghraifft:

Practise the dialogue with your partner, then change the words in **bold letters**, *for example:*

A: **Pnawn da**. Pwy dach chi?
B: **John** dw i. Pwy dach chi?

A: **Carol** dw i. Sut dach chi, **John**?
B: **Go lew.** Sut dach chi?

A: **Ofnadwy.** Braf eich cyfarfod chi. Hwyl!
B: Hwyl!

Cwrs Mynediad: Uned 3

Nod: Gofyn am wybodaeth sylfaenol a'i rhoi ***Asking for and giving basic information***

1.	**Be' ydy'ch enw chi?**	*What's your name?*
	Huw dw i	*I'm Huw*
	Gareth dach chi?	*Are you Gareth?*
	Ia / Naci	*Yes/No*

2.	**Be' ydy'ch rhif ffôn chi?**	*What's your phone number?*
	Caerdydd 567 900	*Cardiff 567 900*

Holwch am enw a rhif ffôn hyd at 5 o bobl.

Ask for the name and phone number of up to 5 people.

	Enw	Rhif ffôn
Person 1		
Person 2		
Person 3		
Person 4		
Person 5		

3.	**Lle dach chi'n byw?**	*Where do you live?*
	Dw i'n byw yn Abertawe	*I live in Swansea*
	Dw i'n byw yn ymyl Bangor	*I live near Bangor*
	Dach chi'n byw yn Aberystwyth?	*Do you live in Aberystwyth?*
	Ydw / Nac ydw	*Yes/No*
	Dw i ddim yn byw yn Llangefni	*I don't live in Langefni*

Ceisiwch ddyfalu lle mae eich partner yn byw.
Try and guess where your partner lives.

'Dach chi'n byw yn Aberystwyth?'
'Ydw, dw i'n byw yn Aberystwyth'

neu

'Nac ydw, dw i ddim yn byw yn Aberystwyth'

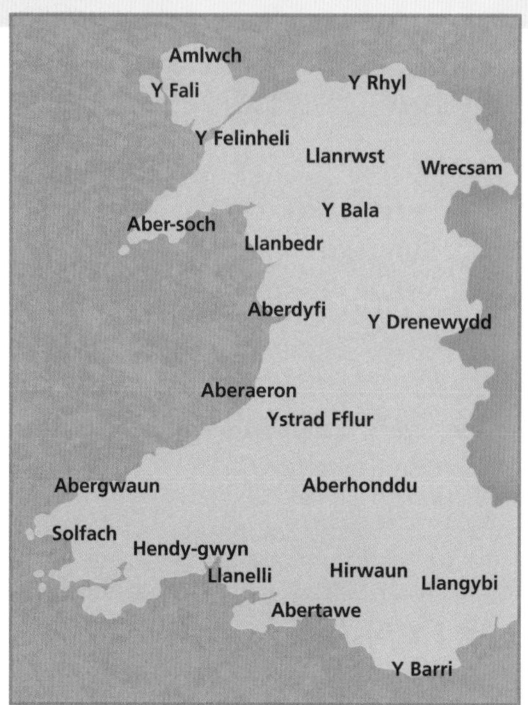

4.	**O le dach chi'n dŵad yn wreiddiol?**	*Where do you come from originally?*
	Dw i'n dŵad o Ddinbych	*I come from Denbigh*
	Dw i'n dŵad o Loegr	*I come from England*

Don't worry about the letter changes at the beginning of words for now, e.g. o **Dd**inbych. *These will be explained later. Learn what* ***you*** *need to say.*

5.	**Be' dach chi'n wneud?**	*What do you do?*
	Athrawes dw i	*I'm a teacher (female)*
	Mecanic dw i	*I'm a mechanic*
	Gŵr tŷ dw i / Gwraig tŷ dw i	*I'm a house husband / I'm a housewife*
	Dw i wedi ymddeol	*I'm retired*
	Dw i'n ddi-waith	*I'm unemployed*

6. **Lle dach chi'n gweithio?** *Where do you work?*

Dw i'n gweithio mewn siop	*I work in a shop*
Dw i'n gweithio yn y banc	*I work in the bank*
Dw i'n gweithio yn Tesco	*I work in Tesco*
Dw i'n gweithio fel actor	*I work as an actor*
Dw i'n gweithio i M&S	*I work for M&S*

Holiadur

Ewch o gwmpas y dosbarth er mwyn llenwi'r grid.

Go around the class to fill in the grid.

Enw?	Gethin						
Rhif ffôn?	209887						
Byw?	Gaerwen						
O le?	Caerdydd						
Gweithio?	Banc						

Deialog

A: Wel, helo, sut dach chi?
B: **Da iawn**, diolch.
A: Dach chi'n byw **yn Aberhonddu** rŵan?
B: Nac ydw. Dw i'n byw **yn Llanrwst.**
A: Be' dach chi'n wneud rŵan?
B: Dw i'n gweithio **yn y banc**. A chi?
A: Dw i **wedi ymddeol**. A dw i'n dysgu Cymraeg!

Geirfa

actor - *actor*
ar hyn o bryd - *at the moment*
athrawes (b) - *teacher (female)*
athro - *teacher (male)*
banc - *bank*
byw - *to live*
di-waith - *unemployed*
dŵad - *to come*
enw - *name*
gŵr tŷ - *house husband*
gwraig tŷ (b) - *housewife*
gweithio - *to work*
mewn - *in a*
o (+ TM) - *from (+ Soft Mutation)*
rŵan - *now*
rhif ffôn - *phone number*
siop (b) - *shop*
swyddfa (b) - *office*
wedi ymddeol - *retired*
yn - *in + the / in + specific place*
yn wreiddiol - *originally*
yn ymyl - *near*
ysbyty - *hospital*
ysgol (b) - *school*

Ychwanegwch eirfa sy'n berthnasol i chi:
Add vocabulary that's relevant to you:

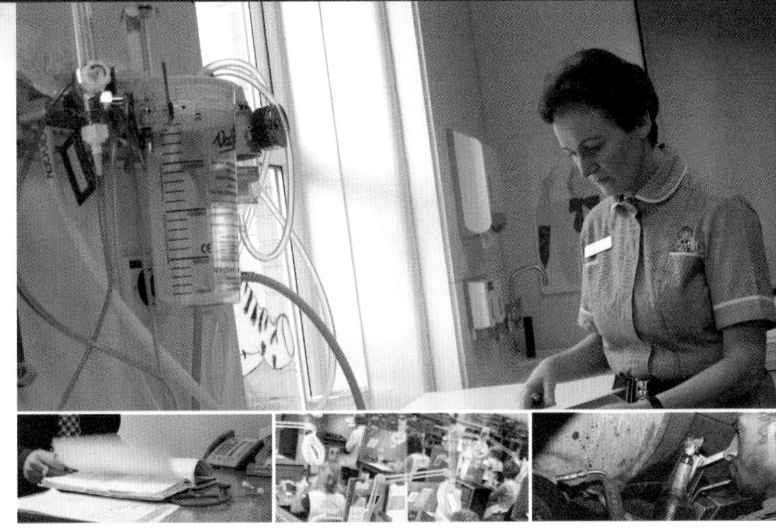

Gramadeg

Mewn or **yn**?

Use **mewn** *when it means* ***in a:***

in a hospital = mewn ysbyty
in a factory = mewn ffatri

Use **yn** *when it means* ***in the*** *or when you refer to somewhere* ***specific:***

in Glan Clwyd hospital = yn Ysbyty Glan Clwyd
in the Sony factory = yn ffatri Sony

Mutating place-names

With place-names, people often don't mutate after o, *but here is how it should be done!*

There is a ***soft mutation*** *after* o.

Pontypridd	o **B**ontypridd
Bangor	o **F**angor
Tyddewi	o **D**yddewi
Dinbych	o **Dd**inbych
Caerfyrddin	o **G**aerfyrddin
Glyn-nedd	o **L**yn-nedd
Maentwrog	o **F**aentwrog
Llandudno	o **L**andudno
Rhydcymerau	o **R**ydcymerau

Y Treiglad Meddal
Soft Mutation

P	→	B
B	→	F
T	→	D
D	→	Dd
C	→	G
G	→	...
M	→	F
Ll	→	L
Rh	→	R

Cwrs Mynediad: Uned 4

Nod: Gofyn am wybodaeth sylfaenol am berson arall a'i rhoi
Asking for and giving basic information about another person

1.	**Be' ydy ei enw o?**	*What's his name?*
	Huw ydy o	*He's Huw*
	Be' ydy ei henw hi?	*What's her name?*
	Carol ydy hi	*She's Carol*
	Pwy ydy o?	*Who's he?*
	Simon ydy o	*He's Simon*
	Pwy ydy hi?	*Who's she?*
	Llinos ydy hi	*She's Llinos*
	Gareth ydy o?	*Is he/that Gareth?*
	Ia / Naci	*Yes/No*
	Heulwen ydy hi?	*Is she/that Heulwen?*
	Ia / Naci	*Yes/No*

2.	**Be' ydy ei rif ffôn o?**	*What is his phone number?*
	Be' ydy ei rhif ffôn hi?	*What is her phone number?*
	Be' ydy rhif ffôn Edward/Carol?	*What is Edward/Carol's phone number?*
	Caerdydd 567440	*Cardiff 567440*

Trafod rhifau ffôn

Discussing phone numbers

Ysgrifennwch enwau 4 person a holwch **rywun arall** be' ydy eu rhif ffôn.

Write the names of 4 people and ask ***someone else*** *for their phone number.*

Enw	Rhif ffôn

3.

Lle mae o'n byw?	*Where does he live?*
Mae o'n byw mewn fflat	*He lives in a flat*
Mae o'n byw ar fferm	*He lives on a farm*
Lle mae hi'n byw?	*Where does she live?*
Mae hi'n byw yn y wlad	*She lives in the country*
Mae hi'n byw yn y dre	*She lives in town*
O le mae o/hi'n dŵad yn wreiddiol?	*Where does he/she come from originally?*
Mae o'n dŵad o Aberdâr yn wreiddiol	*He comes from Aberdare originally*
Mae hi'n dŵad yn wreiddiol o'r Rhyl	*She comes from Rhyl originally*

4.

Be' mae o'n wneud?	*What does he do?*
Mecanic ydy o	*He's a mechanic*
Be' mae hi'n wneud?	*What does she do?*
Meddyg ydy hi	*She's a doctor*

Dyfalu be' mae o neu hi'n wneud

Guessing what he/she does

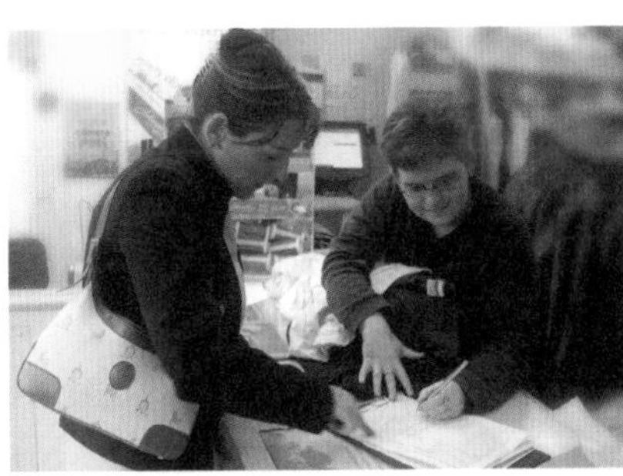

Gofynnwch i'ch partner:

Ask your partner:

'Be' mae Morys yn wneud? Artist ydy o?'

neu: 'Be' mae Linda'n wneud? Ysgrifenyddes ydy hi?'

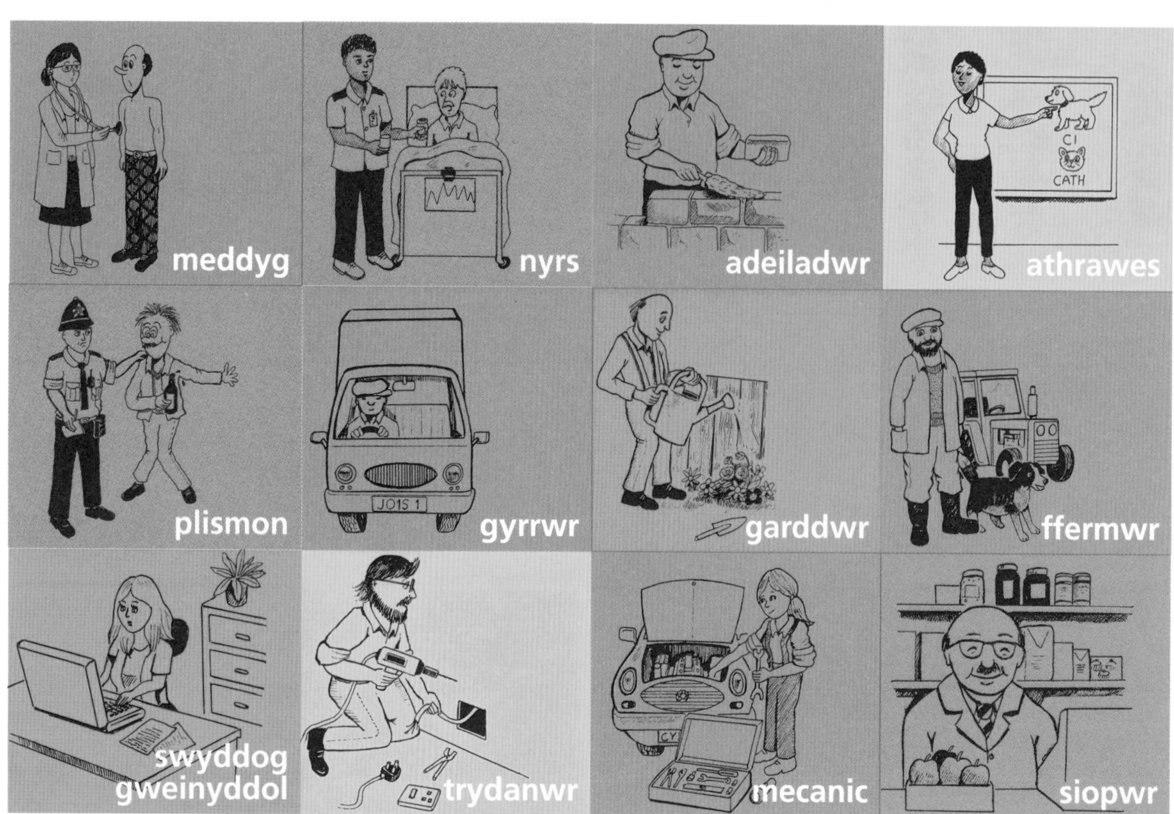

5.	**Ydy o'n gweithio?**	*Does he work?*
	Ydy, mae o'n gweithio fel garddwr	*Yes, he works as a gardener*
	Ydy, mae o'n gweithio efo plant	*Yes, he works with children*
	Nac ydy, mae o'n ddi-waith	*No, he's unemployed*
	Ydy hi'n gweithio?	*Does she work?*
	Ydy, mae hi'n gweithio fel ysgrifenyddes	*Yes, she works as a secretary*
	Ydy, mae hi'n gweithio efo cyfrifiaduron	*Yes, she works with computers*
	Nac ydy, mae hi wedi ymddeol	*No, she's retired*

Deialog

A: Dach chi'n nabod **Gareth Lloyd**?
B: **Gareth Lloyd**? .... **Meddyg** ydy o?
A: Ia, mae o'n byw ger **Penrhosgarnedd**.
B: Ydy o'n gweithio rŵan?
A: Ydy. Mae o'n gweithio mewn **ysbyty** yn **Lerpwl**.
B: Ond o le mae o'n dŵad yn wreiddiol?
A: O **Gaerdydd**, dw i'n meddwl.

Geirfa

actor	-	*actor*
actores (b)	-	*actress*
adeiladwr	-	*builder*
ar fferm	-	*on a farm*
cyfrifiadur(on)	-	*computer(s)*
efo	-	*with*
efo cyfrifiaduron	-	*with computers*
efo fi	-	*with me*
efo plant	-	*with children*
fel	-	*as (a)*
fferm (b)	-	*farm*
ffermwr	-	*farmer*
fflat	-	*flat*
gwybod	-	*to know (fact)*
gyrru	-	*to drive*
gyrrwr	-	*driver*
mecanic	-	*mechanic*
meddwl	-	*to think*
meddyg, doctor	-	*doctor*
nabod	-	*to know (person)*
nyrs	-	*nurse*
ond	-	*but*
plant	-	*children*
plismon	-	*policeman*
plismones (b)	-	*policewoman*
siopwr	-	*shopkeeper; shopper*
swyddog gweinyddol	-	*administrative officer*
trydanwr	-	*electrician*
tŷ	-	*house*
y wlad	-	*the country/countryside*
y dre	-	*the town*
ysgrifennydd	-	*secretary (male)*
ysgrifenyddes (b)	-	*secretary (female)*
Dyma Edward	-	*This is Edward*
Dw i ddim yn gwybod	-	*I don't know (fact)*

Ychwanegwch eirfa sy'n berthnasol i chi:

Add vocabulary that's relevant to you:

Gramadeg

Answering 'Yes / No'

We have already seen that if a question begins with:

Dach chi ...? *the answer is* **Ydw / Nac ydw**

If a question begins with:

Ydy o / Ydy hi ...? *the answer is* **Ydy / Nac ydy**

If there is a name or profession at the beginning of the question:

Huw dach chi?
Actor ydy o? *the answer is* **Ia / Naci**

yn ('n) and **wedi**

You don't need **'n** *with* **wedi:**

Dw i wedi ymddeol. (*Not*: *Dw i'n wedi ymddeol.)

y / yr / 'r

y *is used before consonants -*

y dre, **y** siop

yr *is used before vowels and* 'h' -

yr ysbyty, **yr** ysgol, **yr** adran *(department)*, **yr** haf *(summer)*

'r *is used after vowels -*

Be' ydy enw'**r** dyn? *(What's the man's name?)*
Mae o'n gyrru'**r** lori. *(He drives the lorry)*

Cwrs Mynediad: Uned 5

Nod: Adolygu ac ymestyn ***Revision and extension***

1. Sut dach chi erbyn hyn? — *How are you by now?*
S'mae heno? — *How are you/things tonight?*
Sut dach chi heddiw? — *How are you today?*
S'mae prynhawn 'ma? — *How are you/things this afternoon?*

Esgusodwch fi! — *Excuse me!*
Os gwelwch chi'n dda / Plîs — *Please*
Croeso — *Welcome/You're welcome*

2. Gwraig Bob dw i — *I'm Bob's wife*
Gŵr Helen ydy o — *He's Helen's husband*
Partner Kevin ydy hi — *She's Kevin's partner*
Ffrind Sandra ydy hi — *She's Sandra's friend*

Grid 'Pwy dach chi?'

Darllenwch y brawddegau y mae'r tiwtor wedi eu rhoi ichi, a'u cofio!
Ysgrifennwch enw'r person dach chi'n ei holi a gofynnwch 'Pwy dach chi?'
Ysgrifennwch yr enwau yn y blychau perthnasol.

Read the sentences your tutor has given you, and remember them! Write the name of the person you're talking to and ask who he or she is. Write the names in the relevant boxes.

ENW	Partner/ Cariad pwy?	Gŵr/Gwraig pwy?	Brawd/ Chwaer pwy?	Tad/Mam pwy?	Hogyn/ Hogan pwy?	Ffrind pwy?
Carol		Elfed	Simon	Donna	Sheila a Derek	Siân

Pwy dach chi'n nabod?!

Sgwariau sydyn

Dewiswch un elfen o bob sgwâr ac atebwch gwestiynau eich partner.

Choose one element from each square and answer your partner's questions.

enw?

Sara	Meirion	Elwyn
Nesta	Ceinwen	Huw
Morys	Rholant	Betsan
Esyllt	Iwan	Llŷr

byw?

mewn tŷ	yn y wlad
mewn carafán	mewn fflat
mewn bwthyn	ar fferm
mewn hostel i fyfyrwyr	yn y dre

yn wreiddiol?

O Bontypridd	O Lundain
O Dde Affrica	O Tiger Bay
O Langwyryfon	O Abertawe

gweithio?

yn ysbyty Llandudno
mewn swyddfa
yn Asda
mewn llyfrgell
efo Huw Jones

Fy ffrind gorau

Llenwch y golofn 'Fy Ffrind Gorau 1' rŵan, ac ar ddiwedd y gweithgaredd llenwch 'Fy Ffrind Gorau 2'.

Complete the column 'Fy Ffrind Gorau 1' now, and at the end of the activity, fill in 'Fy Ffrind Gorau 2'.

	Fy Ffrind Gorau 1	Fy Ffrind Gorau 2
Enw		
Byw?		
Dod?		
Gwneud?		

Siart achau

Edrychwch ar y siart achau yma, a siaradwch efo'ch partner.
Cofiwch am yr atebion 'Ia' a Naci'!

With your partner, take your turns to ask and answer questions based on the family tree. Some examples are given. Remember the responses, 'Ia' and 'Naci'!

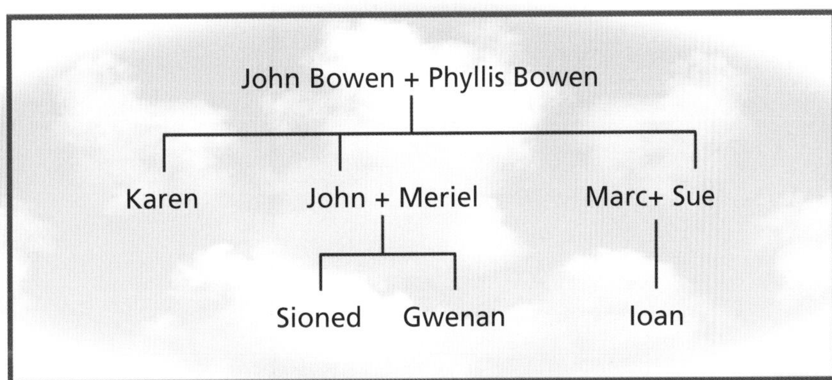

A: Brawd Sue ydy Marc?
B: Naci, gŵr Sue ydy Marc. Mab Meriel ydy Ioan?
A: Naci, ... etc.

Darn i'w ddarllen yn uchel

Read this paragraph aloud:

Carys Morgan ydy fy ffrind gorau. Mae hi'n byw yn ymyl Llanfair-pwll erbyn hyn, ond mae hi'n dŵad o Gaerdydd yn wreiddiol. Mae hi'n gweithio i'r Cyngor Cefn Gwlad ym Mangor a dw i'n gweithio efo hi yno. Mae ei phartner hi, Robert, yn gweithio efo cyfrifiaduron yn y tŷ. Mae o'n dŵad o Loegr yn wreiddiol ac mae o'n dysgu Cymraeg mewn dosbarth yng Nghaernarfon.

Geirfa

brawd	-	*brother*
bwthyn	-	*cottage*
carafán (b)	-	*caravan*
cariad	-	*boyfriend/girlfriend*
cath (b)	-	*cat*
ci	-	*dog*
chwaer (b)	-	*sister*
efo hi	-	*with her*
erbyn hyn	-	*by now*
Esgusodwch fi!	-	*Excuse me!*
gŵr	-	*husband*
gwraig (b)	-	*wife*
heddiw	-	*today*
heno	-	*this evening, tonight*
hogan (b)	-	*daughter*
hogyn	-	*son*
hostel i fyfyrwyr	-	*students' hostel*
mam (b)	-	*mother*
neu	-	*or*
o hyd	-	*still*
os gwelwch yn dda	-	*please*
plîs	-	*please*
tad	-	*father*
teulu	-	*family*
yng nghyfraith	-	*in law*

Ychwanegwch eirfa sy'n berthnasol i chi:

Add vocabulary that's relevant to you:

Gramadeg

Mutations

Dyma'r treigladau dan ni wedi eu gweld hyd yn hyn.

For reference, these are the mutations we have seen so far. Not all Welsh-speakers use them consistently, so don't worry too much about them at this stage!

Treiglad Meddal *Soft Mutation*		
P	→	B
B	→	F
T	→	D
D	→	Dd
C	→	G
G	→	...
M	→	F
Ll	→	L
Rh	→	R

Treiglad Trwynol *Nasal Mutation*		
P	→	Mh
B	→	M
T	→	Nh
D	→	N
C	→	Ngh
G	→	Ng

Gwrando

1. Rhowch gylch o gwmpas yr enwau pobl/llefydd dach chi'n eu clywed.
Put a circle around the names and place-names that you hear.

Carwyn	Geraint	Aberystwyth
Abertawe	Llywelyn	Hwlffordd
Garmon	Caerfyrddin	Caerdydd
Glyndwr	Casnewydd	Branwen
Llanelli	Abergwaun	Marian

2. Dewiswch rhwng yr ateb yng ngholofn A neu B.
Choose between the answer in columns A or B.

	A	B
Lle mae Geraint Lloyd heno?	Caerdydd	Abertawe
O le mae Garmon yn dŵad yn wreiddiol?	Casnewydd	Caerdydd
Lle mae Garmon yn gweithio?	mewn ffatri	mewn llyfrgell
Lle mae Branwen yn byw?	mewn fflat	ar fferm
Be' ydy gwaith Branwen?	ysgrifenyddes	plismones
Be' ydy enw mam Branwen?	Marian	Miranda

3. Llenwch y grid.
Complete the grid.

Enw	Dŵad o?	Gweithio?	Byw?
Garmon			
Branwen			

Rhestr gyfair *Check list*

Ticiwch be' dach chi'n medru wneud. Yn Gymraeg! *Tick what you can do. In Welsh!*

- ☐ Dw i'n medru cyfrif o 0 - 10
  I can count from 0 - 10
- Dw i'n medru cyfarch pobl
  I can greet people
  - ☐ yn y bore
    in the morning
  - ☐ yn y pnawn
    in the afternoon
  - ☐ gyda'r nos
    in the evening
- ☐ Dw i'n medru dweud dyddiau'r wythnos
  I can say the days of the week
- ☐ Dw i'n medru dweud be' ydy fy enw i
  I can say what my name is
- ☐ Dw i'n medru dweud be' ydy fy rhif ffôn i
  I can say what my phone number is
- ☐ Dw i'n medru dweud pwy ydw i, e.e. Partner Kevin dw i.
  I can say who I am, e.g. I'm Kevin's partner.
- ☐ Dw i'n medru dweud lle dw i'n byw
  I can say where I live
- ☐ Dw i'n medru dweud be' dw i'n wneud
  I can say what I do
- ☐ Dw i'n medru dweud lle dw i'n gweithio
  I can say where I work
- ☐ Dw i'n medru gofyn am fanylion personol rhywun arall
  I can ask for another person's personal details
- ☐ Dw i'n medru dweud be' ydy enw rhywun arall
  I can say what another person's name is
- ☐ Dw i'n medru dweud pwy ydy o/hi, e.e. Ffrind Siân ydy hi
  I can say who he/she is, e.g. She's Siân's friend
- ☐ Dw i'n medru dweud be' ydy rhif ffôn rhywun arall
  I can say what someone else's phone number is
- ☐ Dw i'n medru dweud lle mae rhywun arall yn byw
  I can say where someone else lives
- ☐ Dw i'n medru dweud be' mae rhywun arall yn wneud
  I can say what someone else does
- ☐ Dw i'n medru dweud lle mae rhywun arall yn gweithio
  I can say where someone else works

Patrymau'r cwrs hyd yma

Patterns encountered so far

Pwy dach chi?	-	Emma dw i.
Be' ydy'ch enw chi?		
Pwy ydy o?	-	Dafydd ydy o.
Be' ydy ei enw o?		
Pwy ydy hi?	-	Carys ydy hi.
Be' ydy ei henw hi?		
Penri dach chi?	-	Ia / Naci
Elvis ydy o?	-	Ia / Naci
Ffrind pwy dach chi?	-	Ffrind Mari dw i.
Brawd pwy ydy o?	-	Brawd John ydy o.
Chwaer pwy ydy hi?	-	Chwaer Bethan ydy hi.
Be' ydy'ch rhif ffôn chi?	-	Bangor 985995
Be' ydy ei rif ffôn o?		
Be' ydy ei rhif ffôn hi?		
Sut dach chi?	-	Da iawn / Gweddol / Ofnadwy
Be' dach chi'n wneud?	-	Mecanic dw i.
Be' mae o/hi'n wneud?	-	Meddyg ydy o/hi.
Lle dach chi'n byw?	-	Dw i'n byw yn Abertawe.
Lle mae o/hi'n byw?	-	Mae o/hi'n byw yn Llanfair-pwll.
Dach chi'n byw yn X?	-	Ydw / Nac ydw
	-	Dw i ddim yn byw yn X.
Ydy o/hi'n byw yn X?	-	Ydy / Nac ydy
O le dach chi'n dŵad (yn wreiddiol)?	-	Dw i'n dŵad o Bontypridd (yn wreiddiol).
O le mae o/hi'n dŵad (yn wreiddiol)?	-	Mae o/hi'n dŵad o Fangor (yn wreiddiol).
Lle dach chi'n gweithio?	-	Dw i'n gweithio yn y banc.
Lle mae o/hi'n gweithio?	-	Mae o/hi'n gweithio mewn swyddfa.
Dach chi'n gweithio fel garddwr?	-	Ydw / Nac ydw
Ydy o/hi'n gweithio fel trydanwr?	-	Ydy / Nac ydy

Geirfa hanfodol Unedau 2 – 5

Essential Vocabulary from Units 2 - 5

ar hyn o bryd	-	*at the moment*
Bore da	-	*Good morning*
brawd	-	*brother*
byw	-	*to live*
cariad	-	*boyfriend/girlfriend*
carafán (b)	-	*caravan*
cath (b)	-	*cat*
ci	-	*dog*
chwaer (b)	-	*sister*
da	-	*good*
da iawn	-	*very good / very well*
Diolch	-	*Thank you*
dŵad	-	*to come*
Dyma ...	-	*This is ...*
efo	-	*with*
enw	-	*name*
Esgusodwch fi!	-	*Excuse me!*
fel	-	*as (a)*
fferm (b)	-	*farm*
fflat (b)	-	*flat*
go lew / gweddol	-	*O.K., not bad*
gŵr	-	*husband*
gwraig (b)	-	*wife*
gweithio	-	*to work*
gwybod	-	*to know (fact)*
heddiw	-	*today*
heno	-	*this evening*
hogan (b)	-	*daughter*
hogyn	-	*son*
Hwyl, Hwyl fawr	-	*Goodbye*
Iawn	-	*Fine*
mam (b)	-	*mother*

Rhifau

Numbers

0	-	dim
1	-	un
2	-	dau
3	-	tri
4	-	pedwar
5	-	pump
6	-	chwech
7	-	saith
8	-	wyth
9	-	naw
10	-	deg

Dyddiau'r Wythnos

Days of the week

Dydd Sul	*Sunday*
Dydd Llun	*Monday*
Dydd Mawrth	*Tuesday*
Dydd Mercher	*Wednesday*
Dydd Iau	*Thursday*
Dydd Gwener	*Friday*
Dydd Sadwrn	*Saturday*

meddwl	-	*to think*
mewn	-	*in a*
nabod	-	*to know (person)*
neu	-	*or*
Noswaith dda	-	*Good evening*
o (+ TM)	-	*from (+ Soft Mutation)*
o hyd	-	*still*
ofnadwy	-	*terrible*
ond	-	*but*
os gwelwch yn dda	-	*please*
plant	-	*children*
plîs	-	*please*
Prynhawn da	-	*Good afternoon*
rŵan	-	*now*
rhif ffôn	-	*phone number*
siop (b)	-	*shop*
swyddfa (b)	-	*office*
tad	-	*father*
teulu	-	*family*
tŷ	-	*house*
wedi blino	-	*tired*
wedi ymddeol	-	*retired*
y wlad (b)	-	*the country/countryside*
y dre (b)	-	*the town*
yn	-	*in + the / in + specific place*
yn wreiddiol	-	*originally*
yng nghyfraith	-	*in law*
yn ymyl	-	*near*
ysbyty	-	*hospital*
ysgol (b)	-	*school*
ysgrifenyddes (b)	-	*secretary (female)*

Cwrs Mynediad: Uned 6

Nod: Trafod cynlluniau *Discussing plans*

1. Dw i'n mynd	i Gaerdydd	*I'm going to Cardiff*
	i weld ffrindiau	*I'm going to see friends*
	i'r gwaith	*I'm going to work*
	i siopa	*I'm going shopping*
Dw i ddim yn mynd	i'r gêm	*I'm not going to the game*
	i'r dafarn	*I'm not going to the pub*
Lle dach chi'n mynd	yfory?	*Where are you (chi) going tomorrow?*
	wythnos nesa?	*Where are you (chi) going next week?*
Lle wyt ti'n mynd	dros y penwythnos?	*Where are you (ti) going over the weekend?*
	dros y gwyliau?	*Where are you (ti) going over the holidays?*

A chi? — *And you (chi)?*
A ti? — *And you (ti)?*
Dach chi'n mynd i Ddolgellau? — *Are you (chi) going to Dolgellau?*
Ydw/Nac ydw — *Yes/No*
Wyt ti'n mynd i nofio? — *Are you (ti) going swimming?*
Ydw/Nac ydw — *Yes/No*

Efo partner:

Holi / *Asking*

A: Lle dach chi'n mynd yfory?

neu Lle wyt ti'n mynd yfory?

B: Dw i'n mynd i __________

Dyfalu / *Guessing*

A: Dach chi'n mynd i __________ yfory?

neu Wyt ti'n mynd i __________ yfory?

B: Ydw *neu* Nac ydw

i'r banc

i'r siop

i'r swyddfa

i'r ysgol

i'r pwll nofio

i'r llyfrgell

i'r dafarn

i'r gêm

Holiadur Tic a Chroes

Gofynnwch i 3 pherson **'Dach chi'n mynd i ______________ dros y penwythnos?'**
Rhowch ✔ neu ✘ yn y golofn.

Ask 3 people 'Dach chi'n mynd i ______________ dros y penwythnos?'
Put ✔ or ✘ in the column.

Enw	Haydn	______	______	______
sinema	✘			
tafarn	✔			
eglwys	✘			
siop bapur	✔			
gêm	✔			
siopa bwyd	✔			
siopa dillad	✘			

2. Mae o'n mynd adre	*He's going home*
Mae hi'n mynd i ymlacio	*She's going to relax*
Dydy o ddim yn mynd i'r banc	*He's not going to the bank*
Dydy hi ddim yn mynd i'r dre	*She's not going to town*
Lle mae o'n mynd nos yfory?	*Where's he going tomorrow night?*
Lle mae hi'n mynd prynhawn yfory?	*Where is she going tomorrow afternoon?*
A Gareth?	*And Gareth?*
A Hazel?	*And Hazel?*
Ydy o'n mynd i'r dosbarth?	*Is he going to the class?*
Ydy/Nac ydy	*Yes/No*
Ydy hi'n mynd i Lanelwedd?	*Is she going to Builth?*
Ydy/Nac ydy	*Yes/No*

Lle mae o/hi'n mynd?

Pen-y-bont	Llanybydder	Dwyran
Dinas Powys	Bangor	Tregaron
Maenclochog	Porthmadog	Rhydaman
Caersŵs	Blaenafon	Talgarth

Mae eich ffrind yn mynd i 4 lle sydd yn y blwch dros y penwythnos. Dewiswch y 4 lle a'u hysgrifennu.

Your friend is going to 4 places in the box over the weekend. Choose the 4 places and write them down.

Enw eich ffrind ____________________

1. ____________________
2. ____________________
3. ____________________
4. ____________________

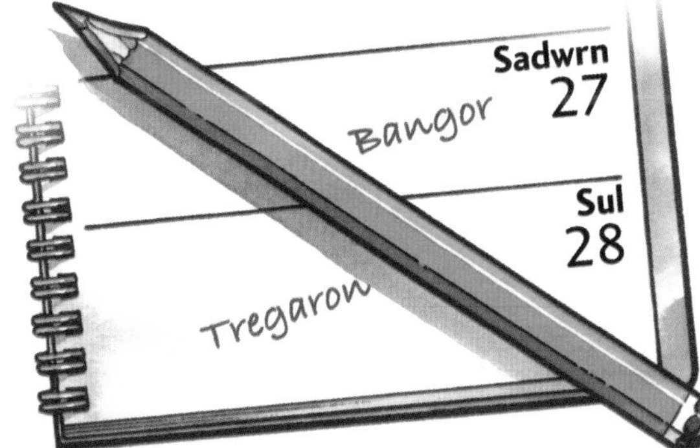

Dyfalwch i le mae ffrind eich partner yn mynd.

Guess where your partner's friend is going.

Be' ydy enw eich ffrind?
Ydy o/hi'n mynd i Lanybydder? Ydy/Nac ydy.

Enw ffrind eich partner ____________________

1. ____________________
2. ____________________
3. ____________________
4. ____________________

Holiadur Mawr

Gofynnwch i 4 person /*Ask 4 people:* Lle dach chi'n mynd __________?

Gofynnwch i'ch partner am hanes 2 berson arall/ *Ask your partner about 2 other people*:
Lle mae Catrin/John yn mynd __________?

Enw	yfory?	dros y penwythnos?	dros y gwyliau?	yr wythnos nesa?
1.				
2.				
3.				
4.				
5.				
6.				

Deialog

A: Lle wyt ti'n mynd **nos yfory**?
B: **Nos yfory**? O … dw i'n brysur **nos yfory**. A ti?
A: Dw i'n mynd i'r **sinema**. Mae Carys a Gethin yn dŵad hefyd.
B: Wel, dw i'n mynd i **weithio yn y tŷ**.
A: Be' am nos **Sadwrn**? Be' am fynd am dro?
B: Dim diolch. Dw i ddim yn mynd **allan**. Dw i'n mynd i **edrych ar y teledu**.

Geirfa

bwyd	-	*food*
dillad	-	*clothes*
dros	-	*over*
dw i'n brysur	-	*I'm busy*
edrych ar y teledu	-	*to watch television*
ffrindiau	-	*friends*
gêm (b)	-	*game*
gweld	-	*to see*
gwyliau	-	*holidays*
mynd adre	-	*to go home*
mynd allan	-	*to go out*
nofio	-	*to swim*
nos (b)	-	*night*
nos yfory	-	*tomorrow night*
penwythnos	-	*weekend*
prysur	-	*busy*
pwll nofio	-	*swimming pool*
sinema (b)	-	*cinema*
siop bapur (b)	-	*paper shop*
siopa	-	*to shop*
tafarn (b)	-	*pub*
wythnos (b)	-	*week*
yfory	-	*tomorrow*
ymlacio	-	*to relax*

Ychwanegwch eirfa sy'n berthnasol i chi:
Add vocabulary that's relevant to you:

Gramadeg

Ti a chi

There are two ways of saying 'you' in Welsh - **ti** *and* **chi**.

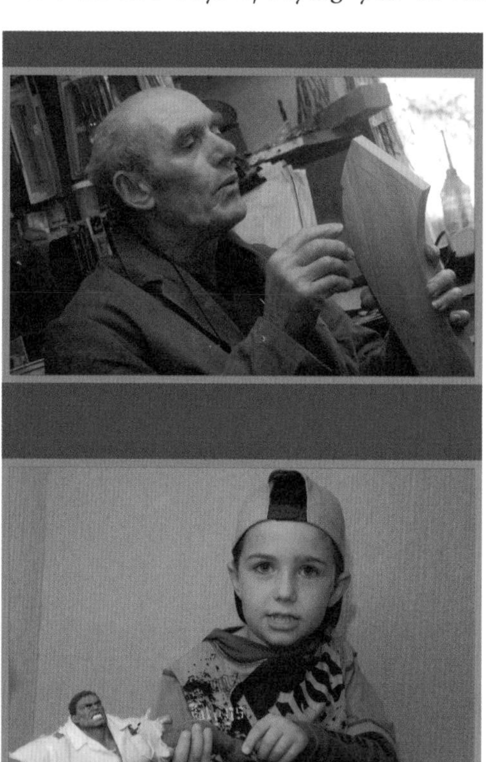

Chi *is used when you speak to:*

- *a group of people (plural)*
- *someone you don't know / a stranger*
- *an older friend*
- *someone to whom you want to show respect, e.g. a bank manager!*

Ti *is used when you speak to:*

- *a friend / someone with whom you are very familiar*
- *someone of the same age*
- *a child*
- *a partner/husband/wife*
- *a pet*

Note: **Ti** *is never used when you speak to a group of people, you must use* **chi**.

There are some anomalies - e.g. some children are taught to use **chi** *when speaking to one of their parents; lifelong friends of the same age might call each other* **chi**, *and some partners call each other* **chi.**

If in doubt, use **chi** *first: the other person may tell you to change to* **ti**.

Wyt ti....?

The answer to questions beginning in **Wyt ti.....?** *is* **Ydw/Nac ydw**

Treiglad Meddal ar ôl 'i'

There is a soft mutation (treiglad meddal) *after* **i**.
You will find that some Welsh speakers don't mutate place names every time.

P →	i **B**en-y-bont	**M** →	i **F**aenclochog
T →	i **D**redegar	**Ll** →	i **L**andudno
C →	i **G**aernarfon	**Rh** →	i **R**ydaman
B →	i **F**rynaman		
D →	i **Dd**inbych		
G →	i _weld ffrindiau		

Negative Sentences

Ddim *is used when you want to express the negative:*

Dw i   Dw i **ddim**

*Some verbs have **negative forms** which are used with* ddim

Mae o   **Dydy** o ddim
Mae hi   **Dydy** hi ddim

Mynd

Present Tense

Here is the full pattern of **mynd**. * = *You'll come across these later in the course.*

Dw i'n mynd	*I'm going / I go*
Rwyt ti'n mynd	*You're going / You go*
Mae o'n mynd	*He's going / He goes*
Mae hi'n mynd	*She's going / She goes*
*Dan ni'n mynd	*We're going / We go*
Dach chi'n mynd	*You're going / You go*
*Maen nhw'n mynd	*They're going / They go*

Cwrs Mynediad: Uned 7

Nod: Trafod y tywydd ***Discussing the weather***

1. Sut mae'r tywydd heddiw? — *What's the weather like today?*

Mae hi'n braf	*It's fine/nice*
ddiflas	*miserable*
gymylog	*cloudy*
sych	*dry*
wlyb	*wet*
gynnes	*warm*
oer	*cold*
boeth	*hot*
wyntog	*windy*
niwlog	*foggy*
Mae hi'n bwrw glaw	*It's raining*
bwrw eira	*snowing*
bwrw cenllysg	*hailing*
Mae hi'n ddiflas, **tydy?**	*It's miserable, isn't it?*
Ydy hi'n oer? - Ydy/Nac ydy	*Is it cold? Yes/No*
Dydy hi ddim yn wlyb	*It's not wet*
yn stormus	*not stormy*
yn braf iawn	*not very nice*

Gêm drac y tywydd

Symudwch o gwmpas y trac a dwedwch sut mae'r tywydd.

Move around the track and say what the weather's like.

 **Dyfalu:**

A: Ydy hi'n braf heddiw?
B: Ydy, mae hi'n braf heddiw.
Nac ydy, dydy hi ddim yn braf heddiw.

2. Sut oedd y tywydd ddoe? — *What was the weather like yesterday?*

Roedd hi'n braf ddoe	*It was fine yesterday*
Roedd hi'n wyntog ddoe	*It was windy yesterday*
Roedd hi'n well ddoe	*It was better yesterday*
Roedd hi'n waeth ddoe	*It was worse yesterday*
Oedd hi'n braf? Oedd/Nac oedd	*Was it fine? Yes/No*

Tywydd yr wythnos diwetha

Last week's weather

Dewiswch fod yn **A** neu'n **B**. Gofynnwch gwestiynau i'ch partner er mwyn llenwi'r bylchau. Cofiwch y treiglad! e.e. cymylog - Roedd hi'n **g**ymylog

*Choose to be **A** or **B**. Ask your partner questions in order to fill in the blanks.*
(Partner A - page 39; Partner B - page 40.)
Remember the mutation! e.e. cymylog - Roedd hi'n **g**ymylog

'Sut oedd y tywydd bore/prynhawn dydd Llun?' 'Roedd hi'n **g**ymylog.'

Partner A	Bore	Prynhawn
Dydd Sul	____________	*braf iawn*
Dydd Llun	*cymylog*	____________
Dydd Mawrth	____________	*bwrw glaw*
Dydd Mercher	*gwlyb*	____________
Dydd Iau	____________	*niwlog*
Dydd Gwener	*oer*	____________
Dydd Sadwrn	____________	*diflas*

3. Sut bydd y tywydd yfory? *What will the weather be like tomorrow?*

Mi fydd hi'n gynnes yfory — *It will be warm tomorrow*
Mi fydd hi'n bwrw glaw yfory — *It will be raining tomorrow*
Mi fydd hi'n well yfory — *It will be better tomorrow*
Mi fydd hi'n waeth yfory — *It will be worse tomorrow*

Sut bydd y tywydd yfory?

Dewiswch fod yn **A** neu **B**. Mae Map Partner B ar dudalen 40. Gofynnwch gwestiynau i'ch partner er mwyn llenwi'r bylchau.

Choose to be ***A*** *or* ***B****. Partner B's Map is on page 40. Ask your partner questions in order to fill in the blanks.*

'Sut bydd y tywydd yn Nolgellau?'
'Mi fydd hi'n braf/niwlog/wyntog.'

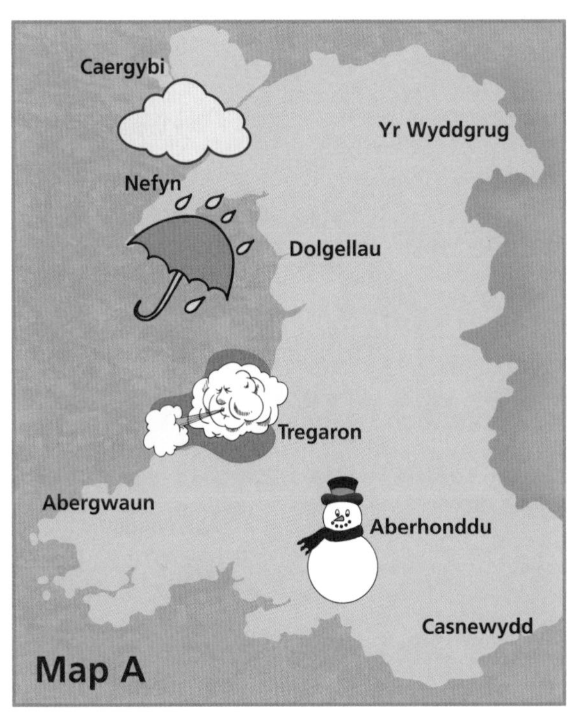

Partner B	Bore	Prynhawn
Dydd Sul	*braf*	______
Dydd Llun	______	*bwrw glaw*
Dydd Mawrth	*diflas*	______
Dydd Mercher	______	*oer*
Dydd Iau	*gwlyb*	______
Dydd Gwener	______	*bwrw eira*
Dydd Sadwrn	*niwlog*	______

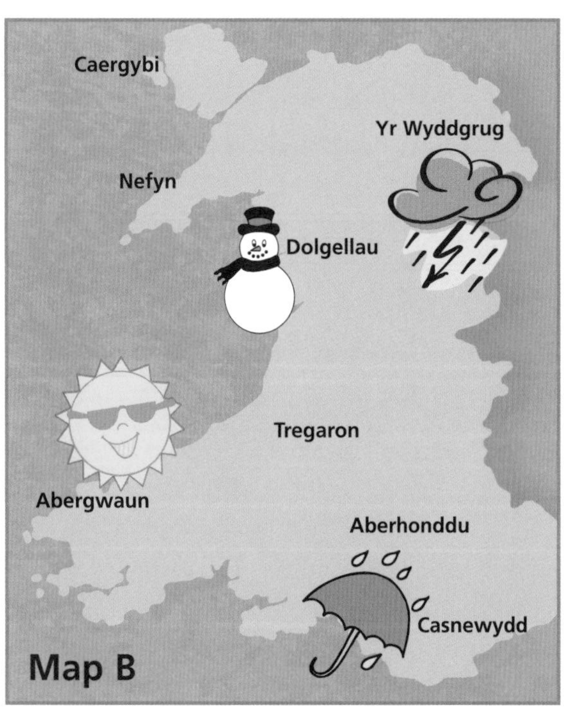

Deialog

A: Mae hi'n **ddiflas**, tydy!
B: Ydy, roedd hi'n **well** ddoe.
A: Wel, gobeithio bydd hi'n **braf** yfory.
B: Pam? Be' dach chi'n wneud yfory?
A: Dw i'n mynd i **weld gardd** yn ymyl **Aberhonddu**.
B: **Gweld gardd**? Dyna neis.
A: Ond os bydd hi'n bwrw glaw, dw i ddim yn mynd.

Gramadeg

Mae hi'n braf /niwlog etc. - 'hi' *can be, and is often, left out, so listen out for* **Mae'n braf**, **Mae'n niwlog** *as well.*

Mae hi'n ddiflas Describing words (adjectives) mutate (Treiglad Meddal) after **yn**.

We have come across one before: **Mae o'n ddi-waith**

so cymylog > Mae hi'n **g**ymylog
  gwell > Mae hi'n _well

Mae hi'n bwrw glaw
Doing words (verbs) stay as they are after **yn** *as we've seen before*: Mae o'n gweithio.

Braf *never mutates - think of the Costa Brava, which is always sunny!*

Geirfa

braf	-	*fine (weather)*
bwrw cenllysg	-	*to hail*
bwrw eira	-	*to snow*
bwrw glaw	-	*to rain*
cymylog	-	*cloudy*
cynnes	-	*warm*
diflas	-	*miserable*
diwetha	-	*last*
gardd (b)	-	*garden*
gobeithio	-	*to hope*
gwaeth	-	*worse*
gwell	-	*better*
gwlyb	-	*wet*
gwyntog	-	*windy*
hefyd	-	*as well, also*
heulog	-	*sunny*
niwlog	-	*foggy*
oer	-	*cold*

Ychwanegwch eirfa sy'n berthnasol i chi:
Add vocabulary that's relevant to you:

os	-	*if*
os bydd hi	-	*if it ...*
poeth	-	*hot*
stormus	-	*stormy*
sych	-	*dry*
tydy?	-	*isn't it?*

Cwrs Mynediad: Uned 8

Nod: Trafod diddordebau amser sbâr ***Discussing leisure interests***

1. Be' dach chi'n hoffi wneud yn eich amser sbâr? — *What do you like doing in your spare time?*

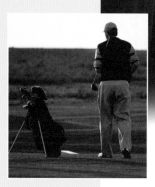

Dw i'n hoffi	dysgu Cymraeg	*I like*	*learning Welsh*
	darllen		*reading*
	cadw'n heini		*keeping fit*
	chwarae golff		*playing golf*
Dan ni'n hoffi	nofio	*We like*	*swimming*
	edrych ar y teledu		*watching TV*
	rhedeg		*running*
	bwyta allan		*eating out*

Wyt ti'n hoffi nofio? — *Do you (ti) like swimming?*
Ydw/Nac ydw — *Yes/No*

Dach chi'n hoffi coginio? — *Do you (chi) like cooking?*
Ydan/Nac ydan — *Yes/No (**we** do/don't)*

Dw i ddim yn hoffi	garddio	*I don't like*	*gardening*
	mynd am dro		*going for a walk*
Dan ni ddim yn hoffi	pysgota	*We don't like*	*fishing*
	rhedeg		*running*

Efo partner - Dach chi'n hoffi....?

Gofynnwch i'ch partner: Dach chi'n hoffi ___________?
Bydd eich tiwtor yn gofyn i chi ddweud wrth y dosbarth pa weithgareddau dach chi *a'ch* partner yn eu hoffi, felly gwnewch restr.

Ask your partner what he/she likes doing.
*Your tutor will ask you to tell the class which activities you **and** your partner like, so prepare a list.*

darllen

chwarae pêl-droed

chwarae tennis

cadw'n heini

gwrando ar gerddoriaeth

edrych ar rygbi

pysgota

garddio

dawnsio

chwarae golff

bwyta allan

coginio

nofio

rhedeg

2. Be' mae o'n hoffi wneud yn ei amser sbâr?	*What does he like doing in his spare time?*
Be' mae hi'n hoffi wneud yn ei hamser sbâr?	*What does she like doing in her spare time?*
Mae hi'n hoffi nofio	*She likes swimming*
Mae o'n hoffi chwarae pêl-droed	*He likes playing football*
Ydy o'n hoffi chwarae sboncen?	*Does he like playing squash?*
Ydy/Nac ydy	*Yes/No*
Dydy o ddim yn hoffi edrych ar rygbi	*He doesn't like watching rugby*
Dydy hi ddim yn hoffi dawnsio	*She doesn't like dancing*

Dod o hyd i rywun sy'n hoffi ...

Ewch o gwmpas y dosbarth i ddod o hyd i rywun sy'n hoffi gwneud y gweithgareddau yn y grid. Rhowch enw'r person wrth y gweithgaredd.

Go around the class to find someone who likes doing the activities in the grid. Write the person's name next to the activity.

Enw'r gweithgaredd	Enw'r person
garddio	
rhedeg	
darllen	
chwarae pêl-droed	
edrych ar y teledu	
bwyta allan	
pysgota	
chwarae sboncen	
canu'r piano	
dawnsio	
gwrando ar gerddoriaeth	

Holiadur

Holwch 6 pherson: 'Be' dach chi'n hoffi wneud yn eich amser sbâr?'

Enw	Hoffi
1.	
2.	
3.	
4.	
5.	
6.	

Cofio

Efo partner, ceisiwch gofio rhai o'r gweithgareddau amser sbâr **heb** edrych ar yr eirfa. Yna gwnewch restr o'r gweithgareddau dach chi'n eu gwneud **efo rhywun arall** a'r gweithgareddau dach chi'n eu gwneud **ar eich pen eich hun.**

With a partner, try to remember some of the leisure activities ***without*** *looking at the vocabulary. Then, make a list of the activities you do* ***with someone else*** *and the activities you do* ***by yourself.***

Gweithgareddau:

Gweithgareddau efo rhywun arall	Gweithgareddau ar eich pen eich hun

Deialog

A: Be' dach chi'n hoffi wneud yn eich amser sbâr?
B: Dw i'n hoffi gwrando ar gerddoriaeth. Be' amdanoch chi?
A: Wel ... dw i'n hoffi chwarae pêl-droed.
B: Chwarae pêl-droed? Dach chi ddim yn rhy hen i chwarae pêl-droed?
A: Nac ydw. Ddim o gwbl. Dach chi byth yn rhy hen i chwarae pêl-droed!

Geirfa

amser - *time*
amser sbâr - *spare time*
Be' amdanoch chi? - *What about you?*
bwyta allan - *to eat out*
byth - *never/ever*
cadw'n heini - *to keep fit*
canu - *to sing / to play an instrument*
cefnogi - *to support*
cerdded - *to walk*
cerddoriaeth (b) - *music*
cofio - *to remember*
coginio - *to cook*
chwarae - *to play*
chwaraeon - *sport(s)*
darllen - *to read*
dawnsio - *to dance*
dringo - *to climb*
dysgu - *to learn*
ddim o gwbl - *not at all*
garddio - *to garden*
gwrando ar - *to listen to*
hen - *old*
hoffi - *to like*

Ychwanegwch eirfa sy'n berthnasol i chi:
Add vocabulary that's relevant to you:

llawer - *a lot*
mynd am dro - *to go for a walk*
pêl-droed - *football*
peth(au) - *thing(s)*
pysgota - *to fish*
rygbi - *rugby*
rhedeg - *to run*
rhy - *too*
sboncen - *squash*

Gramadeg

Ydan/Nac ydan

If the question **Dach chi....?** *refers to more than one person, you need to answer* **Ydan/Nac ydan** *(Yes, we do / No, we don't).*

Patrwm

* = *not yet introduced*

Dw i'n hoffi — Dw i ddim yn hoffi
Rwyt ti'n hoffi — Dwyt ti ddim yn hoffi
Mae o'n hoffi — Dydy o ddim yn hoffi
Mae hi'n hoffi — Dydy hi ddim yn hoffi

Dan ni'n hoffi — Dan ni ddim yn hoffi
Dach chi'n hoffi — Dach chi ddim yn hoffi
*Maen nhw'n hoffi — *Dyn nhw ddim yn hoffi

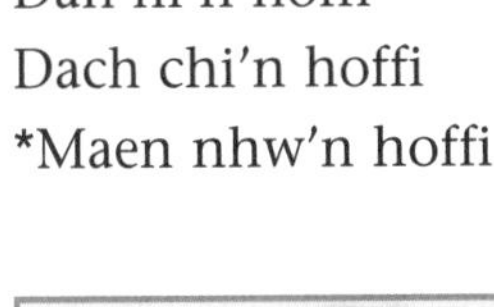

Cwrs Mynediad: Uned 9

Nod: Siarad am eiddo a pherthnasau ***Discussing possessions and relations***

1. Mae gen i gar	*I've got a car*
Mae gynnon ni Renault	*We've got a Renault*
Does gen i ddim car	*I haven't got a car*
Does gynnon ni ddim car	*We haven't got a car*
Oes gen ti gar?	*Have you got a car?/ Do you have a car?*
Oes gynnoch chi gar?	
Oes/Nac oes	*Yes/No*

Trafod lluniau

Yn gyntaf/*First:*

Siaradwch am y lluniau efo'ch partner.

Defnyddiwch 'Mae gen i gar' etc. ac yna newidiwch i 'Mae gynnon ni __________.

Talk about the pictures with your partner.

Use 'Mae gen i __________' *and then change to* 'Mae gynnon ni __________'.

Remember the treiglad meddal *(soft mutation).*

Yna/*Then:*

Un partner i ddewis un o'r lluniau, a'r llall i ddyfalu: 'Oes gen ti __________?'

One partner to choose one of the pictures and the other to guess: 'Oes gen ti __________?'

Remember the mutation!

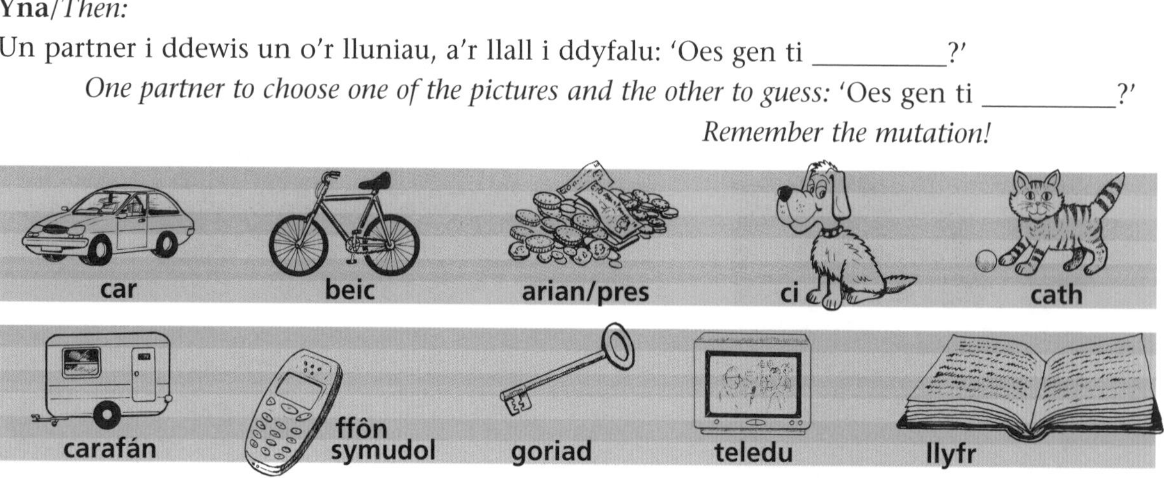

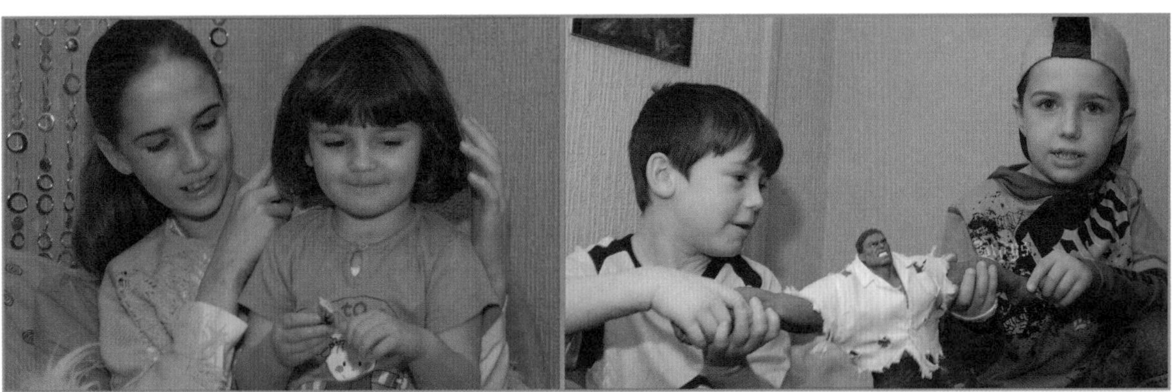

2. Mae gen i un hogan — *I've got one daughter*
un hogyn — *I've got one son*
Mae gynnon ni **dd**wy hogan — *We've got two daughters*
ddau hogyn — *We've got two sons*
Does gen i ddim plant — *I haven't got any children*

Oes gen ti / gynnoch chi blant? — *Do you have children?*
Oes/Nac oes — *Yes/No*

Faint o blant sy gen ti/gynnoch chi? — *How many children do you have?*

Trafod y teulu

Talking about the family

Ewch o gwmpas y dosbarth yn holi 5 person am eu teulu:

Go around the class asking 5 people about their family:

Enw	Brawd	Chwaer	Faint o blant?
1.			
2.			
3.			
4.			
5.			

3. Mae gynno fo **gi** — *He's got a dog*
Mae gynni hi **gath** — *She's got a cat*
Mae gynnyn nhw **blant** — *They've got children*

Does gynno fo ddim problem — *He hasn't got a problem*
Does gynni hi ddim pres — *She hasn't got money*
Does gynnyn nhw ddim amser — *They haven't got time*

Oes gynno fo gi ? — *Does he have a dog?*
Oes gynni hi gath? — *Does she have a cat?*
Oes gynnyn nhw blant? — *Do they have children?*
Oes/Nac oes — *Yes/No*

Holi am berthynas neu ffrind

Asking about a relative or friend

Holwch 2 berson am eu brawd/chwaer/ffrind.
Mae un golofn yn wag ar gyfer eich cwestiwn chi.

Ask 2 people about their brother/sister/friend.
One column is empty for your own question.

Enw	Enw brawd neu chwaer neu ffrind	Byw?	Car?	Plant?	?
1.					
2.					

Holiadur

Bydd eich tiwtor yn rhoi tasg arbennig i chi.

Your tutor will give you a special task.

Holwch y dosbarth: Oes gynnoch chi _______________ ?

Ask the class:

Enw	Oes gynnoch chi _________________ ?

Deialog

A: Oes gynnoch chi **blant**?
B: Nac oes, does gynnon ni ddim **plant**. Ond mae gynnon ni lawer o anifeiliaid.
A: Faint o anifeiliaid sy gynnoch chi?
B: Mae gynnon ni **ddwy gath** a **dau gi**. Oes gynnoch chi anifeiliaid?
A: Oes a nac oes: mae gynnon ni **dri** hogyn a **dwy** hogan!
B: Wel, does gynnoch chi ddim llawer o amser sbâr, 'ta.
A: Nac oes, does gen i ddim amser sbâr ond mae gen i gur pen!

Geirfa

amser	-	*time*
anifail	-	*animal*
anifeiliaid	-	*animals*
arian	-	*money*
brawd	-	*brother*
car	-	*car*
carafán (b)	-	*caravan*
cath (b)	-	*cat*
ci	-	*dog*
cur pen	-	*headache*
cyfeiriad	-	*address*
cyfrifiadur	-	*computer*
chwaer (b)	-	*sister*
e-bost	-	*e-mail*
faint o + (e.ll.)	-	*how many (+ plural noun)*
ffôn symudol	-	*mobile phone*
ffonio	-	*to phone*
goriad(au)	-	*key/s*
hogan (b)	-	*daughter, girl*
hogyn	-	*son, boy*
llyfr	-	*book*
newydd	-	*new*
perthynas (b)	-	*relation, relative*
perthnasau	-	*relatives*
plant	-	*children*
pres	-	*money*
problem (b)	-	*problem*
siarad	-	*to talk, speak, chat*
swydd (b)	-	*job*
teledu	-	*television*

Gramadeg

Oes/Nac oes

If a question begins with **Oes.....?**
you need to answer **Oes/Nac oes:**

Oes gen ti gi? **Oes**
Oes gynnon ni gar? **Nac oes**

Un, *dau, tri, pedwar* - Un, *dwy, tair, pedair*

2, 3 and 4 have feminine forms in Welsh, used with feminine nouns:

dwy ferch, **dwy** hogan
tair cath
pedair swyddfa

Treigladau!

The different forms of **gan** - gen i, gen ti, gynno fo, gynni hi, gynnoch chi, gynnyn nhw - *are all followed by a soft mutation* **(treiglad meddal)**:

Mae gen i **g**ar
Does gynnoch chi **dd**im pres?
Oes gynnyn nhw **b**lant?

Un *is followed by a* ***soft mutation*** **(treiglad meddal)** *when the noun is feminine:*

un **f**erch

Dau *and* **dwy** *are followed by a* ***soft mutation*** **(treiglad meddal)***:*

dau **g**i, dau **g**ar
dwy **f**erch, dwy **g**ath

Cwrs Mynediad: Uned 10

Nod: Adolygu ac ymestyn ***Revision and extension***

1. Oes gen ti ddiddordebau?	*Have you got any interests?*
Oes/Nac oes	*Yes/No*
Dw i'n hoffi **nofio**	*I like* ***swimming***
Lle wyt ti'n mynd i **nofio**?	*Where do you go* ***swimming****?*
Dw i'n mynd i'r **ganolfan hamdden**	*I go to the* ***leisure centre***
Efo pwy wyt ti'n mynd i **nofio**?	*With whom do you go* ***swimming****?*
Dw i'n mynd i **nofio** efo ffrind	*I go* ***swimming*** *with a friend*
ar fy mhen fy hun	*on my own*

Efo partner

Defnyddiwch y patrwm yma i siarad efo'ch partner, gan newid y geiriau sydd mewn llythrennau trwm sawl gwaith. Dyma rai lluniau i'ch atgoffa o wahanol weithgareddau a gyflwynwyd yn Uned 8.

Use the above pattern to chat to your partner, changing the bold words many times. Here are some photographs to remind you of various activities introduced in Unit 8.

2. Oes gynnoch chi amser?	*Have you got time?*
Oes gynnoch chi **dd**igon o amser?	*Have you got enough time?*
Oes gynno fo **b**res?	*Has he got money?*
Oes gynno fo _ormod o bres?	*Has he got too much money?*
Mae gen i **dd**igon o broblemau	*I've got plenty of problems*
Does gynnon ni **dd**im digon o le	*We haven't got enough room/space*
Mae gynnoch chi _ormod o waith	*You've got too much work*
Does gynnyn nhw **dd**im gormod o waith	*They haven't got too much work*

Holiadur

Ewch o gwmpas y dosbarth yn holi pobl. Bydd y tiwtor yn mynd dros y cwestiynau.

Go around the class asking people questions. The tutor will remind you of the questions.

Enw	Digon o bres?	Hoffi darllen? Beth?	Mynd i'r ganolfan hamdden?	Hoffi plant?	Hoffi gwrando ar y radio?

3. **Faint o blant sy gynnoch chi?**	*How many children do you have?*
Mae gen i **dd**au o blant	*I have two children*
Mae gen i hogyn a hogan	*I have a son (1) and a daughter (1)*
Mae gen i **dd**au hogyn a dwy hogan	*I have two sons and two daughters*
Mae gen i **d**ri hogyn ac un hogan	*I have three sons and one daughter*

Efo partner

Siaradwch am y lluniau efo'ch partner. Chi ydy rhieni'r plant yma i gyd!

Talk about the illustrations with your partner. You are these children's parents!

Faint o blant sy gynnoch chi?

4. Sut mae'r tywydd heddiw? *What's the weather like today?*

Mae hi'n	rhy boeth	*It's too hot*
	rhy heulog	*too sunny*
	rhy wyntog	*too windy*

Sut oedd y tywydd ddoe? *What was the weather like yesterday?*

Roedd hi'n	stormus iawn	*It was very stormy*
	oer iawn	*very cold*
	wlyb iawn	*very wet*

Darn i'w ddarllen yn uchel

Read the following piece aloud

Ddoe, roedd hi'n braf iawn yng Nghymru, ond roedd hi'n wyntog yn ymyl y môr. Heddiw, mae hi'n bwrw glaw yn y Gorllewin, ond mae hi'n heulog yn y Dwyrain. Dydy hi ddim yn rhy oer. Mi fydd hi'n bwrw glaw heno yn y Dwyrain. Fory, mi fydd hi'n heulog iawn ym mhobman.

Pam? Does dim …

Mewn parau, paratowch atebion i'r cwestiynau sy'n dechrau â 'Does dim..'.
In pairs, prepare answers to the questions beginning with 'Does dim…'.

Cwestiwn	Ateb: Does dim …
1. Pam dach chi ddim yn mynd ar wyliau?	
2. Pam dach chi'n mynd i'r Job Centre?	
3. Pam dach chi ddim yn darllen llyfrau Harry Potter?	
4. Pam dach chi'n byw mewn carafán?	
5. Pam dach chi ddim yn ffonio o'r car?	
6. Pam dach chi'n rhy oer?	
7. Pam dach chi'n mynd i'r Lonely Hearts Club?	
8. Pam dach chi ddim yn dŵad i'r dosbarth?	
9. Pam dach chi'n gofyn am lifft?	
10. Pam dach chi'n methu mynd i'r tŷ?	

Efo partner, cysylltwch yr ateb â'r cwestiwn
With a partner, connect the answer to the question

1. Oes gynnoch chi ddigon o amser? (✘)
2. Wyt ti'n hoffi chwarae pêl-droed? (✔)
3. Ydy hi'n braf iawn heddiw? (✔)
4. Oedd hi'n bwrw glaw ddoe? (✘)
5. Athro ydy o? (✔)
6. Wyt ti a John yn hoffi edrych ar rygbi? (✔)
7. Wyt ti'n gweithio yfory? (✘)
8. Oes gynnyn nhw gar? (✔)
9. John Davies dach chi? (✘)
10. Oedd hi'n braf yn Sbaen? (✔)
11. Ydy o'n hoffi chwarae sboncen? (✘)
12. Dach chi a Margaret yn mynd i Gaerdydd? (✘)

a. Nac oedd
b. Ydan
c. Oes
ch. Oedd
d. Nac ydy
dd. Nac oes
e. Ydy
f. Nac ydan
ff. Ydw
g. Naci
ng. Ia
h. Nac ydw

5. Rhifau o 10 - 100

11	-	un deg un
20	-	dau ddeg
24	-	dau ddeg pedwar
36	-	tri deg chwech
78	-	saith deg wyth
95	-	naw deg pump
100	-	cant

Gwrando

Gwrandewch ar y deialogau a rhowch lythyren yr ateb cywir yn y blwch.

Listen to the dialogues and put the letter of the correct answer in the box.

Deialog 1

1. Sut mae'r tywydd?

a  b c 

Ateb 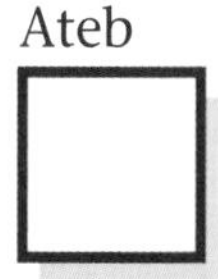

2. Lle mae Heulwen yn mynd?

a  b c 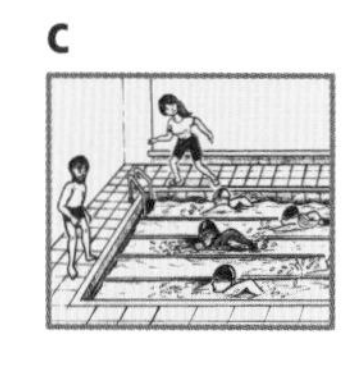

Ateb 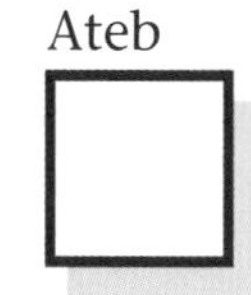

3. Lle mae Marged yn mynd?

a 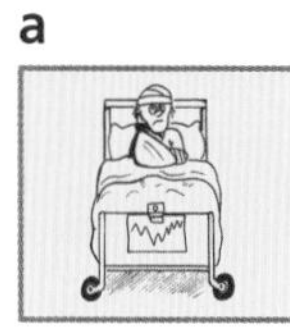 b  c 

Ateb 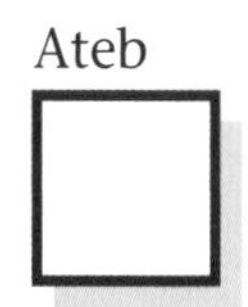

Deialog 2

4. Lle mae Huw yn byw? (a) Caerdydd (b) Caersŵs (c) Caerfyrddin

Ateb 

5. Be' mae Huw'n wneud?

a 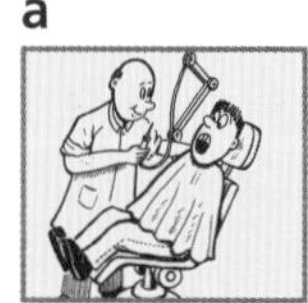 b  c 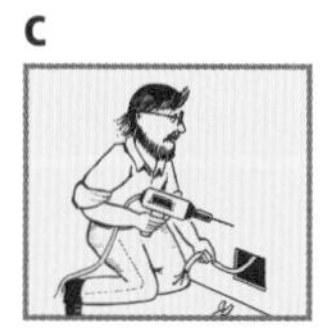

Ateb 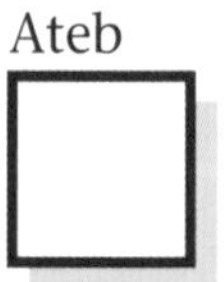

6. Faint o blant sy gan Huw?

a. 2  

b. 2   

c. 2 

Ateb  

Deialog 3

7. Be' sy gan Gareth a Gwenda?

a	b	c	Ateb
		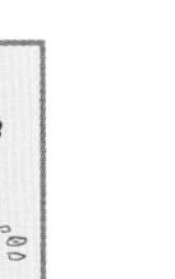	

8. Faint o blant sy gynnyn nhw?

a	b	c	Ateb
5	4	3	

9. Pam does gan Robert ddim car newydd?

a	b	c	Ateb
dim lle	dim pres	dim amser	

Geirfa

canolfan hamdden (b)	-	*leisure centre*
digon	-	*enough, plenty*
gormod	-	*too much*
gwaith	-	*work*
heulog	-	*sunny*
lle	-	*place/room (not in house)/space*
llyfr/au	-	*book/s*
methu	-	*to fail, not be able to*
problem/au (b)	-	*problem/s*
rhy + Treiglad Meddal	-	*too (+ soft mutation)*

Rhestr gyfair *Check list*

✔ **Ticiwch be' dach chi'n medru wneud.** *Tick what you can do.*

- ☐ Dw i'n medru dweud lle dw i'n mynd
  I can say where I'm going
- ☐ Dw i'n medru dweud be' dw i'n mynd i'w wneud
  I can say what I'm going to do
- ☐ Dw i'n medru holi person arall lle mae o/hi'n mynd
  I can ask another person where he/she's going
- ☐ Dw i'n medru holi person arall be' mae o/hi'n mynd i'w wneud
  I can ask another person what he/she's going to do
- ☐ Dw i'n medru dweud lle mae person arall yn mynd
  I can say where another person is going
- ☐ Dw i'n medru dweud be' mae person arall yn mynd i'w wneud
  I can say what another person is going to do
- ☐ Dw i'n medru siarad am y tywydd heddiw
  I can talk about the weather today
- ☐ Dw i'n medru siarad am y tywydd ddoe
  I can talk about the weather yesterday
- ☐ Dw i'n medru siarad am y tywydd fory
  I can talk about the weather tomorrow
- ☐ Dw i'n medru siarad am fy niddordebau
  I can talk about my interests
- ☐ Dw i'n medru holi person arall am ei ddiddordebau
  I can ask another person about his interests
- ☐ Dw i'n medru siarad am ddiddordebau person arall
  I can talk about another person's interests
- ☐ Dw i'n medru siarad am bethau sy gen i
  I can talk about things that I have/own
- ☐ Dw i'n medru holi pobl eraill be' sy gynnyn nhw
  I can ask other people what they have/own
- ☐ Dw i'n medru siarad am bethau sy gan bobl eraill
  I can talk about things that other people have/own

Patrymau unedau 6-10
Patterns of units 6-10

Y Presennol / *The Present Tense*

Cadarnhaol *Affirmative*	**Negyddol** *Negative*	**Cwestiwn** *Question*
Dw i'n mynd allan	Dw i ddim yn hoffi nofio	Dw i'n mynd i siopa?
Rwyt ti'n ...	Dwyt ti ddim yn ...	Wyt ti'n ...?
Mae o'n ...	Dydy o ddim yn ...	Ydy o'n ...?
Mae hi'n ...	Dydy hi ddim yn ...	Ydy hi'n ...?
Dan ni'n ...	Dan ni ddim yn ...	Dan ni'n ...?
Dach chi'n ...	Dach chi ddim yn ...	Dach chi'n ...?
*Maen nhw'n ...	*Dyn nhw ddim yn ...	*Dyn nhw'n ...?

**You'll come across these forms later in the course.*

Y Tywydd / *The Weather*

	Cadarnhaol *Affirmative*	**Negyddol** *Negative*	**Cwestiwn** *Question*
Now	Mae hi'n braf	Dydy hi ddim yn gymylog	Ydy hi'n gymylog?
In the past	Roedd hi'n sych	Doedd hi ddim yn oer	Oedd hi'n gynnes?
In the future	Mi fydd hi'n wyntog	*Fydd hi ddim yn niwlog	*Fydd hi'n stormus?

**These haven't been introduced yet.*

Eiddo / *Possessions*

Cadarnhaol *Affirmative*	**Negyddol** *Negative*	**Cwestiwn** *Question*
Mae gen i gar	Does gen i ddim car	Oes gen i car?
Mae gen ti gar	Does gen ti ddim car	Oes gen ti car?
Mae gynno fo gar	Does gynno fo ddim car	Oes gynno fo gar?
Mae gynni hi gar	Does gynni hi ddim car	Oes gynni hi gar?
Mae gynnon ni gar	Does gynnon ni ddim car	Oes gynnon ni gar?
Mae gynnoch chi gar	Does gynnoch chi ddim car	Oes gynnoch chi gar?
Mae gynnyn nhw gar	Does gynnyn nhw ddim car	Oes gynnyn nhw gar?

Geirfa Graidd - unedau 5–10

amser	-	*time*
amser sbâr	-	*spare time*
anifail	-	*animal*
anifeiliaid	-	*animals*
arian	-	*money*
braf	-	*fine (weather)*
bwrw cenllysg	-	*to hail*
bwrw eira	-	*to snow*
bwrw glaw	-	*to rain*
bwyd	-	*food*
bwyta allan	-	*to eat out*
cadw'n heini	-	*to keep fit*
canolfan hamdden (b)	-	*leisure centre*
canu	-	*to sing / to play an instrument*
car	-	*car*
carafán (b)	-	*caravan*
cerddoriaeth (b)	-	*music*
cofio	-	*to remember*
coginio	-	*to cook*
cur pen	-	*headache*
cyfeiriad	-	*address*
cyfrifiadur	-	*computer*
cymylog	-	*cloudy*
cynnes	-	*warm*
chwarae	-	*to play*
chwaraeon	-	*sport(s)*
darllen	-	*to read*
deintydd	-	*dentist*
diddordebau	-	*interests*
diflas	-	*miserable*
digon	-	*enough, plenty*
dillad	-	*clothes*
dros	-	*over*
dysgu	-	*to learn*
ddim o gwbl	-	*not at all*
e-bost	-	*e-mail*
edrych ar y teledu	-	*to watch television*
efo pwy	-	*with whom*
faint o + (e.ll.)	-	*how many (+ plural noun)*
ffonio	-	*to phone*
ffrindiau	-	*friends*
gardd (b)	-	*garden*
garddio	-	*to garden*
gêm (b)	-	*game*
gobeithio	-	*to hope*
goriad	-	*key*
gormod	-	*too much*
gwaeth	-	*worse*
gweld	-	*to see*

gwell	-	*better*
gwlyb	-	*wet*
gwrando ar	-	*to listen to*
gwyliau	-	*holidays*
gwyntog	-	*windy*
hefyd	-	*as well, also*
hen	-	*old*
heulog	-	*sunny*
hoffi	-	*to like*
hogan	-	*girl, daughter*
hogyn	-	*boy, son*
llawer	-	*a lot*
lle	-	*place/room (not in house)/space*
llyfr/au	-	*book/s*
mynd adre	-	*to go home*
mynd allan	-	*to go out*
mynd am dro	-	*to go for a walk*
newydd	-	*new*
niwlog	-	*foggy*
nofio	-	*to swim*
nos (b)	-	*night*
nos yfory	-	*tomorrow night*
oer	-	*cold*
os	-	*if*
pêl-droed	-	*football*
penwythnos	-	*weekend*
peth(au)	-	*thing(s)*
poeth	-	*hot*
pres	-	*money*
problem (b)	-	*problem*
prysur	-	*busy*
pwll nofio	-	*swimming pool*
pysgota	-	*to fish*
rygbi	-	*rugby*
rhedeg	-	*to run*
rhy + Tr. Meddal	-	*too (+soft mutation)*
siarad	-	*to talk, speak, chat*
sinema (b)	-	*cinema*
siopa	-	*to shop*
stormus	-	*stormy*
swydd (b)	-	*job*
sych	-	*dry*
tafarn (b)	-	*pub*
teledu	-	*television*
tydy?	-	*isn't it?*
wythnos (b)	-	*week*
yfory/fory	-	*tomorrow*
ymlacio	-	*to relax*

Cwrs Mynediad: Uned 11

Nod: Siarad am deulu ac eiddo ***Speaking about family and possessions***

1.	Fy nhad i	*My father*
	Fy ngŵr i	*My husband*
	Fy ngwraig i	*My wife*
	Fy mhartner i	*My partner*
	Fy nghariad i	*My boyfriend/girlfriend*
	Fy mrawd i	*My brother*
	Pwy ydy o/hi?	*Who's he/she?*

 **Pwy ydy o / hi?**

Dyma eich:
tad, gŵr, gwraig, partner, cariad, brawd etc.

Mae eich partner yn mynd i ofyn pwy ydy pwy.
Your partner will ask who each one is. Take turns.

A: 'Pwy ydy Elwyn?'
B: 'Fy mhartner i.'

Elwyn

John

James

Mair

Natalie

Ffion

Dafydd

Gareth

2.	Gwilym ydy enw fy mrawd i	*My brother's name is Gwilym*
	Bethan ydy enw fy nghyfnither i	*My cousin's name is Bethan*
	Margaret oedd enw fy nain i	*My grandmother's name was Margaret*
	Tom oedd enw fy nhaid i	*My grandfather's name was Tom*
	Be' ydy enw eich brawd chi?	*What is your brother's name?*
	Be' oedd enw eich taid chi?	*What was your grandfather's name?*

Holiadur enwau

A: Be' ydy enw eich __________ chi?
B: ____________ ydy enw fy ________ i.

A: Be' oedd enw eich ____________ chi?
B: ______________ oedd enw fy ________ i.

Enw	Taid	Nain	Tad	Brawd	Cymydog	Doctor

Pwy dw i?

Efo partner, meddyliwch am berson neu gymeriad enwog.
Paratowch hyd at 3 chliw i'r dosbarth gael dyfalu pwy ydy o/hi.

With a partner, think about a famous person.
Prepare up to 3 clues for the class to guess who he/she is.

e.e. *Marge ydy enw fy ngwraig i.*
Lisa ydy enw fy merch i.
Mr Burns ydy enw fy mòs i.

1. ________________________________
2. ________________________________
3. ________________________________

3.

209776 ydy fy rhif ffôn i	*209776 is my phone number*
Dr Bassett ydy fy noctor i	*Dr Bassett is my doctor*
Ford ydy mêc fy nghar i	*Ford is the make of my car*
John ydy enw fy mòs i	*John is the name of my boss*
Be' ydy dy rif ffôn di?	*What's your phone number?*
Pwy ydy dy ddoctor di?	*Who's your doctor?*
Be' ydy mêc dy gar di?	*What make is your car?*
Be' ydy enw dy fòs di?	*What's the name of your boss?*

Efo'ch partner:

Gofynnwch y cwestiynau yma i'ch partner a nodwch yr ateb:

Cwestiwn:	**Ateb:**
Pwy ydy dy ddoctor di?	
Be' ydy rhif dy gar di?	
Be' ydy mêc dy gar di?	
Be' ydy enw dy frawd neu dy chwaer di?	
Lle mae dy frawd neu dy chwaer di'n byw?	
Be' oedd enw dy nain di?	
Be' ydy enw dy gymydog di?	

Deialog

A: Be' ydy enw **dy frawd** di?
B: **Idris**. Mae o'n byw yn Wrecsam.
A: A be' ydy enw dy **dad** a dy **fam**?
B: Graham ydy enw fy **nhad** i a Meriel ydy enw fy **mam** i.
A: Graham Morgan?
B: Ia, 'na fo. Mae o'n dod o **Bort Talbot** yn wreiddiol.
A: Wel, wel, dw i'n nabod Graham Morgan!

Geirfa

bòs - *boss*
cefnder - *cousin (male)*
cyfnither (b) - *cousin (female)*
cymydog - *neighbour*
cymdogion - *neighbours*
gŵr - *husband*
gwraig (b) - *wife*
llaw - *hand*
mêc - *make (as in car)*
nabod - *to know (a person)*
nain (b) - *grandmother*
rhieni - *parents*
taid - *grandfather*
yng-nghyfraith - *in-law*

Ychwanegwch eirfa sy'n berthnasol i chi:
Add vocabulary that's relevant to you:

Gramadeg

Y Treiglad Trwynol *Nasal Mutation*		
P	→	Mh
B	→	M
T	→	Nh
D	→	N
C	→	Ngh
G	→	Ng

Fy ______________ **i**

Mae **Treiglad Trwynol** ar ôl **fy**:

partner	>	fy **mh**artner i
brawd	>	fy **m**rawd i
taid	>	fy **nh**aid i
doctor	>	fy **n**octor i
cariad	>	fy **ngh**ariad i
gwraig	>	fy **ng**wraig i

People usually say '**y**' *rather than* '**fy**'. *So*:

	'fy mrawd i'	*will be pronounced*	'y mrawd i'
and	'fy ngŵr i'	*will be pronounced*	'y ngŵr i.'

If there isn't a mutation, people usually say '**yn**' *rather than* **fy**:

	'fy enw i'	*becomes*	'yn enw i'
and	'fy chwaer i'	*becomes*	'yn chwaer i'

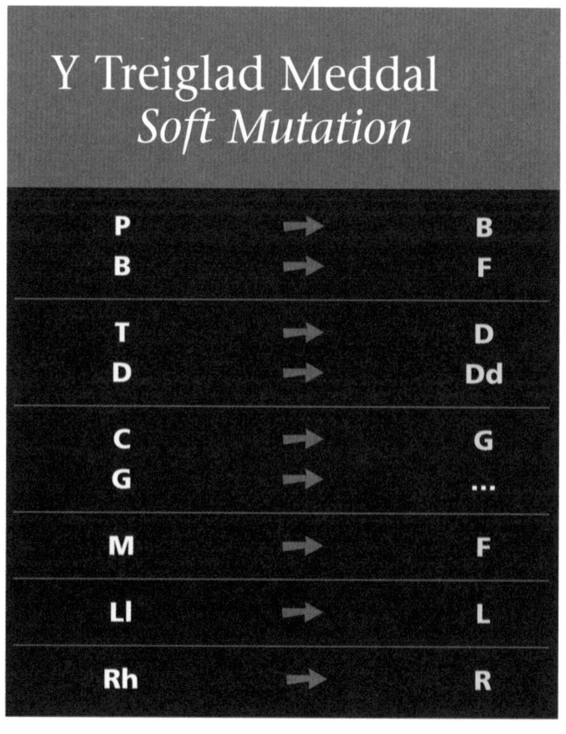

Y Treiglad Meddal *Soft Mutation*		
P	→	B
B	→	F
T	→	D
D	→	Dd
C	→	G
G	→	...
M	→	F
Ll	→	L
Rh	→	R

Dy ______________ **di**

Mae **Treiglad Meddal** ar ôl **dy**:

plant	>	dy **b**lant di
brawd	>	dy **f**rawd di
teulu	>	dy **d**eulu di
doctor	>	dy **dd**octor di
cariad	>	dy **g**ariad di
gŵr	>	dy ŵr di
mam	>	dy **f**am di
llaw	>	dy **l**aw di
rhieni	>	dy **r**ieni di

Does **dim** treiglad ar ôl **eich. Hwrê!**

Cwrs Mynediad: Uned 12

Nod: Siarad am deulu ac eiddo ***Speaking about family and possessions***

1. **Faint ydy oed ei hogan o?** - *How old is his daughter?*
   Mae hi'n flwydd oed - *She's a year (old)*
   Faint ydy oed ei hogyn o? - *How old is his son?*
   Mae o'n ddwy oed - *He's two (years old)*
   Faint ydy oed ei hogan hi? - *How old is her daughter?*
   Mae hi'n dair oed - *She's three*
   Faint ydy oed ei hogyn hi? - *How old is her son?*
   Mae o'n bedair oed - *He's four*

   Dach chi'n nabod ei dad o? - *Do you know his father?*
   Ydw, dw i'n nabod ei dad o - *Yes, I know his father*
   Nac ydw, dw i ddim yn nabod ei dad o - *No, I don't know his father*
   Dw i'n nabod ei frawd o - *I know his brother*
   Dw i'n nabod ei gefnder o - *I know his cousin*

   Dach chi'n nabod ei thad hi? - *Do you know her father?*
   Ydw, dw i'n nabod ei thad hi - *Yes, I know her father*
   Nac ydw, dw i ddim yn nabod ei thad hi - *No, I don't know her father*
   Dw i'n nabod ei brawd hi - *I know her brother*
   Dw i'n nabod ei chefnder hi - *I know her cousin*

Wyt ti'n nabod...?

Dyma deulu Siôn. Dach chi'n nabod 5 aelod o'r teulu ac mae eich partner yn nabod y lleill.

1. Trafodwch efo'ch partner a rhowch ✔ yn ymyl y rhai dach chi'n nabod.
2. Rhowch enwau, gwaith a diddordebau dychmygol iddyn nhw.
3. Atebwch gwestiynau eich partner amdanyn nhw.

This is Siôn's family. You know 5 members of the family and your partner knows the others. Discuss with your partner, tick those that you know, create an imaginary life (names, work, interests) for them and answer your partner's questions about them.

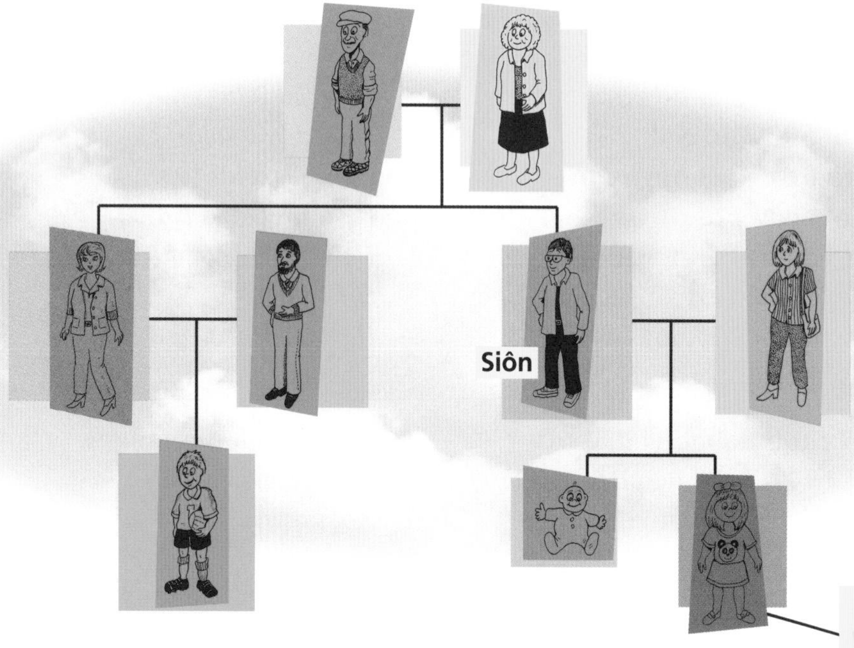

2.

Lle mae ei chot hi?	*Where's her coat?*
Wrth y drws	*By the door*
Lle mae ei got o?	*Where's his coat?*
Yn y car	*In the car*
Lle mae ei lyfr sieciau o?	*Where's his cheque book?*
O dan y bwrdd	*Under the table*
Lle mae ei phwrs hi?	*Where's her purse?*
Ar y silff	*On the shelf*
Lle mae ei arian o?	*Where's his money?*
Yn ei boced o	*In his pocket*
Lle mae ei harian hi?	*Where's her money?*
Yn ei phoced hi	*In her pocket*

Lle mae ei ....?

Efo partner, gofynnwch lle mae'r pethau yma ac ateb ar sail y lluniau:

With your partner, ask where these things are, answering according to the pictures:

A: Lle mae ei ______________ o?
B: Yn y _______ / Ar y _______.

A: Lle mae ei _____________ hi?
B: Yn y ________ / Ar y _________.

Holi am ffrind

Asking about a friend

Efo partner, meddyliwch am gwestiynau i'w gofyn am ffrind (dychmygol efallai).

With your partner, think of questions to ask about a friend (an imaginary friend if you like).

Yn eich tro, gofynnwch y cwestiynau. Ysgrifennwch yr atebion yn y grid.

Then take your turns to ask the questions. Write the answers on the grid.

Er enghraifft:

Enw	Eirian
Oed	30
Gwaith	Doctor
Enw'r tŷ	Cartrefle
Enw'r ci	Y Cyrnol
Mêc y car	Volvo

Enw	
Oed	
Gwaith	
Enw'r tŷ	
Enw'r ci	
Mêc y car	

Deialog

A: Wyt ti'n nabod **Carwyn Price**?
B: Be' ydy **ei waith o**?
A: **Trydanwr** ydy o, dw i'n meddwl.
B: Ydy **o'n** briod?
A: Ydy, ond dw i ddim yn cofio be' ydy enw **ei wraig o**.
B: Faint ydy oed **ei blant o**?
A: Mae **ei hogan o'n** ddwy, ac mae **ei hogyn o'n** bedair.

Newidiwch y ddeialog, gan ddechrau fel hyn:

Change the dialogue, starting like this:

A: Wyt ti'n nabod **Caryl Puw**?

Ychwanegwch eirfa sy'n berthnasol i chi:

Add vocabulary that's relevant to you:

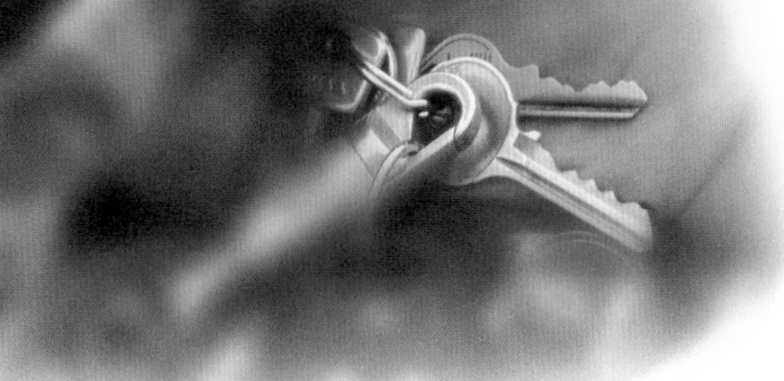

Geirfa

anti/modryb (b)	-	*aunt*
ar	-	*on*
ar ben	-	*on top of*
arian	-	*money*
bocs	-	*box*
cadair (b)	-	*chair*
cadair freichiau (b)	-	*armchair*
camera	-	*camera*
cefnder	-	*cousin (male)*
cyfnither (b)	-	*cousin (female)*
cot (b)	-	*coat*
drws	-	*door*
goriad/au	-	*key/s*
llyfr	-	*book*
llyfr sieciau	-	*cheque book*
o dan	-	*under*
papur (newydd)	-	*(news)paper*
paned (b)	-	*cuppa, cup of tea or coffee*
pensel (b)	-	*pencil*
poced (b)	-	*pocket*
priod	-	*married*
pwrs	-	*purse*
teledu	-	*television*
wrth	-	*by*
ŵyr	-	*grandson*
wyres (b)	-	*grand-daughter*
yncl/ewythr	-	*uncle*

Gramadeg

Treiglad Meddal ar ôl 'ei' (gwrywaidd)
Soft Mutation after 'ei' (masculine)

Treiglad Llaes ar ôl 'ei' (benywaidd) (dim ond 'p', 't' ac 'c') + 'h' cyn llafariad
Aspirate Mutation after 'ei' (feminine) (only 'p', 't' and 'c') + 'h' before a vowel

plant	ei **b**lant o	ei **ph**lant hi
tad	**ei d**ad o	ei **th**ad hi
cefnder	ei **g**efnder o	ei **ch**efnder hi
brawd	ei **f**rawd o	ei brawd hi
doctor	ei **dd**octor o	ei doctor hi
gwaith	ei _waith o	ei gwaith hi
mam	ei **f**am o	ei mam hi
llaw	ei **l**aw o	ei llaw hi
rhieni	ei **r**ieni o	ei rhieni hi
enw	ei enw o	ei **h**enw hi

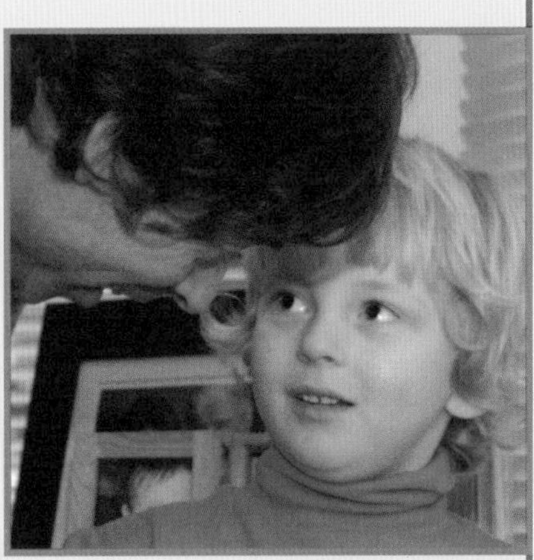

Oed

Age

When we talk about age, regardless of whether a person is feminine or masculine, we use the ***feminine*** *form of numbers because we are referring to the word for year =* **blwydd**, *which is feminine.*

The 'older' forms of numbers are used from 11 - 30 *and for* 40, 50, 60 *and* 80. *See the examples opposite.*

Ask the tutor if you need a particular age.

Mae Garmon yn **ddwy** oed

Mae Lisa yn **bedair** oed

Mae Marc yn **dair** oed

11 – un ar ddeg

12 – deuddeg

22 – dwy ar hugain

Cwrs Mynediad: Uned 13

Nod: Trafod yr amser ***Discussing the time***

1. Faint o'r gloch ydy hi? / *What time is it?*

Mae hi'n un o'r gloch	*It's one o'clock*
Mae hi'n ddau o'r gloch	*It's two o'clock*
Mae hi'n un ar ddeg	*It's eleven*
Mae hi'n ddeuddeg	*It's twelve*
Mae hi'n hanner dydd	*It's midday*
Mae hi'n hanner nos	*It's midnight*
Mae hi'n chwarter wedi dau	*It's a quarter past two*
Mae hi'n hanner awr wedi dau	*It's half past two*
Mae hi'n chwarter i dri	*It's a quarter to three*
Mae hi'n amser codi	*It's time to get up*
Mae hi'n amser coffi	*It's coffee time*
Mae hi'n amser mynd adre	*It's time to go home*

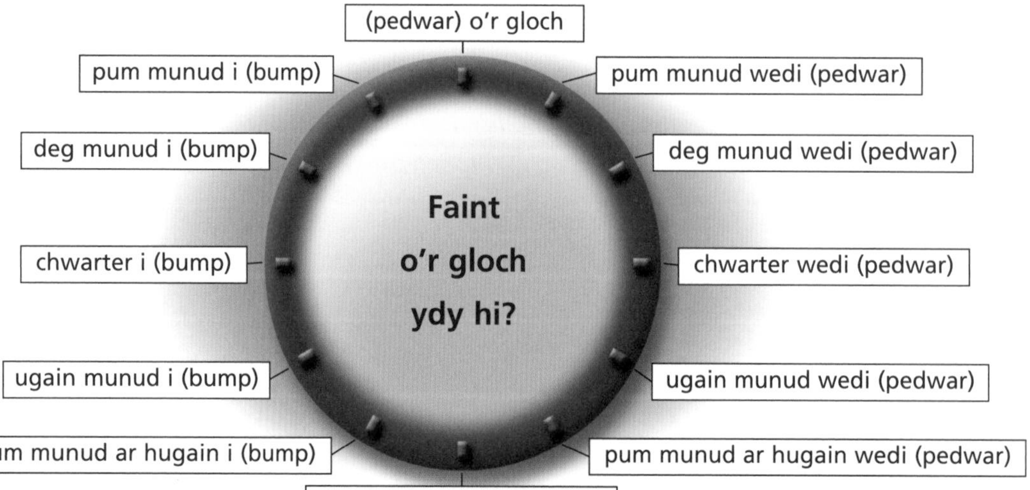

Efo partner

A: Faint o'r gloch ydy hi?
B: Mae hi'n ______________________

2.	**Pryd wyt ti'n codi?**	*When do you get up?*
	Am saith o'r gloch	*At seven o'clock*
	Am chwarter i wyth	*At a quarter to eight*
	Pryd dach chi'n mynd adre?	*When do you go home?*
	Am bump o'r gloch	*At five o'clock*
	Am ddeg munud wedi pump	*At ten past five*
	Am bum munud i bedwar	*At five to four*
	Pryd maen nhw'n mynd i'r gwely?	*When do they go to bed?*
	Am ddeg o'r gloch	*At ten o'clock*
	Am ugain munud wedi deg	*At twenty past ten*
	Am bum munud ar hugain i hanner nos	*At twenty five to midnight*

Am faint o'r gloch wyt ti'n ____________________?

Pryd wyt ti'n ____________________?

	Fi	______	______
codi			
mynd i'r gwaith			
gorffen gwaith			
cyrraedd adre			
cael swper			
edrych ar y newyddion			
mynd i'r gwely			

Diwrnod Delyth

Partner A

C: Lle mae Delyth am ____________?

A: Mae hi ____________________

7.45	____________________
8.00	yn cael brecwast
8.30	____________________
9.00	yn y swyddfa
11.15	____________________
12.30	yn cael cinio yn y dre
1.30	____________________
2.20	yn cael te
5.40	____________________
6.15	yn coginio
7.00	____________________
8.45	yn y dafarn
10.30	____________________

(Partner B - tudalen 78)

Deialog

A: Esgusodwch fi, ond dach chi'n hwyr.

B: Yn hwyr? Faint o'r gloch ydy hi, 'ta?

A: Mae hi'n **ddau** o'r gloch. Dach chi yma am chwarter i **ddau** fel arfer.

B: Am **ddau** dw i'n dechrau gweithio, felly dw i'n gynnar fel arfer.

A: O, dw i'n gweld. Mae'n ddrwg gen i.

B: **Popeth yn iawn.**

Geirfa

am (+ TM)	-	*at (time)*
ar y ffordd	-	*on the way*
brecwast	-	*breakfast*
cawod (b)	-	*shower*
cinio	-	*lunch*
cynnar	-	*early*
cyrraedd	-	*to arrive*
enwog	-	*famous*
fel arfer	-	*usually*
ffordd (b)/ffyrdd	-	*way/s, road/s*
hanner dydd	-	*midday*
hanner nos	-	*midnight*
hwyr	-	*late*
mae'n ddrwg gen i	-	*I'm sorry*
o'r gloch	-	*o'clock*
popeth yn iawn	-	*not to worry, fine*
Pryd?	-	*When?*
seren (b)/sêr	-	*star/s*
swper	-	*supper*
tafarn/au (b)	-	*pub/s*

Ychwanegwch eirfa sy'n berthnasol i chi:
Add vocabulary that's relevant to you:

Gramadeg

Time, Numbers and Soft Mutations!

We saw in the last unit that the traditional numbers are used when talking about ***age****.* ***Time*** *is another area where traditional numbers are still used:*

un ar ddeg	*eleven*
deuddeg	*twelve*
ugain munud i/wedi	*twenty to/past*
pum munud ar hugain i/wedi	*twenty five to/past*

Mae **Treiglad Meddal** ar ôl **i** ac **am**.

ugain munud i **b**ump	*twenty to five*
am **d**ri o'r gloch	*at three o'clock*
am **dd**eg munud i **b**edwar	*at ten to four*

Maen nhw'n mynd

They go/They are going

The full pattern of the present tense has now been introduced:

Dw i	Dw i ddim
Rwyt ti	Dwyt ti ddim
Mae o/hi	Dydy o/hi ddim
Dan ni	Dan ni ddim
Dach chi	Dach chi ddim
Maen nhw	Dyn nhw ddim

Diwrnod Delyth

Partner B

C: Lle mae Delyth am ____________?
A: Mae hi ____________

7.45	yn y gawod
8.00	
8.30	ar y bws
9.00	
11.15	yn cael coffi
12.30	
1.30	nôl yn y gwaith
2.20	
5.40	ar y ffordd adre
6.15	
7.00	yn bwyta swper
8.45	
10.30	yn cysgu ar y bar!

Cwrs Mynediad: Uned 14

Nod: Trafod y gorffennol ***Discussing the past***

1.

Mi es i i weld ffrindiau	*I went to see friends*
i'r gêm	*I went to the game*
am dro	*I went for a walk*
i'r gwaith	*I went to work*
Lle est ti ddoe?	*Where did you go yesterday?*
Lle aethoch chi neithiwr?	*Where did you go last night?*
Es i ddim i'r dafarn	*I didn't go to the pub*
Es i ddim i Abertawe	*I didn't go to Swansea*
Es i ddim i'r pwll nofio	*I didn't go to the swimming pool*
Est ti i'r banc bore ddoe?	*Did you go to the bank yesterday morning?*
Aethoch chi i Aberystwyth?	*Did you go to Aberystwyth?*
DO / NADDO	*Yes / No*

Lle est ti? / Lle aethoch chi?

Partner A

Chi		Eich partner	
Dydd Llun	i Ddinbych	Dydd Llun	
Dydd Mawrth	i'r gwaith	Dydd Mawrth	
Dydd Mercher	i nofio	Dydd Mercher	
Dydd Iau	i gael pryd o fwyd	Dydd Iau	
Dydd Gwener	i'r dafarn	Dydd Gwener	
Dydd Sadwrn	i weld gêm	Dydd Sadwrn	
Dydd Sul	i unlle	Dydd Sul	

Lle est ti? / Lle aethoch chi?

Partner B

Chi		Eich partner	
Dydd Llun	i siopa yn Llandudno	Dydd Llun	
Dydd Mawrth	i weld ffrind	Dydd Mawrth	
Dydd Mercher	i chwarae sboncen	Dydd Mercher	
Dydd Iau	i unlle	Dydd Iau	
Dydd Gwener	i'r swyddfa	Dydd Gwener	
Dydd Sadwrn	i chwarae rygbi	Dydd Sadwrn	
Dydd Sul	i dŷ ffrindiau	Dydd Sul	

Efo'r tiwtor/Efo partner

C: Est ti i'r swyddfa dydd Mawrth?
A: Do, mi es i i'r swyddfa yn y bore.

C: Aethoch chi i Tesco dydd Sadwrn?
A: **Naddo**, es i ddim i Tesco. Mi es i i Asda.

2.

Mi ges i gyri	*I had a curry*
beint	*I had a pint*
Ges i ddim byd	*I didn't have anything*
Ges i ddim gwin	*I didn't have any wine*
Be' gest ti neithiwr?	*What did you have last night?*
Be' gaethoch chi?	*What did you have?*
Gest ti hwyl? / Gaethoch chi hwyl?	*Did you have fun?*
DO / NADDO	*Yes / No*

Be' gest ti i fwyta?
Be' gaethoch chi i yfed?

Mi ges i dost i frecwast
Mi ges i frechdan i ginio
Mi ges i gyw iâr i de
Mi ges i gyri, sglodion a gwin i swper!

Be' gest ti cyn mynd i'r gwely?!

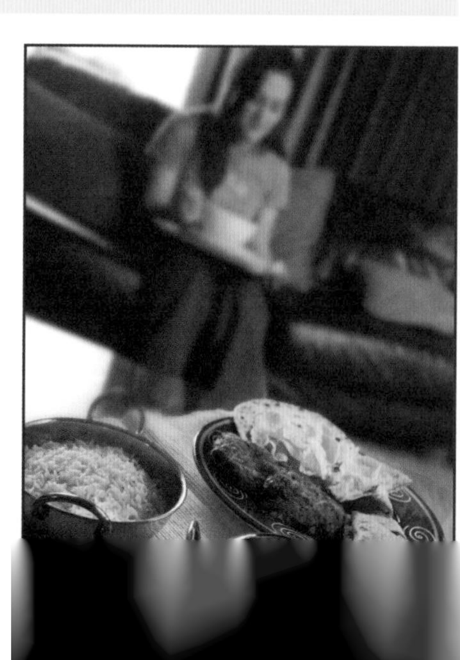

Gêm drac

Symudwch o gwmpas y trac.

Mi fydd eich tiwtor yn dweud pa gwestiynau i'w gofyn.

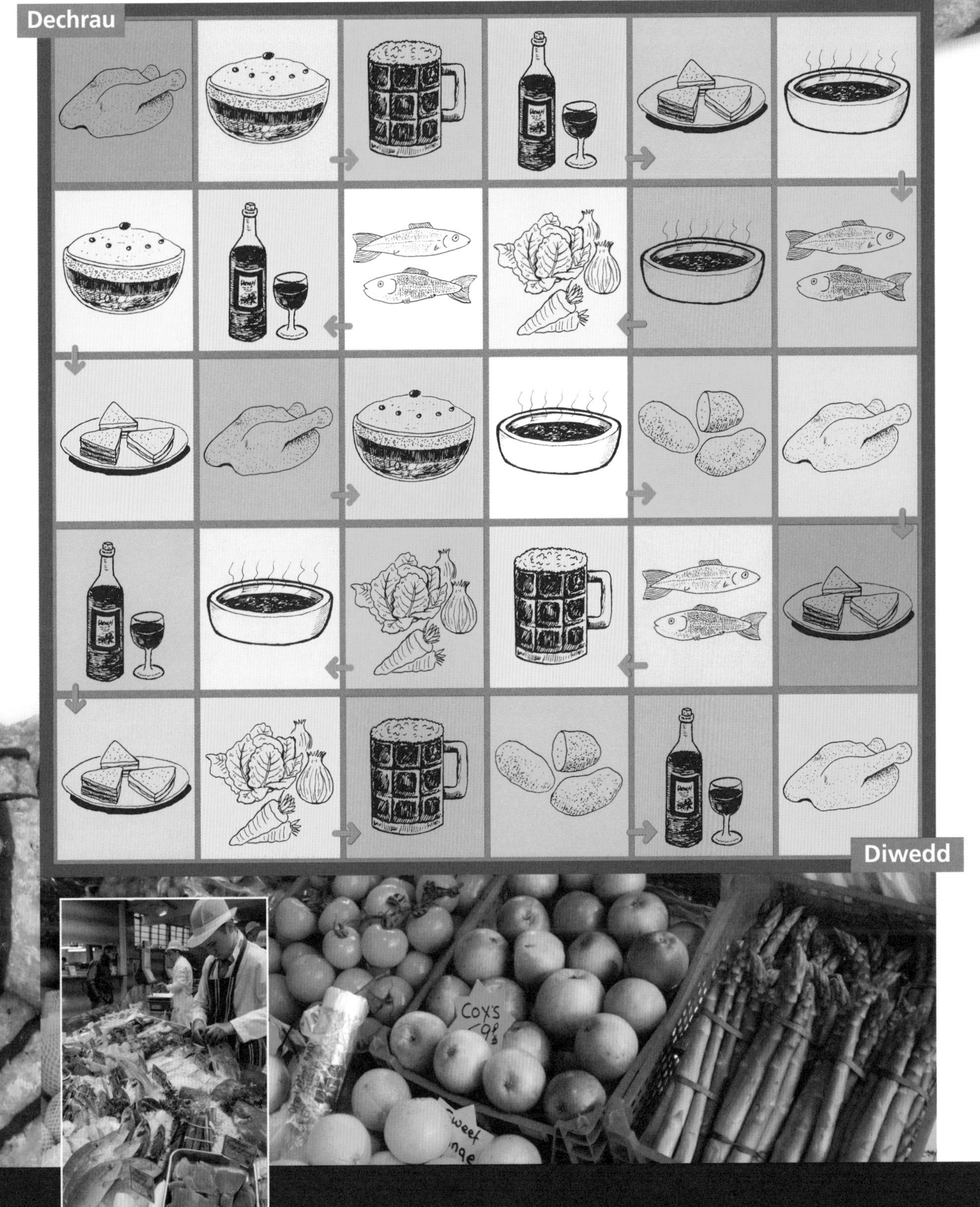

3.

Mi ddes i yn y car	*I came by car*
mewn tacsi	*I came by taxi*
Ddes i ddim ar y trên	*I didn't come by train*
ar y bws	*I didn't come by bus*
Sut ddest ti yma heno?	*How did you come here tonight?*
Sut ddaethoch chi?	*How did you come?*
Ddaethoch chi mewn awyren?	*Did you come by plane?*
Ddest ti mewn car?	*Did you come in a car?*
DO / NADDO	***Yes / No***

Efo partner

Trafod:

C: Sut ddest ti i'r dosbarth?'
A: Mi ddes i ______________________

Dyfalu:

C: Ddest ti i'r dosbarth ______________?
A: Do/Naddo

Efo partner

C: Sut est ti i chwarae rygbi dydd Sadwrn?
A: Mi es i ar y bws.

C: Sut est ti i'r gwaith dydd Llun?
A: Mi es i ar gefn tractor!

Deialog

A: Lle est ti **neithiwr?**
B: Mi es i i **Abertawe**.
A: Pam est ti i **Abertawe**?
B: Mi es i **i'r ysbyty i weld ffrind.**
A: Pryd ddest ti adre?
B: Mi ddes i adre am **ddeg o'r gloch**. Pam wyt ti'n gofyn?
A: Dw i'n hoffi gwybod lle wyt ti'n mynd. Fi ydy dy **wraig** di!

Geirfa

ar gefn tractor	- *on (the back of) a tractor*
awyren (b)	- *plane*
bore ddoe	- *yesterday morning*
brechdan(au) (b)	- *sandwich(es)*
bwyta	- *to eat*
cawl	- *soup*
cig	- *meat*
cwrw	- *beer*
cyn	- *before*
cyri	- *curry*
cyw iâr	- *chicken*
diddorol	- *interesting*
Dinbych	- *Denbigh*
ddoe	- *yesterday*
ffrind(iau)	- *friend(s)*
gweld	- *to see*
gwin	- *wine*
hwyl	- *fun*
i de	- *for tea*
i frecwast	- *for breakfast*
i fwyta	- *to eat*
i ginio	- *for lunch/for dinner*
i swper	- *for supper*
Lerpwl	- *Liverpool*
llysiau	- *vegetables*
neithiwr	- *last night*
peint	- *pint*
pryd o fwyd	- *a meal*
prynu	- *to buy*
pysgod	- *fish*
sboncen	- *squash*
tacsi	- *taxi*
tatws	- *potatoes*
tost	- *toast*
treiffl	- *trifle*
trên	- *train*
unlle	- *nowhere*

Ychwanegwch eirfa sy'n berthnasol i chi:
Add vocabulary that's relevant to you:

Gramadeg

Gorffennol *mynd, dod* a *cael*

The Past Tense of **mynd, dod** *and* **cael**

These are irregular verbs – the most useful verbs usually are!
The unit introduces the first and second persons only for the time being:

mynd	**dod**	**cael**
mi es i	mi ddes i	mi ges i
mi est ti	mi ddest ti	mi gest ti
mi aethoch chi	mi ddaethoch chi	mi gaethoch chi

Questions in the past
You will notice that there is a ***soft mutation*** *(*Treiglad Meddal*) to the verb if you are asking a question:*

Ddest ti yma mewn tacsi? - *Did you come here in a taxi?*

Answering Yes/No to a verb in the past tense

When answering Yes/No to a verb in the past tense, the answer is DO / NADDO:

Gest ti hwyl? - *Did you have fun?*
Do / Naddo - *Yes / No*

Negative statements
There is often a ***soft mutation*** (Treiglad Meddal) *in the negative form:*

dod > **Dd**es i ddim - *I didn't come*

More about this in Uned 15!

More mutations! - **Mi ges i goffi**
When the action of the verb affects something or someone else, e.g.
I had - what did you have? - coffee
that something else, coffee in this case, is called an ***object,*** *and it mutates softly.*

Mi ges i **g**offi
Mi ges i **d**e
Mi ges i **g**yri

If it's a ***negative*** *statement, then it's the* ***dim*** *which mutates to* ***ddim:***

Ges i ddim coffi
Ges i ddim te
Ges i ddim cyri

Which is easy! Yes, well, it may all seem a bit complicated, but there will be plenty of opportunities to get used to it over the next few units.

Cwrs Mynediad: Uned 15

Nod: Adolygu ac ymestyn ***Revision and extension***

1.	**Pwy ydy hi?**	*Who's she?*
	Pwy ydy o?	*Who's he?*
	Fy hogan i	*My daughter*
	Fy nhad i	*My father*
	Fy mrawd i	*My brother*
	Huw ydy enw fy nghefnder i	*My cousin's name is Huw*
	Gareth ydy enw ei gefnder o	*His cousin's name is Gareth*
	Dafydd ydy enw ei chefnder hi	*Her cousin's name is Dafydd*
	Be' ydy enw dy gefnder di?	*What's your cousin's name? (ti)*
	Be' ydy enw eich cefnder chi?	*What's your cousin's name? (chi)*

Tasg

Mewn grwpiau o 3, trafodwch eich ffotograffau o'r teulu/ffrindiau ac atebwch gwestiynau 'Pwy ydy o/hi?'

In groups of 3, discuss the photographs of your family/friends and answer questions about who's who.

2.	**Faint o'r gloch dach chi'n codi?**	*What time do you get up?*
	Tua hanner awr wedi saith	*Around half past seven*
	Pryd dach chi'n cyrraedd y gwaith?	*When do you arrive at work?*
	Tua deg munud i naw	*Around ten to nine*
	Pryd dach chi'n gweithio?	*When do you work?*
	Dw i'n gweithio o naw tan bump	*I work from nine to five*
	Pryd mae ________ ar y teledu?	*When is ________ on the television?*
	Mae ________ ar y teledu o hanner awr wedi saith tan wyth	*________ is on the television from half past seven until eight*

Holiadur

Gofynnwch y cwestiynau hyn i'ch partner:

Ask your partner these questions:

1. Faint o'r gloch ydy hi rŵan?	
2. Faint o'r gloch wyt ti'n codi fel arfer?	
3. Pryd mae'r postmon yn dŵad?	
4. Faint o'r gloch wyt ti'n mynd i'r gwely fel arfer?	
5. Pryd wyt ti'n mynd i'r gwaith?	
6. Pryd mae ___________ ar y teledu?	

Plismon Puw yn holi

Mae Plismon Puw eisiau gwybod lle aethoch chi bore ddoe, prynhawn ddoe a neithiwr. Dyma rai posibiliadau:

PC Puw wants to know where you went yesterday morning, yesterday afternoon and last night. Here are some possibilities:

Bore ddoe	Prynhawn ddoe	Neithiwr

Mi fydd y plismon hefyd yn gofyn cwestiynau eraill, er enghraifft:

The policeman will also ask other questions, for example:

Efo pwy aethoch chi i'r dafarn?
Sut aethoch chi i'r dre i siopa?
Lle gaethoch chi fwyd?
Faint o'r gloch aethoch chi i'r dre / ddaethoch chi adre ...?

Paratowch eich atebion efo partner.

Prepare your answers with a partner.

Darn darllen

Ddoe, roedd hi'n braf, felly mi es i am dro cyn brecwast. Wedyn mi es i i'r dre i gyfarfod ffrind. Gaynor ydy ei henw hi, ac mae hi a'i theulu'n byw ym Machynlleth rŵan.

Tua deuddeg o'r gloch, mi ddes i nôl i'r tŷ a darllen y papur am hanner awr. Mi ges i frechdan i ginio ar fy mhen fy hun. Roedd hi'n dal yn braf, felly mi es i i'r ardd i eistedd yn yr haul.

Neithiwr mi es i allan i gael pryd o fwyd efo ffrindiau o'r gwaith. Mi ges i gyw iâr a sglodion, a hufen iâ i bwdin. Mi ges i botelaid o win coch hefyd. Mi ddes i adre mewn tacsi, ac mi es i i'r gwely tua dau o'r gloch y bore!

3.

Lle est ti ar dy wyliau y llynedd?	*Where did you go on your holidays last year?*
Lle aethoch chi ar eich gwyliau y llynedd?	
Mi es i i Sbaen	*I went to Spain*
Efo pwy est ti ar dy wyliau?	*With whom did you go on holiday?*
Efo pwy aethoch chi ar eich gwyliau?	
Mi es i efo'r teulu	*I went with the family*
Mi es i ar fy mhen fy hun	*I went on my own*
Sut est ti ar dy wyliau?	*How did you go on holiday?*
Mi es i mewn awyren	*I went by plane*
Mi es i ar y bws	*I went by bus*
Be' gest ti i fwyta?	*What did you have to eat?*
Be' gaethoch chi i yfed?	*What did you have to drink?*
Mi ges i sangria	*I had sangria*

Holiadur Gwyliau

Enw	Lle?	Sut?	Pryd?	Efo pwy?	Bwyta?	Yfed?

Gwrando

Gwrandewch ar y deialogau a rhowch lythyren yr ateb cywir yn y blwch.

Listen to the tape and put the letter of the correct answer in the box.

Deialog 1

	a	b	c	Ateb
1. Pryd mae'r cyfarfod?	dydd Llun	dydd Sul	dydd Iau	
2. Faint o'r gloch mae'r cyfarfod?		2.30		
3. Lle mae Huw yn mynd wedyn?	Caerdydd	Caernarfon	Cydweli	
4. Pwy mae o'n mynd i weld yno?	ei chwaer a'i frawd	ei fam a'i dad	ei chwaer a'i theulu	

Deialog 2

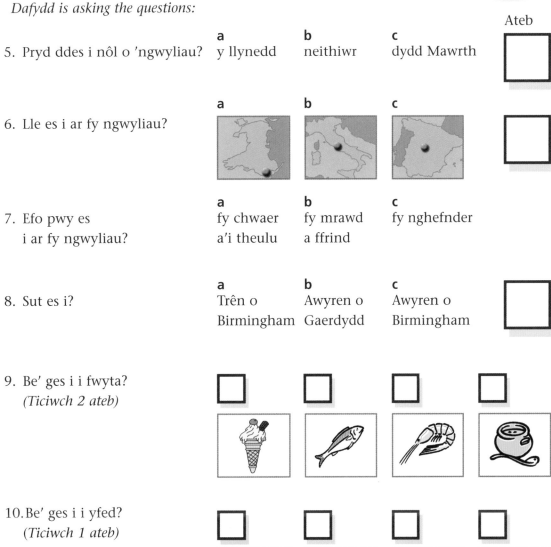

Dafydd sy'n gofyn y cwestiynau:
Dafydd is asking the questions:

	a	b	c	Ateb
5. Pryd ddes i nôl o 'ngwyliau?	y llynedd	neithiwr	dydd Mawrth	☐
6. Lle es i ar fy ngwyliau?				☐
7. Efo pwy es i ar fy ngwyliau?	fy chwaer a'i theulu	fy mrawd a ffrind	fy nghefnder	
8. Sut es i?	Trên o Birmingham	Awyren o Gaerdydd	Awyren o Birmingham	☐

9. Be' ges i i fwyta?
(Ticiwch 2 ateb)

☐ ☐ ☐ ☐

10. Be' ges i i yfed?
(Ticiwch 1 ateb)

☐ ☐ ☐ ☐

 Geirfa

bwyd môr	-	*seafood*
cyfarfod	-	*to meet*
Ffrainc	-	*France*
hufen iâ	-	*ice cream*
i bwdin	-	*for dessert*
neithiwr	-	*last night*
potelaid	-	*a bottleful*
postmon	-	*postman*
rŵan	-	*now*
Sbaen	-	*Spain*
sglodion	-	*chips*
tan	-	*until, to*
y llynedd	-	*last year*
yn dal yn braf	-	*still fine*

Misoedd y Flwyddyn

Ionawr	*January*
Chwefror	*February*
Mawrth	*March*
Ebrill	*April*
Mai	*May*
Mehefin	*June*
Gorffennaf	*July*
Awst	*August*
Medi	*September*
Hydref	*October*
Tachwedd	*November*
Rhagfyr	*December*

Ychwanegwch eirfa sy'n berthnasol i chi:

Add vocabulary that's relevant to you:

Sylwch

Note:

ym mis Awst *in (the month of) August*
ym mis Ebrill *in (the month of) April*

Rhestr gyfair **Check list**

✔ **Ticiwch be' dach chi'n medru wneud. Yn Gymraeg!**
Tick what you can do. In Welsh!

- ☐ Dw i'n medru siarad am fy nheulu ac eiddo
  I can talk about my family and possessions
- ☐ Dw i'n medru siarad am deulu ac eiddo rhywun arall
  I can talk about someone else's family and possessions
- ☐ Dw i'n medru gofyn cwestiynau am deulu ac eiddo
  I can ask questions about family and possessions
- ☐ Dw i'n medru gofyn faint o'r gloch ydy hi
  I can ask what time it is
- ☐ Dw i'n medru dweud faint o'r gloch ydy hi yn union ac yn fras
  I can say exactly and approximately what time it is
- ☐ Dw i'n medru dweud be' dw i'n wneud ar adegau arbennig o'r dydd
  I can say what I do at certain times of the day
- ☐ Dw i'n medru siarad am lle es i, sut ddes i a be' ges i i fwyta/yfed
  I can speak about where I went, how I came and what I had to eat/drink
- ☐ Dw i'n medru holi rhywun arall lle aethon nhw, sut ddaethon nhw a be' gaethon nhw i fwyta/yfed
  I can ask someone else where they went, how they came and what they had to eat/drink
- ☐ Dw i'n medru trafod dulliau o deithio
  I can discuss modes of transport

Patrymau unedau 11-15

Patterns of units 11-15

Treiglad Trwynol / *Nasal Mutation* ar ôl FY

partner	fy **mh**artner i
brawd	fy **m**rawd i
taid	fy **nh**aid i
doctor	fy **n**octor i
car	fy **ngh**ar i
gŵr / gwraig	fy **ng**ŵr i / fy **ng**wraig i

Treiglad Meddal / *Soft Mutation* ar ôl DY

partner	dy **b**artner di
brawd	dy **f**rawd di
taid	dy **d**aid di
doctor	dy **dd**octor di
car	dy **g**ar di
gŵr / gwraig	dy _ŵr di / dy _wraig di
mam	dy **f**am di
llaw	dy **l**aw di
rhieni	dy **r**ieni di

Treiglad Meddal / *Soft Mutation* ar ôl EI (his)

partner	ei **b**artner o etc

Treiglad Llaes / *Aspirate Mutation* ar ôl EI (her) — only **p**, **t** and **c** mutate

partner	ei **ph**artner hi
tad	ei **th**ad hi
cariad	ei **ch**ariad hi

Amser Gorffennol ***mynd, dod*** **a** ***cael*** / *Past tense of* ***to go, to come*** *and* ***to have***

		Cadarnhaol *Affirmative*	**Negyddol** *Negative*	**Cwestiwn** *Question*
mynd	1	mi es i	es i ddim	es i?
	2 (ti)	mi est ti	est ti ddim	est ti?
	2 (chi)	mi aethoch chi	aethoch chi ddim	aethoch chi?
dod	1	mi ddes i	ddes i ddim	ddes i?
	2 (ti)	mi ddest ti	ddest ti ddim	ddest ti?
	2 (chi)	mi ddaethoch chi	ddaethoch chi ddim	ddaethoch chi?
cael*	1	mi ges i	ges i ddim	ges i?
	2 (ti)	mi gest ti (*or* cest ti)	gest ti ddim	gest ti?
	2 (chi)	mi gaethoch chi	gaethoch chi ddim	gaethoch chi?

The forms of* ***cael* *given here are colloquial. You may also come across* ***ches i ddim*** *and* ***mi gawsoch chi, gawsoch chi?***

Treiglad meddal *in negative of some verbs* – **dd**es i ddim. *The strict rule is that verbs beginning in* b, d, g, m, ll *and* rh *have a soft mutation* (treiglad meddal) – **dd**es i ddim*; and that verbs starting in* p, t *or* c *have an aspirate mutation* (treiglad llaes). *The aspirate mutation, however* – **ch**es i ddim – *is rarely heard in spoken Welsh; you will normally hear* ges i ddim.

Treiglad meddal in question forms – ***dd****est ti?* ***g****est ti?*

Treiglad meddal in the object – *Mi ges i* ***g****offi. Mi ges i* ***f****rechdan jam.*

Geirfa Graidd - unedau 11–15

am (+ TM) - *at (time)*
ar - *on*
ar ben - *on top of*
ar gefn - *on (the back of)*
ar y ffordd - *on the way*
ateb - *to answer*
ateb(ion) - *answer(s)*
awyren (b) - *plane*
bocs - *box*
bore ddoe - *yesterday morning*
bòs - *boss*
brecwast - *breakfast*
brechdan (b) - *sandwich*
bwyd môr - *seafood*
bwyta - *to eat*
cadair (b) - *chair*
cadair freichiau (b) - *armchair*
camera - *camera*
cawl - *soup*
cawod (b) - *shower*
cefnder - *cousin (male)*
cig - *meat*
cinio - *lunch*
coffi - *coffee*
cot (b) - *coat*
cwrw - *beer*
cyfarfod - *to meet*
cyfnither (b) - *cousin (female)*
cymydog (cymdogion) - *neighbour(s)*
cyn - *before*
cynnar - *early*
cyri - *curry*
cyrraedd - *to arrive*
cyw iâr - *chicken*
diddorol - *interesting*
Dinbych - *Denbigh*
drws - *door*
ddoe - *yesterday*
enwog - *famous*
fel arfer - *usually*
ffordd (b) (ffyrdd) - *way(s), road(s)*
Ffrainc - *France*
ffrind(iau) - *friend(s)*
goriad/au - *keys(s)*
gweld - *to see*
gwin - *wine*
gŵr - *husband*
gwraig (b) - *wife*
hanner dydd - *midday*
hanner nos - *midnight*
hufen iâ - *ice cream*
hwyl - *fun*
hwyr - *late*
i bwdin - *for dessert*
i de - *for tea*
i frecwast - *for breakfast*
i fwyta - *to eat*
i ginio - *for lunch/for dinner*
i swper - *for supper*
Lerpwl - *Liverpool*
llaw (b) - *hand*

Misoedd y Flwyddyn

Ionawr	*January*
Chwefror	*February*
Mawrth	*March*
Ebrill	*April*
Mai	*May*
Mehefin	*June*
Gorffennaf	*July*
Awst	*August*
Medi	*September*
Hydref	*October*
Tachwedd	*November*
Rhagfyr	*December*

Yr Amser

The time

4.00	pedwar o'r gloch
4.05	pum munud wedi pedwar
4.10	deg munud wedi pedwar
4.15	chwarter wedi pedwar
4.20	ugain munud wedi pedwar
4.25	pum munud ar hugain wedi pedwar
4.30	hanner awr wedi pedwar
4.35	pum munud ar hugain i bump
4.40	ugain munud i bump
4.45	chwarter i bump
4.50	deg munud i bump
4.55	pum munud i bump

llyfr - *book*
llyfr sieciau - *cheque book*
mae'n ddrwg gen i - *I'm sorry*
mêc - *make (as in car)*
nabod - *to know (a person)*
nain (b) - *grandmother*
neithiwr - *last night*
o dan - *under*
o'r gloch - *o'clock*
paned - *cuppa, a cup of tea or coffee*
papur (newydd) - *(news)paper*
peint - *pint*
pensel (b) - *pencil*
poced (b) - *pocket*
popeth yn iawn - *not to worry, fine*
potelaid - *bottleful*
postmon - *postman*
priod - *married*
Pryd? - *When?*
pryd o fwyd - *meal*
pwrs - *purse*
rŵan - *now*
rhieni - *parents*
salad - *salad*
Sbaen - *Spain*
swper - *supper*
tacsi - *taxi*
tafarn(au) (b) - *pub(s)*
taid - *grandfather*
tan - *until*
teledu - *television*
trên - *train*
wrth - *by*
ŵyr - *grandson*
wyres (b) - *grand-daughter*
y llynedd - *last year*
yn dal yn braf - *still fine*
yng-nghyfraith - *in-law*

Cwrs Mynediad: Uned 16

Nod: Dweud be' wnaethoch chi a be' wnaeth pobl eraill
Saying what you did and what other people did

1.	**Be' wnaethoch chi neithiwr?**	***What did you do last night?***
	Mi wnes i swper	*I made supper*
	Mi wnes i'r gwaith cartre	*I did the homework*
	Wnes i ddim byd	*I didn't do anything*

2.	**Be' wnaethoch chi ddoe?**	***What did you do yesterday?***
	Mi wnes i weld ffrind	*I saw a friend*
	Mi wnes i edrych ar y teledu	*I watched television*
	Mi wnes i fwyta swper	*I ate supper*
	Mi wnes i ffonio ffrind	*I phoned a friend*
	Mi wnes i ddarllen y papur	*I read the paper*
	Mi wnes i siarad efo'r plant	*I talked to the children*
	Mi wnes i godi'n hwyr	*I got up late*
	Mi wnes i weithio yn yr ardd	*I worked in the garden*
	Mi wnes i gysgu	*I slept*

Efo partner, trafodwch be' wnaethoch chi ddoe gan ddefnyddio'r lluniau yma:
With a partner, discuss what you did yesterday using these pictures:

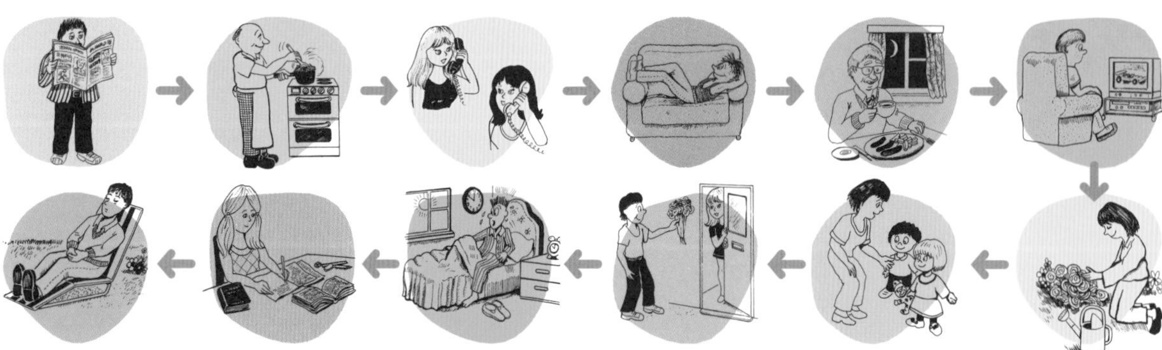

Defnyddiwch **wedyn** i gysylltu'r brawddegau.
*Use **wedyn** to connect the sentences.*

Efo partner arall, trafodwch be' wnaethoch chi ddoe go iawn!
With another partner, discuss what you really did yesterday!

3.

Be' wnaeth Margaret ddoe?	***What did Margaret do yesterday?***
Mi wnaeth hi weld ffrind	*She saw a friend*
Mi wnaeth hi edrych ar y teledu	*She watched television*
Mi wnaeth hi fwyta swper	*She ate supper*
Mi wnaeth hi ffonio ffrind	*She phoned a friend*
Mi wnaeth hi ddarllen y papur	*She read the paper*
Mi wnaeth hi siarad efo'r plant	*She talked to the children*
Mi wnaeth hi godi'n hwyr	*She got up late*
Mi wnaeth hi weithio yn yr ardd	*She worked in the garden*
Mi wnaeth hi gysgu	*She slept*

Defnyddiwch y lluniau i drafod be' wnaeth John ddoe, e.e. Mi wnaeth o weld ffrind.
Use the pictures to discuss what John did yesterday, e.g Mi wnaeth o weld ffrind.

4.

Wnaethoch chi'r gwaith cartre?	*Did you do the home work?*
Aethoch chi i'r sinema?	*Did you go to the cinema?*
Wnaethoch chi weld ffilm?	*Did you see the film?*
Wnaethoch chi siarad efo'r tiwtor?	*Did you speak to the tutor?*
Gaethoch chi swper?	*Did you have supper?*
Wnaethoch chi gysgu neithiwr?	*Did you sleep last night?*
Wnaethoch chi weithio?	*Did you work?*
DO	*Yes, I did.*
NADDO	*No, I didn't*

Dw i isio cliw!
Mi fydd un o'r dosbarth yn meimio o flaen pawb arall. Rhaid i chi ddyfalu be' wnaeth o neu hi a gofyn cwestiynau fel 'Wnaethoch chi weithio yn yr ardd?' Mi fydd o neu hi'n ateb 'Do / Naddo.'

One of the class will mime in front of everybody. You have to guess what he or she did by asking questions like 'Wnaethoch chi weithio yn yr ardd?' *He or she will answer* 'Do / Naddo'.

Cofiwch y Treiglad Meddal! - Bwyta ➜ Wnaethoch chi fwyta?

Ymarfer ti

Ceisiwch ymarfer newid o **chi** i **ti**, e.e. Wnaethoch chi fwyta swper? ➜ Wnest ti fwyta swper?
Try practising changing from **chi** *to* **ti**, *e.g.* Wnaethoch chi fwyta swper? ➜ Wnest ti fwyta swper?

5. **Lle aeth John?** — *Where did John go?*
Be' wnaeth Margaret? — *What did Margaret do?*
Pryd ddaeth o adre? — *When did he come home?*
Be' gaeth hi i swper? — *What did she have for supper?*

Aeth o i'r gwaith — *He went to work*
Aeth hi i'r swyddfa — *She went to the office*

Mi wnaeth hi'r gwaith cartre — *She did the homework*
Wnaeth o ddim byd — *He did nothing*

Mi ddaeth o adre am un o'r gloch — *He came home at one o'clock*
Mi ddaeth hi adre mewn tacsi — *She came home in a taxi*

Mi gaeth hi salad — *She had a salad*
Gaeth o ddim byd — *He had nothing*

Diwrnod John

Efo partner, meddyliwch am atebion i'r cwestiynau yma.
Think of questions to ask about John's day, using this grid:

Lle aeth John ddoe ?	
Be' wnaeth o?	
Pryd ddaeth o adre?	
Be' gaeth o i swper?	
Be' wnaeth o wedyn ?	

Efo partner eto, defnyddiwch y patrymau yn y tabl i siarad am y sefyllfaoedd yma:

With your partner again, use the patterns in the table to talk about these situations:

Sefyllfa 1

Situation 1

Tom went to Aberaeron to see the sea; he came home late and had chips for supper; he then watched television.

Sefyllfa 2

Situation 2

Carys went to Bangor and worked in the office; she came home at 5 o'clock and had sandwiches for supper; then she slept.

Sefyllfa 3

Situation 3

Mair went to Wrexham and did nothing; she came home at 1 o'clock and had salad for supper; then she read the paper.

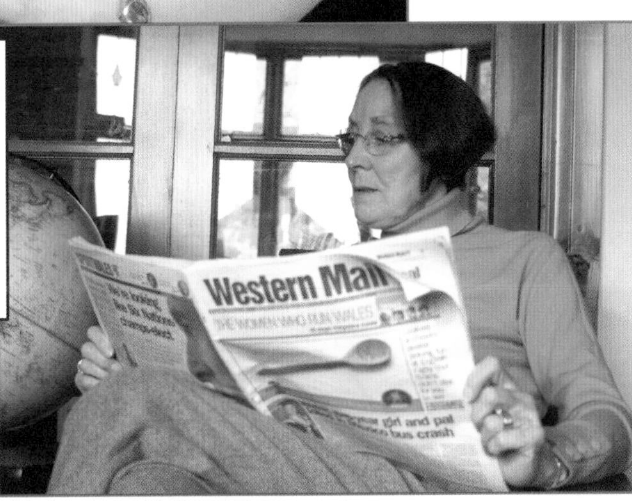

Disgrifiwch ddiwrnod rhywun yn y dosbarth gan ddefnyddio'r un patrymau.

Describe the day that someone in the class had, using the same patterns.

Holiadur Prydau Bwyd

Meals Questionnaire

Gofynnwch i 5 person am y prydau bwyd gaethon nhw ddoe. E.e. Be' gest ti i frecwast ddoe? Be' gest ti i ginio ddoe? Be' gest ti i swper ddoe? Ysgrifennwch yr atebion. Ar ôl gorffen, trafodwch y bobl sy ar eich rhestr efo partner, e.e. Gaeth John spaghetti i swper. Be' gaeth John i frecwast?

Ask 5 people about the meals they had yesterday, e.g. Be' gest ti i frecwast ddoe? Be' gest ti i ginio ddoe? Be' gest ti i swper ddoe? *Write the answers. When you have finished, discuss the people on your list with your partner, e.g.* Gaeth John spaghetti i swper. Be' gaeth John i frecwast?

Enw	Brecwast	Cinio	Swper
1.			
2.			
3.			
4.			
5.			

Deialog

A: Lle est ti nos **Sadwrn**?
B: Es i ddim allan. Be' amdanat ti?
A: Mi es i i'r **Lion**. Mi wnes i weld John.
B: Do?
A: Do, mi ges i **ddau beint** ond mi gaeth **John ddeg peint**.
B: O … be' wedyn?
A: Mi wnes i gerdded adre. Mi wnaeth John yrru adre!
B: O, naddo! Lle mae o rŵan?
A: Ar y ffordd i'r gwaith **mewn tacsi**.
B: Y diawl gwirion!

Un Nos Sadwrn...

Llenwch y bylchau yn y darn hwn. Yna, mi fydd y tiwtor yn gofyn i rai o'r dosbarth ddarllen y paragraff yn uchel. Rhaid i chi wrando ar eu darnau nhw ac ateb y cwestiynau isod.

Fill the gaps in this piece. Then, your tutor will ask some of the class to read the paragraph out loud. Listen to their paragraphs and answer the questions below.

Nos Sadwrn

Nos Sadwrn, mi es i efo _______________, fy chwaer, i'r sinema i weld y ffilm _______________ . Mi aeth fy chwaer adre i _______________. Wedyn mi es i i'r _______________, tafarn yng nghanol y dre. Mi ges i ____________ fodca yn y dafarn ac yna mi wnes i weld _______________, ffrind o'r gwaith. Mi es i a fy ffrind i Bombay Spice i gael bwyd. Mi ges i _______________. Blasus iawn!

Gofynnwch gwestiynau i'ch gilydd:

	1	2	3
1. Pwy aeth allan nos Sadwrn?			
2. Be' ydy enw ei chwaer o/hi?			
3. Be' wnaeth o/hi weld yn y sinema?			
4. Lle mae ei chwaer o/hi'n byw?			
5. Lle aeth o/hi wedyn?			
6. Be' gaeth o/hi i'w yfed?			
7. Pwy wnaeth o/hi weld yn y dafarn?			
8. Be' gaeth o/hi i'w fwyta yn y Bombay Spice?			

Geirfa

blasus	-	*tasty*
drwy'r dydd	-	*all day*
echdoe	-	*day before yesterday*
echnos	-	*night before yesterday*
eto	-	*again*
hanes	-	*news, story / history*
neb	-	*nobody, anyone*
pwdin	-	*dessert, pudding*
diawl gwirion	-	*'stupid fool' (idiom)*
y penwythnos diwetha	-	*last weekend*

Nos Sul	*Sunday night*
Nos Lun	*Monday night*
Nos Fawrth	*Tuesday night*
Nos Fercher	*Wednesday night*
Nos Iau	*Thursday night*
Nos Wener	*Friday night*
Nos Sadwrn	*Saturday night*

Ychwanegwch eirfa sy'n berthnasol i chi:
Add vocabulary that's relevant to you:

Gramadeg

Treiglad Llaes ar ôl 'a'
Aspirate Mutation after 'a'

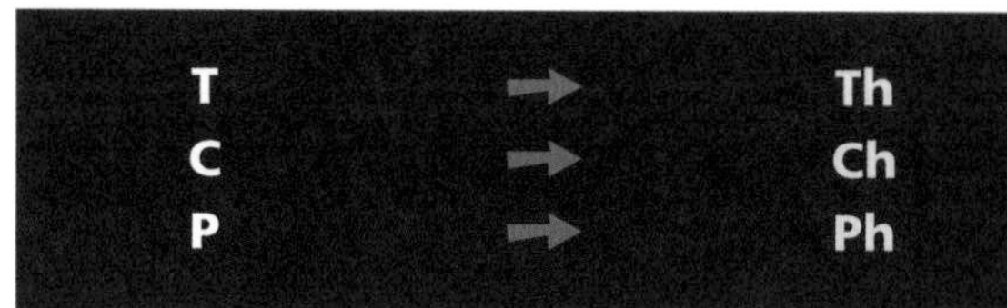

T	→	Th
C	→	Ch
P	→	Ph

e.e.
Mi gaeth o dost a **ch**offi i frecwast
He had toast and coffee for breakfast
Mi gaeth hi gyw iâr a **ph**wdin reis i ginio
She had chicken and rice pudding for lunch/for dinner

Be' wnaeth o nos Wener?

You will notice that there is a soft mutation (Treiglad Meddal) *after* nos (*night*). *The translation of 'on Tuesday night' is* **nos Fawrth** - *you don't need to translate the 'on', just as the translation of 'on Tuesday' is* **dydd Mawrth.**

 Patrymau'r gorffennol

The patterns of the Past Tense

For those of you grammar buffs who like to see nice, orderly patterns!
Notice that **mynd**, **dod** *and* **gwneud** *follow the same pattern exactly in the past tense.*
As noted in the last unit, the forms of* **cael *given here are colloquial. You may also come across* ches i ddim, mi gafodd o, gafodd o?, chafodd o ddim *and* mi gawsoch chi, gawsoch chi? *etc.*

Mynd	**To go**	**Dod**	**To come**
Mi es i	*I went*	Mi ddes i	*I came*
Mi est ti	*You went*	Mi ddest ti	*You came*
Mi aeth o/hi	*He/she went*	Mi ddaeth o/hi	*He/she came*
Mi aethon ni	*We went*	Mi ddaethon ni	*We came*
Mi aethoch chi	*You went*	Mi ddaethoch chi	*You came*
Mi aethon nhw	*They went*	Mi ddaethon nhw	*They came*
Es i ddim	*I didn't go*	Ddaeth hi ddim	*She didn't come*
Aeth o?	*Did he go?*	Ddaeth o?	*Did he come?*
Gwneud	**To do**	**Cael***	**To have**
Mi wnes i	*I did*	Mi ges i	*I had*
Mi wnest ti	*You did*	Mi gest ti	*You had*
Mi wnaeth o/hi	*He/she did*	Mi gaeth o/hi	*He/she had*
Mi wnaethon ni	*We did*	Mi gaethon ni	*We had*
Mi wnaethoch chi	*You did*	Mi gaethoch chi	*You had*
Mi wnaethon nhw	*They did*	Mi gaethon nhw	*They had*
Wnaethon ni ddim	*We didn't do*	Ges i ddim	*I didn't have*
Wnest ti?	*Did you do?*	Gest ti?	*Did you have?*
Gweld	**To see**	**Prynu**	**To buy**
Mi wnes i weld	*I saw*	Mi wnes i brynu	*I bought*
Mi wnest ti weld	*You saw*	Mi wnest ti brynu	*You bought*
Mi wnaeth o/hi weld	*He/she saw*	Mi wnaeth o/hi brynu	*He/she bought*
Mi wnaethon ni weld	*We saw*	Mi wnaethon ni brynu	*We bought*
Mi wnaethoch chi weld	*You saw*	Mi wnaethoch chi brynu	*You bought*
Mi wnaethon nhw weld	*They saw*	Mi wnaethon nhw brynu	*They bought*
Wnes i ddim gweld	*I didn't see*	Wnes i ddim prynu	*I didn't buy*
Wnaeth o/hi weld?	*Did he/she see?*	Wnaeth o/hi brynu?	*Did he/she buy?*

Cwrs Mynediad: Uned 17

Nod: Rhoi stori/hanes mewn trefn arbennig ***Telling what happened in a particular order***

1.

Ar ôl priodi	*After getting married*
Ar ôl ymddeol	*After retiring*
Ar ôl dechrau gweithio	*After starting work*
Ar ôl cael y plant	*After having children*
Cyn priodi	*Before getting married*
Cyn ymddeol	*Before retiring*
Cyn dechrau gweithio	*Before starting work*
Cyn cael y plant	*Before having children*
Pryd wnaethoch chi symud yma?	*When did you move here?*
Pryd wnaethoch chi ddechrau dysgu Cymraeg?	*When did you start learning Welsh?*

Holiadur byr

Gofynnwch y cwestiynau hyn i 3 o bobl a nodwch eu henwau wrth eu hatebion:

Ask 3 people these questions and make a note of their names next to their answers:

1. **Pryd ddaethoch chi i'r dosbarth?**

Enw			
Cyn cael swper neu ar ôl cael swper?			

2. **Pryd gaethoch chi frecwast heddiw?**

Enw			
Cyn cael cawod			
neu ar ôl cael cawod?			

3. **Pryd aethoch chi i'r gwely neithiwr?**

Enw			
Cyn gweld newyddion 10			
neu ar ôl gweld newyddion 10?			

4 **Pryd wnaethoch chi ddarllen y papur heddiw?**

Enw			
Cyn 10 o'r gloch			
neu ar ôl 10 o'r gloch?			

2.

Ar ôl i mi fynd	*After I go/went*
Ar ôl i ti fynd	*After you go/went*
Ar ôl iddo fo fynd	*After he goes/went*
Ar ôl iddi hi fynd	*After she goes/went*
Cyn i ni orffen	*Before we finish/ed*
Cyn i chi orffen	*Before you finish/ed*
Cyn iddyn nhw orffen	*Before they finish/ed*
Cyn i'r wers orffen	*Before the lesson finishes/finished*

Stori Ddoe

Efo partner

Dewiswch 5-6 llun a dwedwch be' wnaethoch chi ddoe, bob yn ail â'ch partner:

Choose 5-6 pictures and say what you did yesterday, working alternately with your partner:

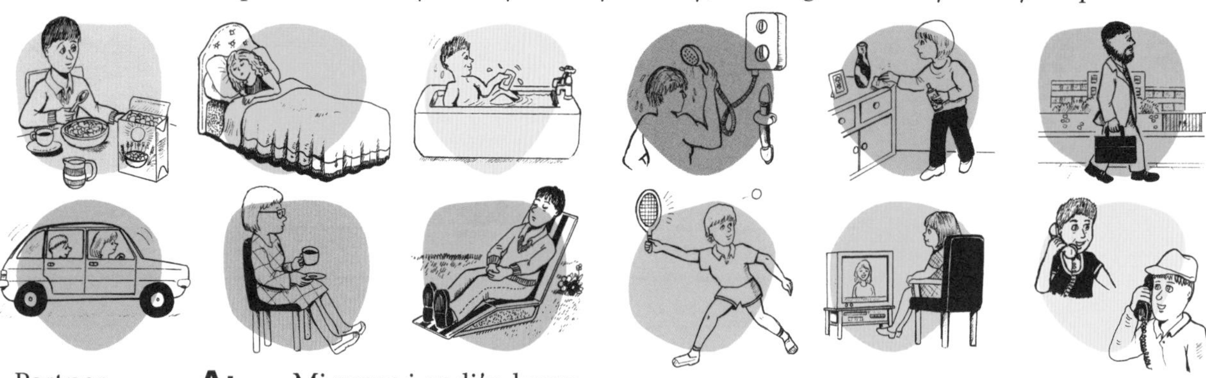

Partner	**A:**	Mi wnes i godi'n hwyr.
Partner	**B:**	Ar ôl i mi godi, mi ges i gawod.
Partner	**A:**	Ar ôl i mi gael cawod, ...

Gweithiwch tuag yn ôl a defnyddio **cyn i mi ...**

Work backwards using **cyn i mi ...**

Mi fydd eich tiwtor eisiau gwybod be' wnaethoch **chi a'ch partner**, felly paratowch: **ar ôl i ni...** a **cyn i ni ...**

*Your tutor will want to know what **you and your partner** did as well.*

Rhoi stori mewn trefn

Dydy'r stori yma ddim mewn trefn. Efo partner, penderfynwch ar drefn gywir y stori.

This story isn't in order. With a partner, decide on the correct order of the story.

Mi wnaeth Siân eistedd yn ymyl ei ffrind, Manon.
•
Mi wnaeth pawb ar y bws sgrechian.
•
Mi aeth Siân a Manon i'r ysbyty yn yr ambiwlans.
•
Mi aeth Siân i aros am y bws.
•
Mi wnaeth Siân fwyta ei brecwast.
•
Mi wnaeth y bws frecio.
•
Mi gaeth Siân gawod.
•
Mi ddaeth yr ambiwlans a'r heddlu.
•
Mi wnaeth Siân siarad efo Manon.
•
Mi wnaeth Siân godi'n gynnar.
•
Mi aeth Siân allan.
•
Mi ddaeth car o rywle.
•
Mi ddaeth y bws.
•
Mi aeth y bws i mewn i wal.

Deialog

A: Cyn i ti fynd …
B: Ia?
A: Wnaeth rhywbeth ddigwydd ar ôl **i mi** adael y parti?
B: Naddo, wnest ti ddim colli dim byd. Wel, do, a dweud y gwir…
A: Be', 'ta?
B: Mi aeth Carol draw at Gethin ac mi wnaethon nhw ddechrau **siarad**.
A: Wir?
B: Ar ôl iddyn nhw **siarad** am dipyn, mi wnaeth Carol daflu **peint** dros Gethin.
A: O …., dw i'n gwybod pam.
B: Wel, cyn i ti ddweud dim, dw i'n gwybod hefyd: mae gan Gethin **gariad** yn barod.

Geirfa

a dweud y gwir - *to tell the truth*
am sbel - *for a while*
ar ôl - *after*
ar wyliau - *on holiday*
arall - *another*
brecio - *to brake*
cyn - *before*
eistedd - *to sit*
golchi eich dwylo - *to wash your hands*
gwisgo - *to dress, to wear*
priodi - *to get married*
rhywbeth - *something*
rhywle - *somewhere*
sgrechian - *scream*
symud - *to move*
taflu - *to throw*
yn barod - *already*

Ychwanegwch eirfa sy'n berthnasol i chi:
Add vocabulary that's relevant to you:

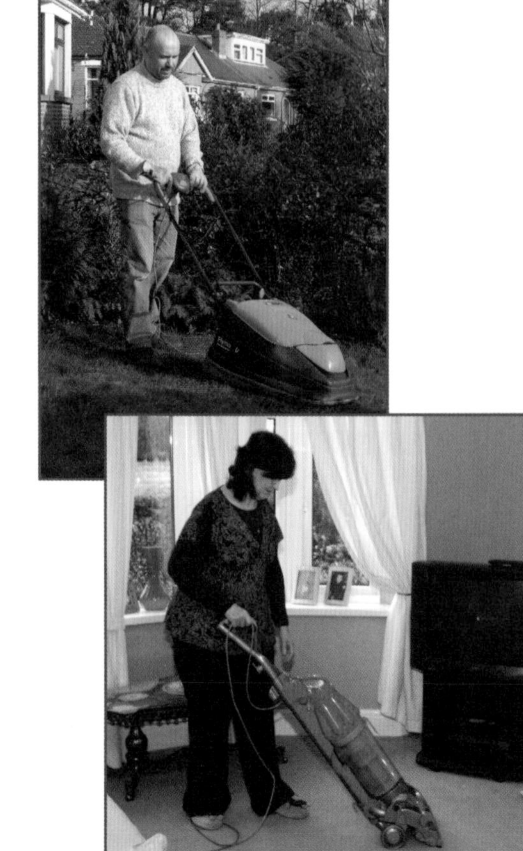

Gramadeg

Ar ôl / Cyn

After saying - Ar ôl dweud
Before saying - Cyn dweud

When you want to show **who** *is doing the action, you must use* - i mi... i ti... etc.

Ar ôl i mi ddweud Ar ôl i ti ddweud Ar ôl iddo fo ddweud Ar ôl iddi hi ddweud Cyn i ni ddweud Cyn i chi ddweud Cyn iddyn nhw ddweud

You can use these in the past, present and future, depending on the context:

Cyn i mi fynd i'r gwely, dw i'n mynd i edrych ar y teledu.
Before I go to bed, I'm going to watch television.

Cyn i mi fynd i'r gwely, mi wnes i edrych ar y teledu.
Before I went to bed, I watched television.

The next word after **i mi / i ti / iddo fo ...** *has a soft mutation* (Treiglad Meddal)*:*

Ar ôl iddo fo _adael... - *After he left / leaves*
Cyn i ti **dd**weud... - *Before you said / say*

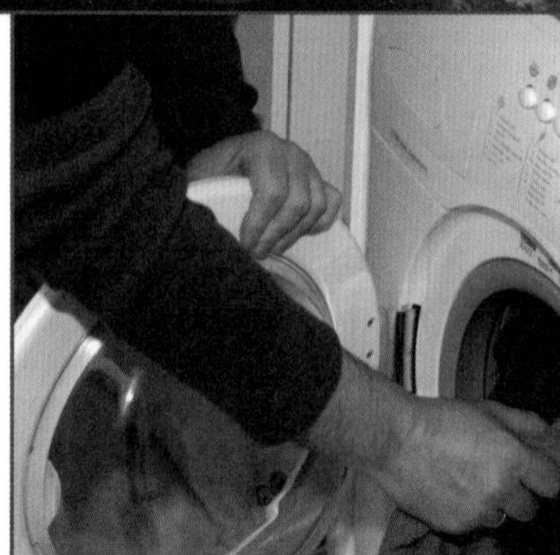

Cwrs Mynediad: Uned 18

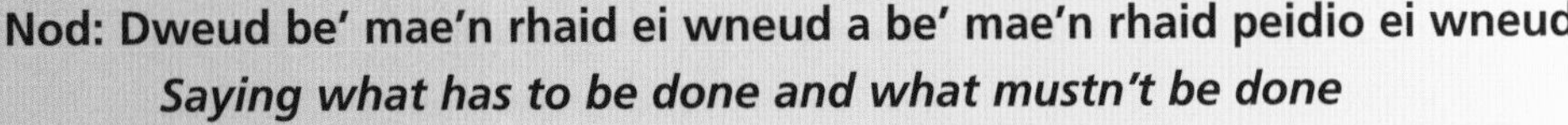

Nod: Dweud be' mae'n rhaid ei wneud a be' mae'n rhaid peidio ei wneud
Saying what has to be done and what mustn't be done

1. Rhaid i mi gofio — *I must / have to remember*
Rhaid i mi feddwl — *I must / have to think*
Rhaid i mi ddysgu — *I must / have to learn*
Rhaid i mi fynd — *I must / have to go*

Be' mae'n rhaid i ti wneud?
Be' mae'n rhaid i chi wneud? — *What do you have to do?*

Holiadur

Be' mae'n rhaid i ti wneud?

Holwch eich gilydd be' mae'n rhaid i chi wneud yfory a dros y penwythnos:

Ask each other what you have to do tomorrow and over the weekend:

'Be' mae'n rhaid i ti wneud yfory / dros y penwythnos?'
'Rhaid i mi ...'

Enw	Fory	Dros y penwythos
1.		
2.		
3.		
4.		

2.	Oes rhaid i ti fynd?	*Do you have to go?*
	Oes rhaid i ti adael?	*Do you have to leave?*
	Oes rhaid i ti ffonio?	*Do you have to phone?*
	Oes rhaid i ti ddweud?	*Do you have to say?*
	OES/NAC OES	YES/NO
	Does dim rhaid i Mair ddweud	*Mair doesn't have to say*
	Does dim rhaid iddo fo boeni	*He doesn't have to worry*
	Does dim rhaid iddi hi symud	*She doesn't have to move*
	Does dim rhaid iddo fo fynd	*He doesn't have to go*

Efo partner

'Oes rhaid i ti ________________________________?'
'Oes, rhaid i mi _______________' / 'Nac oes, does dim rhaid i mi ______________'

Ar ôl ychydig, newidiwch i:
'Oes rhaid i ni ________________________________?'

3.	Rhaid i chi beidio dweud	*You mustn't say*
	Rhaid i mi beidio anghofio	*I mustn't forget*
	Rhaid i ni beidio cyrraedd yn hwyr	*We mustn't arrive late*
	Rhaid iddyn nhw beidio cwyno	*They mustn't complain/grumble*

 Cyngor i Colin

Dyma Colin.
Mae o'n dysgu Cymraeg.
This is Colin. He's learning Welsh.

Efo partner

Rhowch gyngor i Colin.
Give Colin advice.
'Rhaid i ti …'
'Rhaid i ti beidio …'
Dyma eiriau i'ch helpu:
Here is some vocabulary to help you:

dysgu geirfa
dysgu'r treigladau
anghofio popeth
siarad Cymraeg efo'r ci
dŵad i'r dosbarth yn hwyr
siarad Saesneg yn y dosbarth
darllen Cymraeg
edrych ar S4C
rhoi'r ffidl yn y to
gwneud yr ymarferion
colli dosbarth
gwrando ar y tiwtor

 Arwyddion

Dywedwch wrth eich partner be' mae'n rhaid ei wneud/peidio ei wneud.
Tell your partner what to do/what not to do.

Deialog

A: Rhaid i mi fynd **i'r dre** yfory.
B: Oes rhaid i ti?
A: Oes, rhaid mynd, yn anffodus.
B: Wel, rhaid i ti beidio **gwario** gormod.
A: Does dim rhaid i ti **boeni**. Does gen i ddim **arian**, beth bynnag.

Geirfa

anghofio	-	*to forget*
arafu	-	*to slow down*
cofio	-	*to remember*
colli	-	*to miss (class), to lose (game, object)*
cwyno	-	*to complain, moan, grumble*
cyngor	-	*advice; council*
glanhau	-	*to clean*
golchi	-	*to wash*
gwario	-	*to spend (money)*
gwisgo	-	*to wear*
gyrru'n araf	-	*to drive slowly*
gyrru'n gyflym	-	*to drive quickly*
meddwl	-	*to think*
menig	-	*gloves*
mynd at y doctor	-	*to go to the doctor*
mynd i mewn	-	*to go in*
peintio	-	*to paint*
poeni	-	*to worry*
rhoi'r ffidl yn y to	-	*to give up (lit. to put the fiddle in the roof)*
sbectol (b)	-	*glasses*
smocio/smoco/ ysmygu	-	*to smoke*
smwddio	-	*to iron*

Ychwanegwch eirfa sy'n berthnasol i chi:
Add vocabulary that's relevant to you:

Gramadeg

Patrwm Rhaid:

Rhaid i mi fynd	Does dim rhaid i mi fynd
Rhaid i ti fynd	Does dim rhaid i ti fynd
Rhaid i Huw fynd	Does dim rhaid i Huw fynd
Rhaid iddo fo fynd	Does dim rhaid iddo fo fynd
Rhaid iddi hi fynd	Does dim rhaid iddi hi fynd
Rhaid i ni fynd	Does dim rhaid i ni fynd
Rhaid i chi fynd	Does dim rhaid i chi fynd
Rhaid iddyn nhw fynd	Does dim rhaid iddyn nhw fynd
Oes rhaid i ti fynd?	**Oes / Nac oes**
Rhaid i mi beidio mynd	Rhaid i ni beidio mynd
Rhaid i ti beidio mynd	Rhaid i chi beidio mynd
Rhaid i Huw beidio mynd	Rhaid iddyn nhw beidio mynd
Rhaid iddo fo beidio mynd	
Rhaid iddi hi beidio mynd	

The next word after **i mi / i ti / iddo fo …** *has a soft mutation* (Treiglad Meddal):

Rhaid iddo fo **dd**weud - *He has to say*
Rhaid iddyn nhw **g**ofio - *They have to remember*

Remember that:

Does dim rhaid i mi = *I don't have to*
Rhaid i mi beidio = *I mustn't*

Look out for: '**Mae/Mae'n** rhaid i mi..'
When we speak, we tend to drop 'Mae'.

Cwrs Mynediad: Uned 19

Nod: Rhoi gorchmynion a chyfarwyddiadau syml ***Giving basic commands and instructions***

1.

Lle mae Swyddfa'r Post?	*Where is the Post Office?*
Oes Swyddfa'r Post yn ymyl fa'ma?	*Is there a Post Office near here?*
Oes / Nac oes	*Yes / No*
Ewch yn syth ymlaen	*Go straight on*
heibio i'r siopau	*past the shops*
i fyny'r allt	*uphill*
i lawr yr allt	*downhill*
drwy'r goleuadau	*through the lights*
Trowch i'r dde	*Turn right*
Trowch i'r chwith	*Turn left*
Trowch yn ymyl y dafarn	*Turn near the pub*
gyferbyn â'r llyfrgell	*opposite the library*

Lle mae ...?

Llenwch yr wybodaeth dych chi wedi'i chael. Yna, holwch bawb arall am wybodaeth.

Fill in the information given by your tutor. Then, ask everyone else for information.

Lle:	Ewch:	Trowch:
1. Yr ysbyty	yn syth ymlaen	i'r dde
2. Swyddfa'r Post		
3. Y clwb rygbi		
4. Y banc		
5. Y ganolfan hamdden		
6. Y garej		
7. Yr eglwys		
8. Bombay Spice		
9. Y theatr		
10. Y parc		
11. Yr ysgol gynradd		

Map o Aber-pwll

Dyma fap o Aber-pwll. Bydd eich tiwtor yn adrodd cyfarwyddiadau.
Rhaid i chi ddweud pa lythyren ydy'r llefydd hyn ar y map:

Here is a map of Aber-pwll. Your tutor will read out instructions.
You have to say what letter represents each of these places on the map:

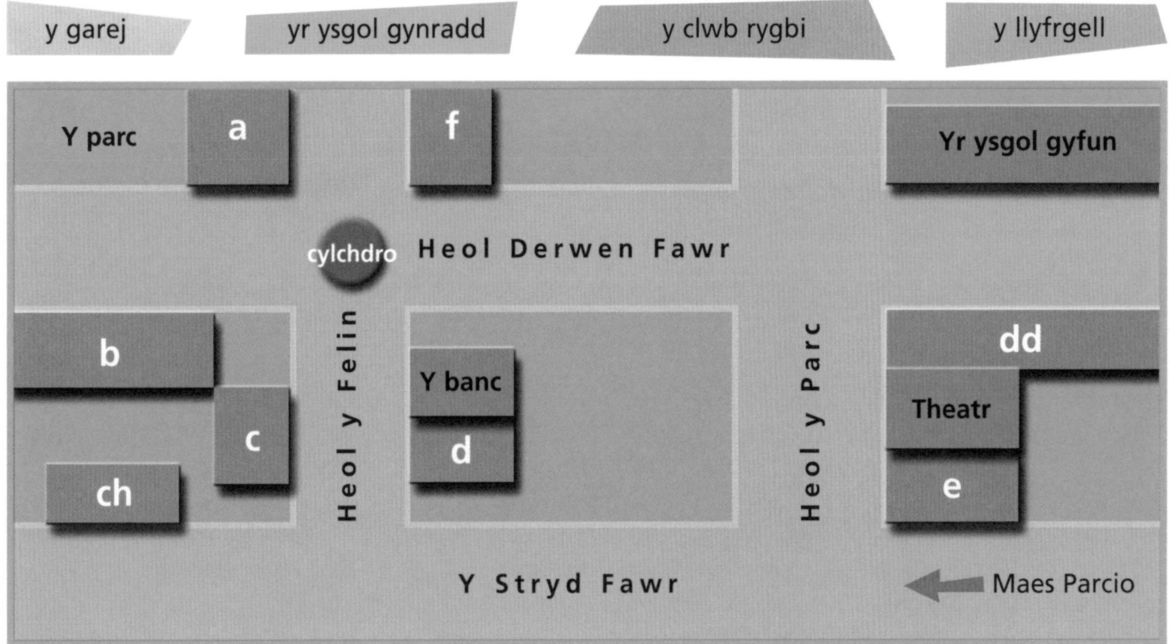

Mae pedair llythyren ar ôl. Mae pob partner yn cael dwy lythyren.
There are four letters left. Each partner takes two letters.

Partner A: Penderfynwch lle mae'r llefydd hyn ar y map:
Decide where these places are on the map:

- Y ganolfan hamdden
- Yr eglwys

Gofynnwch i'ch partner lle mae:

- Bombay Spice
- Y llyfrgell.

Partner B: Penderfynwch lle mae'r llefydd hyn ar y map:
Decide where these places are on the map:

- Bombay Spice
- Y llyfrgell

Gofynnwch i'ch partner lle mae:

- Y ganolfan hamdden
- Yr eglwys.

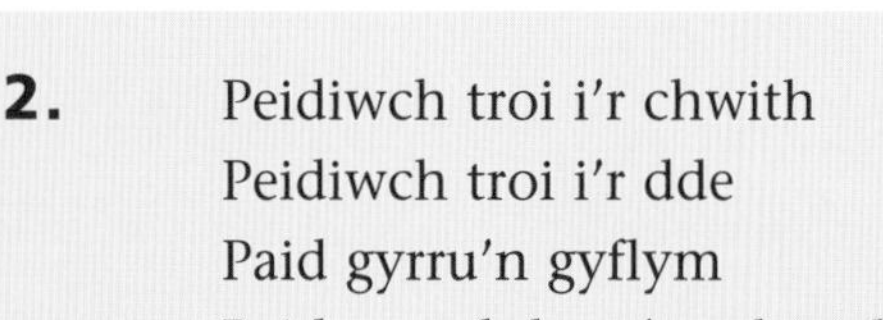

2.

Peidiwch troi i'r chwith	*Don't turn left*
Peidiwch troi i'r dde	*Don't turn right*
Paid gyrru'n gyflym	*Don't drive quickly*
Paid mynd drwy'r goleuadau	*Don't go through the lights*

 **Efo partner**

Trafodwch ystyr yr arwyddion ffyrdd hyn yn Gymraeg - defnyddiwch 'Peidiwch' a 'Paid'.

Discuss the meaning of these signs in Welsh, using 'Peidiwch' and 'Paid'.

3.

Edrychwch	*Look*	Edrycha
Postiwch y llythyr	*Post the letter*	Postia'r llythyr
Golchwch y llestri	*Wash the dishes*	Golcha'r llestri
Ffoniwch eich brawd	*Phone your brother*	Ffonia dy frawd
Ewch i siopa	*Go shopping*	Dos i siopa
Dewch yma	*Come here*	Tyrd yma
Byddwch ddistaw	*Be quiet/Shut up*	Bydd ddistaw
Gwnewch chi fo	*You do it*	Gwna di fo

 **Efo partner**

Rhowch orchmynion i'ch gilydd - defnyddiwch ffurfiau 'chi' yn gyntaf, ac yna ffurfiau 'ti'. Does dim rhaid i chi gytuno bob tro!

Give each other commands - use 'chi' forms first, then 'ti' forms. You don't have to be willing every time!

'Golchwch y dillad' - 'O'r gorau./ Popeth yn iawn.'

'Golcha'r dillad' - 'Na. Gwna di fo.'

'Paid / Peidiwch ysgrifennu'r llythyr.' - 'O, byddwch ddistaw / bydd ddistaw!'

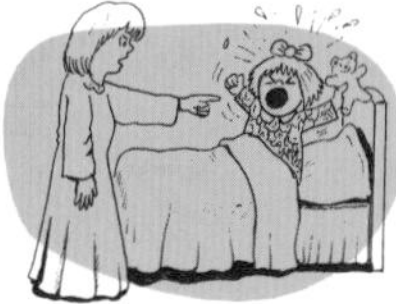

Deialog

A: Esgusodwch fi. Oes **garej** yn ymyl fa'ma?

B: Oes, oes. Ewch **yn syth ymlaen** ac i fyny'r allt. Peidiwch troi **i'r dde** wrth y goleuadau, ond trowch **i'r dde yn ymyl y dafarn**.

A: Iawn, troi i'r **dde yn ymyl y dafarn**.

B: Dyna chi. Dydy o ddim yn bell.

A: Diolch yn fawr.

B: Croeso.

Ychwanegwch eirfa sy'n berthnasol i chi:

Add vocabulary that's relevant to you:

Geirfa

allt (b)	-	*hill, slope*
cyflym	-	*quick, fast*
cylchdro	-	*roundabout*
golau	-	*light*
goleuadau	-	*lights*
gwrando ar	-	*to listen to*
gyferbyn â	-	*opposite*
heibio i	-	*past*
i'r chwith	-	*to the left*
i'r dde	-	*to the right*
llyfrgell (b)	-	*library*
neuadd (b)	-	*hall*
tafarn (b)	-	*pub*
theatr (b)	-	*theatre*
yn gyflym	-	*quickly, fast*
yn ymyl	-	*near, next to*
ysgol gynradd	-	*primary school*
ysgol gyfun	-	*comprehensive school*

Gramadeg

Rhoi gorchmynion
Giving commands

Ffurfiau **CHI**:

1. *Add* **–wch** *to the verb stem:*

golchi	> golch-	> golch**wch**
rhedeg	> rhed-	> rhed**wch**
bwyta	> bwyt-	> bwyt**wch**

Verbs ending in **–io** *keep the* **–i**

ffon**io**	> ffon**i-**	> ffon**iwch**
gweith**io**	> gweith**i-**	> gweith**iwch**

2. *With some verbs you add* **–wch** *to the verb-noun or infinitive:*

siarad	> siarad**wch**
edrych	> edrych**wch**
darllen	> darllen**wch**

3. *Negative forms*: Peidiwch + *verb-noun*

Peidiwch mynd
Peidiwch ffonio

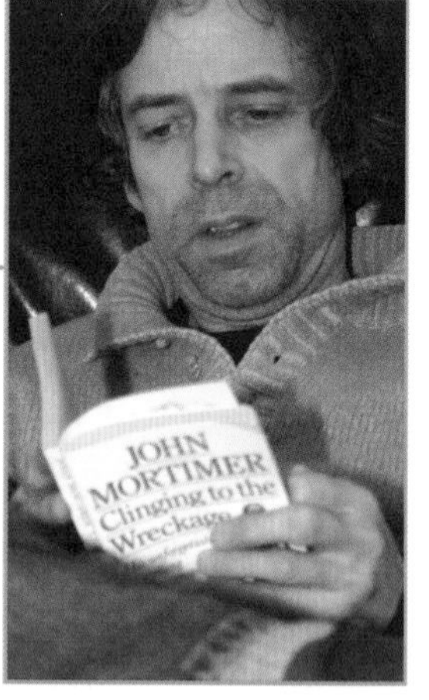

Ffurfiau **TI**:

1. *Add* **–a** *to the verb stem*:

golchi	> golch-	> golch**a**
rhedeg	> rhed-	> rhed**a**
bwyta	> bwyt-	> bwyt**a**

Verbs ending in **–io** *keep the* **–i**

ffon**io**	> ffon**i-**	> ffon**ia**
cof**io**	> cof**i-**	> cof**ia**

2. *With some verbs you add* **–a** *to the verb-noun or infinitive*:

siarad	> siarad**a**
edrych	> edrych**a**
darllen	> darllen**a**

3. *Negative forms*: Paid + *verb-noun*

Paid mynd
Paid ffonio

Dyma rai berfau sydd ddim yn dilyn y patrwm yn union:

Here are some verbs that don't follow this pattern exactly:

Aros *(to stay/stop)*	Arhosa Paid aros	Arhoswch Peidiwch aros
Bod *(to be)*	Bydd Paid bod	Byddwch Peidiwch bod
Cau *(to shut)*	Cau, caea Paid cau	Caewch Peidiwch cau
Dod *(to come)*	Tyrd (*pron.* 'tyd') Paid dod	Dewch Peidiwch dod
Dweud *(to say)*	Deud Paid dweud (*pron.* 'deud')	Deudwch Peidiwch dweud (*pron.* 'deud')
Gwrando *(to listen)*	Gwranda Paid gwrando	Gwrandewch Peidiwch gwrando
Gwneud *(to do, to make)*	Gwna Paid gwneud	Gwnewch Peidiwch gwneud
Meddwl *(to think)*	Meddylia Paid meddwl	Meddyliwch Peidiwch meddwl
Mynd *(to go)*	Dos (neu Cer) Paid mynd	Ewch (neu Cerwch) Peidiwch mynd
Rhoi *(to give, to put)*	Rho Paid rhoi	Rhowch Peidiwch rhoi
Troi *(to turn)*	Tro Paid troi	Trowch Peidiwch troi

Cwrs Mynediad: Uned 20

Nod: Adolygu ac ymestyn ***Revision and extension***

1. Mi es i i'r siop ar ôl i mi gael brecwast	*I went to the shop after I had breakfast*
Mi wnes i brynu *Golwg* ar ôl i mi fynd i'r siop	*I bought* Golwg *after I went to the shop*
Mi aeth hi i'r dre ar ôl iddi hi edrych ar y teledu	*She went to town after she watched television*
Mi wnaeth o ffonio ffrind cyn iddo fo ateb y cwestiwn	*He phoned a friend before he answered the question*
Mi gaeth o frecwast cyn mynd i'r gwaith	*He had breakfast before going to work*
Mi ddaeth o i'r dosbarth ar ôl cael swper	*He came to class after having supper*

Gwenda Gall

Mae Gwenda'n berson call iawn. Mae hi bob amser yn gwneud y peth iawn. Efo partner, cysylltwch y cwestiwn â'r ateb cywir.

Gwenda is a very wise person. She always does the right thing. With a partner, connect the question to the correct answer.

1.	Pryd wnaeth Gwenda brynu dillad?	a.	Ar ôl iddi glywed am yr hanes.
2.	Pryd wnaeth hi werthu'r tŷ?	b.	Ar ôl i'r tywydd wella.
3.	Pryd aeth hi i'r garej?	c.	Cyn i'r ffatri fynd ar dân.
4.	Pryd wnaeth hi adael y tîm rygbi merched?	ch.	Cyn i'r heddlu gyrraedd.
5.	Pryd wnaeth hi ffonio ei ffrind?	d.	Cyn i'r petrol orffen.
6.	Pryd wnaeth hi adael y ffatri?	dd.	Ar ôl i'r sêls ddechrau.
7.	Pryd aeth hi o'r dafarn?	e.	Ar ôl i'r prisiau godi.
8.	Pryd aeth hi ar wyliau?	f.	Ar ôl i'r tîm ddechrau colli.

Holiadur

Gofynnwch y cwestiynau hyn i 4 person.
Rhaid ateb: 'Ar ôl i mi …/ Cyn i mi …' Cofnodwch yr atebion.

Ask 4 people these questions.
You have to answer: 'Ar ôl i mi … / Cyn i mi…' *Make a note of the answers.*

1. Pryd est ti i'r gwaith bore 'ma?

i. __________
ii. __________
iii. __________
iv. __________

2. Pryd est ti i'r gwely neithiwr?

i. __________
ii. __________
iii. __________
iv. __________

3. Pryd ddest ti i'r dosbarth heddiw?

i. __________
ii. __________
iii. __________
iv. __________

2.

Rhaid i chi beidio mynd i'r gwaith	*You mustn't go to work*
Rhaid iddo fo beidio yfed gormod	*He mustn't drink too much*
Rhaid i ti ymarfer	*You must exercise*
Rhaid iddi hi weithio'n galed	*She must work hard*
Oes rhaid i mi fynd?	*Do I have to go?*
Oes rhaid iddyn nhw ddweud?	*Do they have to say?*
Does dim rhaid iddi hi weithio	*She doesn't have to work*
Does dim rhaid i ni boeni	*We don't have to worry*

Rhoi cyngor i bobl enwog

Mewn grwpiau o dri, dewiswch ddau berson enwog, neu ddau bâr enwog. Penderfynwch ar nifer o gynghorion i bob person/pâr. Mi fydd eich tiwtor a'r dosbarth eisiau eu clywed nhw.

In groups of three, choose two well-known people or pairs. Decide on some advice you would like to give each person/pair. Your tutor and the class will want to hear them.

Enw person 1/ Enwau pâr 1: ______________________________

Cyngor 1 ______________________________

Cyngor 2 ______________________________

Cyngor 3 ______________________________

Enw person 2/ Enwau pâr 2: ______________________________

Cyngor 1 ______________________________

Cyngor 2 ______________________________

Cyngor 3 ______________________________

3.

Gweithiwch	*Work*
Does dim rhaid i mi weithio	*I don't have to work*
Symudwch	*Move*
Does dim rhaid i mi symud	*I don't have to move*
Ewch	*Go*
Does dim rhaid i mi fynd	*I don't have to go*
Byddwch yn ddistaw	*Be quiet*
Does dim rhaid i mi fod yn ddistaw	*I don't have to be quiet*
Peidiwch dweud	*Don't say*
Rhaid i mi ddweud	*I have to say*
Peidiwch ffonio	*Don't phone*
Rhaid i mi ffonio	*I have to phone*
Paid poeni	*Don't worry*
Rhaid i mi boeni	*I have to worry*
Paid mynd	*Don't go*
Rhaid i mi fynd	*I have to go*

Efo partner

	'Gweithia / Gweithiwch'	-	'Does dim rhaid i mi weithio'
neu	'Paid gweithio / Peidiwch gweithio'	-	'Rhaid i mi weithio'

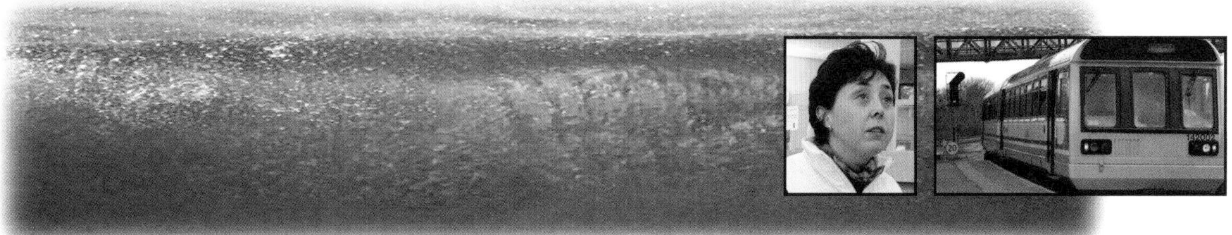

Darn darllen

Cyn i mi fynd i'r gwaith yn y bore, dw i'n hoffi mynd i'r ganolfan hamdden efo fy ffrind, Ceinwen. Dan ni ddim yn mynd bob dydd, chwaith. Mae Ceinwen yn nofio'n dda iawn, ond rhaid i mi gael gwersi nofio. Dw i'n hoffi mynd i'r gampfa. Rhaid i mi beidio gwneud gormod neu dw i wedi blino'n lân erbyn i mi gyrraedd y gwaith.

Gwrando

Gwrandewch ar y tâp a llenwch y grid.

Listen to the tape and complete the grid.

	Dafydd	**Cathryn**
Gwneud amser cinio?		
Gwneud ar ôl gwaith?		
Gwneud yfory?		

Geirfa

ar dân	-	*on fire*
chwaith	-	*either*
gwella	-	*to improve, to get better*
lawnt	-	*lawn*
poeni	-	*to worry*
torri	-	*to cut*

Ychwanegwch eirfa sy'n berthnasol i chi:

Add vocabulary that's relevant to you:

Rhestr gyfair *Check list*

✔ **Ticiwch be' dach chi'n medru wneud. Yn Gymraeg!** *Tick what you can do. In Welsh!*

☐ Dw i'n medru siarad am bethau dw i wedi'u gwneud yn y gorffennol
I can speak about things that I have done in the past

☐ Dw i'n medru holi rhywun arall am bethau maen nhw wedi'u gwneud yn y gorffennol
I can ask someone else what they have done in the past

☐ Dw i'n medru dweud be' wnaeth rhywun arall yn y gorffennol
I can say what someone else did in the past

☐ Dw i'n medru gofyn be' wnaeth rhywun arall yn y gorffennol
I can ask what someone else did in the past

☐ Dw i'n medru dweud stori mewn trefn, gan ddefnyddio **cyn** ac **ar ôl**
*I can tell a story in order, using **cyn** and **ar ôl***

☐ Dw i'n medru dweud be' mae'n rhaid i mi wneud
I can say what I have to do

☐ Dw i'n medru dweud be' does dim rhaid i mi wneud
I can say what I don't have to do

☐ Dw i'n medru dweud be' mae'n rhaid i mi beidio ei wneud
I can say what I mustn't do

☐ Dw i'n medru holi be' mae'n rhaid i rywun wneud
I can ask what someone has to do

☐ Dw i'n medru dweud be' mae'n rhaid i rywun arall wneud
I can say what someone else has to do

☐ Dw i'n medru dweud be' does dim rhaid i rywun arall wneud
I can say what someone else doesn't have to do

☐ Dw i'n medru dweud be' mae'n rhaid i rywun arall beidio ei wneud
I can say what someone else mustn't do

☐ Dw i'n medru rhoi gorchmynion cadarnhaol a negyddol i berson dw i'n ei alw'n 'chi'
I can give positive and negative commands to someone I call 'chi'

☐ Dw i'n medru rhoi gorchmynion cadarnhaol a negyddol i berson dw i'n ei alw'n 'ti'
I can give positive and negative commands to someone I call 'ti'

 Patrymau unedau 16-20

Y Gorffennol / *The Past Tense*

* = ddim yn y cwrs eto

Mynd	***to go***	**Dod**	***to come***
Mi es i	*I went*	Mi ddes i	*I came*
Mi est ti	*You went*	Mi ddest ti	*You came*
Mi aeth o/hi	*He/she went*	Mi ddaeth o/hi	*He/she came*
*Mi aethon ni	*We went*	*Mi ddaethon ni	*We came*
Mi aethoch chi	*You went*	Mi ddaethoch chi	*You came*
*Mi aethon nhw	*They went*	*Mi ddaethon nhw	*They came*
Es i ddim	*I didn't go*	Ddaeth hi ddim	*She didn't come*
Aeth o?	*Did he go?*	Ddaeth o?	*Did he come?*

Gwneud	***to do, to make***	**Cael**[1]	***to have***
Mi wnes i	*I did, I made*	Mi ges i	*I had*
Mi wnest ti	*You did, You made*	Mi gest ti	*You had*
Mi wnaeth o/hi	*He/she did/made*	Mi gaeth o/hi	*He/she had*
*Mi wnaethon ni	*We did, We made*	*Mi gaethon ni	*We had*
Mi wnaethoch chi	*You did, You made*	Mi gaethoch chi	*You had*
*Mi wnaethon nhw	*They did, They made*	*Mi gaethon nhw	*They had*
Wnaethoch chi ddim	*You didn't do/make*	Ges i ddim	*I didn't have*
Wnest ti?	*Did you do/make?*	Gest ti?	*Did you have?*

Gweld	***to see***	**Prynu**	***to buy***
Mi wnes i weld	*I saw*	Mi wnes i brynu	*I bought*
Mi wnest ti weld	*You saw*	Mi wnest ti brynu	*You bought*
Mi wnaeth o/hi weld	*He/she saw*	Mi wnaeth o/hi brynu	*He/she bought*
Mi wnaethon ni weld	*We saw*	Mi wnaethon ni brynu	*We bought*
Mi wnaethoch chi weld	*You saw*	Mi wnaethoch chi brynu	*You bought*
Mi wnaethon nhw weld	*They saw*	Mi wnaethon nhw brynu	*They bought*
Wnes i ddim gweld	*I didn't see*	Wnes i ddim prynu	*I didn't buy*
Wnaeth o/hi weld?	*Did he/she see?*	Wnaeth o/hi brynu?	*Did he/she buy?*

[1] *The* **cael** *forms are colloquial forms and you may hear/see forms such as* 'Mi gafodd o/Chawson nhw ddim' *etc. as well as these.*

Ar ôl i mi / Cyn i mi

Ar ôl i mi ddweud - *After I say/After I said*
Ar ôl i ti ddweud
Ar ôl iddo fo ddweud
Ar ôl iddi hi ddweud

Cyn i ni ddweud - *Before we say/Before we said*
Cyn i chi ddweud
Cyn iddyn nhw ddweud

Rhaid ...

Rhaid i mi fynd – *I must/have to go*
Rhaid i ti fynd
Rhaid i Huw fynd
Rhaid iddo fo fynd
Rhaid iddi hi fynd

Rhaid i ni fynd
Rhaid i chi fynd
Rhaid iddyn nhw fynd

Does dim rhaid i mi fynd – *I don't have to go*
Does dim rhaid i ti fynd
Does dim rhaid i Huw fynd
Does dim rhaid iddo fo fynd
Does dim rhaid iddi hi fynd

Does dim rhaid i ni fynd
Does dim rhaid i chi fynd
Does dim rhaid iddyn nhw fynd

Oes rhaid i ti fynd? – *Do you have to go?*

Oes / Nac oes

Rhaid i mi beidio mynd – *I mustn't go*
Rhaid i ti beidio mynd
Rhaid i Huw beidio mynd
Rhaid iddo fo beidio mynd
Rhaid iddi hi beidio mynd

Rhaid i ni beidio mynd
Rhaid i chi beidio mynd
Rhaid iddyn nhw beidio mynd

Y Gorchmynnol
Ffurfiau CHI

1. *Add –**wch** to the verb stem:*

golchi	> golch-	> golch**wch**
rhedeg	> rhed-	> rhed**wch**
bwyta	> bwyt-	> bwyt**wch**

*Verbs ending in –**io** keep the –**i***

ffon**io**	> ffon**i**-	> ffon**iwch**
gweith**io**	> gweith**i**-	> gweith**iwch**

2. *With some verbs you add* **–wch** *to the verb-noun/infinitive:*

siarad	> siarad**wch**
edrych	> edrych**wch**
darllen	> darllen**wch**

3. *Negative forms*: Peidiwch + *verb-noun*

Peidiwch mynd
Peidiwch ffonio

Ffurfiau TI:

1. *Add* **–a** *to the verb stem*:

golchi	> golch-	> golch**a**
rhedeg	> rhed-	> rhed**a**
bwyta	> bwyt-	> bwyt**a**

Verbs ending in **–io** *keep the* **–i**

ffon**io**	> ffon**i**-	> ffon**ia**
cof**io**	> cof**i**-	> cof**ia**

2. *With some verbs you add* **–a** *to the verb-noun/infinitive*:

siarad	> siarad**a**
edrych	> edrych**a**
darllen	> darllen**a**

3. *Negative forms*: Paid + *Verb-noun*

Paid mynd
Paid ffonio

Mae rhai berfau sydd ddim yn dilyn y patrwm hwn yn union – gweler y tabl yn Gramadeg, Uned 19 (t. 119)

Some verbs don't follow this pattern exactly – see the table in Gramadeg, Uned 19 (p. 119)

Geirfa Graidd - unedau 16–20

a dweud y gwir	- *to tell the truth*
anghofio	- *to forget*
allt (b)	- *hill*
am dipyn	- *for a while*
ar ôl	- *after*
ar wyliau	- *on holiday*
arall	- *another*
blasus	- *tasty*
brêcio	- *to break (car)*
clywed	- *to hear*
cofio	- *to remember*
colli	- *to miss (class), to lose (game, object)*
cwyno	- *to complain, moan, grumble*
cyflym	- *quick, fast*
cyngor	- *advice; council*
cylchdro	- *roundabout*
cyn	- *before*
drwy'r dydd	- *all day*
echdoe	- *day before yesterday*
echnos	- *night before yesterday*
eistedd	- *to sit*
eto	- *again*
glanhau	- *to clean*
golau	- *light*
golchi	- *to wash*
goleuadau	- *lights*
gwario	- *to spend (money)*
gwisgo	- *to wear*
gwrando ar	- *to listen to*
gyferbyn (â)	- *opposite*
hanes	- *news, story / history*
heibio i	- *past*
i fyny	- *up*
i lawr	- *down*
lawnt	- *lawn*
lawr	- *down*
llyfrgell	- *library*
meddwl	- *to think*
menig	- *gloves*
mynd at y doctor	- *to go to the doctor*
neb	- *nobody, anyone*
neuadd (b)	- *hall*
peintio	- *to paint*
poeni	- *to worry*
priodi	- *to get married*
pwdin	- *dessert, pudding*

rhoi'r ffidl yn y to	-	*to give up (lit. to put the fiddle in the roof)*
rhywbeth	-	*something*
rhywle	-	*somewhere*
sbectol (b)	-	*glasses*
sgrechian	-	*to scream*
sioc	-	*shock*
siom	-	*disappointment*
smwddio	-	*to iron*
symud	-	*to move*
tafarn (b)	-	*pub*
taflu	-	*to throw*
torri	-	*to cut, to break*
theatr (b)	-	*theatre*
y penwythnos diwethaf	-	*last weekend*
yn barod	-	*already*
yn gyflym	-	*quickly, fast*
ysgol gyfun (b)	-	*comprehensive school*
ysgol gynradd (b)	-	*primary school*
ysmygu	-	*to smoke*

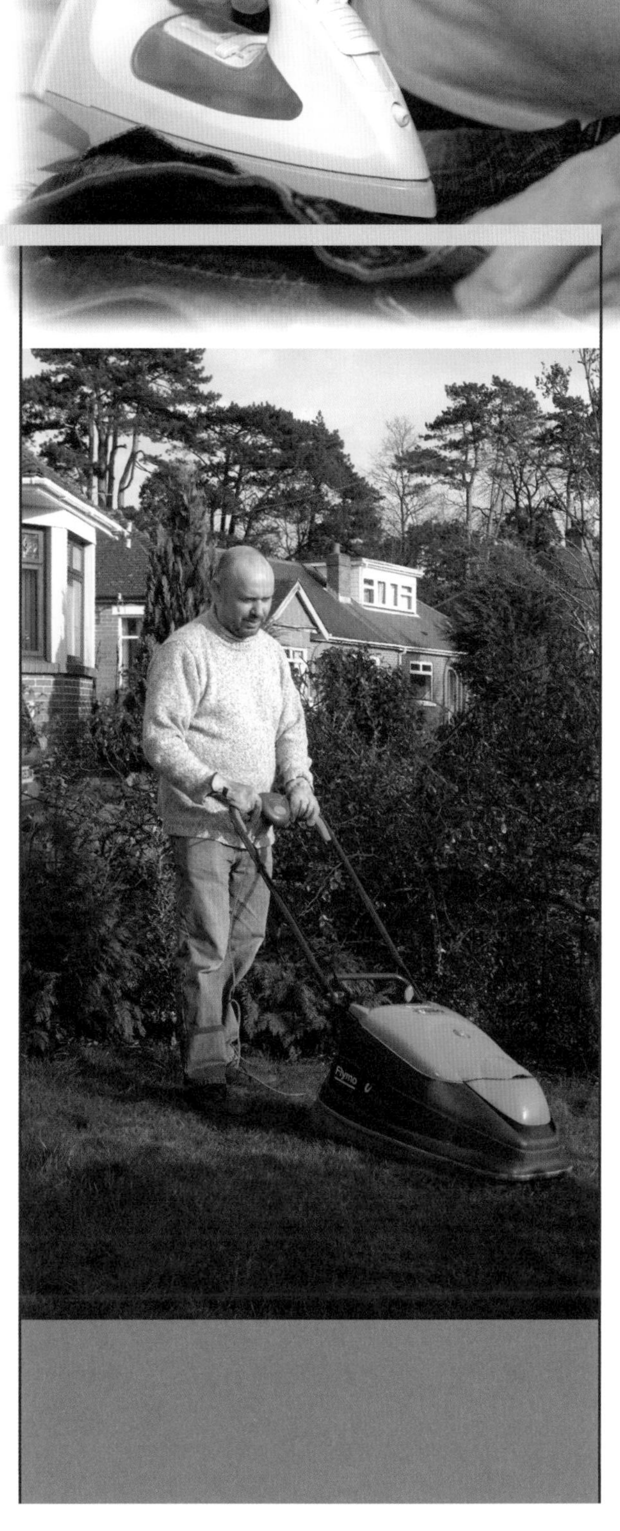

Cwrs Mynediad: Uned 21

Nod: Mynegi barn a disgrifio gan ddefnyddio ansoddeiriau
Giving an opinion and describing with the use of adjectives

1.	**Be' wyt ti'n feddwl o ...?**	*What do you think of ...?*
	Mae o/hi'n dda	*It/he/she's good*
	ofnadwy	*It/he/she's terrible*
	ddiflas	*It/he/she's boring*
	ddiddorol	*It/he/she's interesting*
	hyfryd	*It/he/she's lovely*
	wych	*It/he/she's fantastic*
	dalentog	*He/she's talented*
	gyffrous	*It's exciting*
	Dydy o/hi ddim yn dalentog	*He/she's not talented*
	Ydy o'n ddiddorol?	*Is it interesting?*
	Ydy / Nac ydy	*Yes / No*

Holiadur: Be' wyt ti'n feddwl o ...?

Llenwch y golofn gyntaf efo enw llyfr, ffilm neu raglen deledu, person a lle.
Holwch 3 o bobl i weld be' maen nhw'n feddwl ohonyn nhw.

Complete the first column with the name of a book, a film or television programme, a person and a place. Ask three people to see what they think of them.

	Enw: ____________	Enw: ____________	Enw: ____________
? ____________ ____________			
? ____________ ____________			
? ____________ ____________			
? ____________ ____________			

2. **Sut un ydy ____________?** *What is ____________ like? / What does ____________ look like?*

Mae o/hi'n dew	*He/she's fat*
denau	*He/she's slim/thin*
fyr	*He/she's short*
dal	*He/she's tall*
Mae o'n olygus	*He's handsome*
Mae hi'n ddel	*She's pretty*
Mae o/hi'n hyll	*He/she's ugly*
hen	*He/she's old*
ifanc	*He/she's young*
neis	*He/she's nice*
gas	*He/she's unpleasant, nasty*
Dydy o/hi ddim yn dew	*He/she isn't fat*
Ydy o/hi'n neis?	*Is he/she nice?*
Ydy / Nac ydy	***Yes / No***

Efo partner

Rhowch enw i bob un o'r 8 person yn y lluniau. Dewiswch o'r enwau hyn:
Eleri, Mair, Carwyn, Cherie, Glyn, Homer, Ioan, Stan.

Partner A i ddisgrifio un o'r cymeriadau – heb ei h/enwi.
Partner A to describe one of the characters, without naming him or her.
Mae o'n dal ac yn hen, etc.

Partner B i ofyn am fwy o wybodaeth. *Partner B to ask for more information.*
Ydy o'n olygus? etc

Pan fydd Partner B yn barod i ddyfalu, mae'n gofyn:
When Partner B is ready to guess, he/she asks:
Carwyn ydy o? Mair ydy hi? etc.

3.

Be' ydy lliw ...?	*What colour is...?*
Be' ydy lliw'r car?	*What colour is the car?*
Be' ydy lliw car Ceri?	*What colour is Ceri's car?*
Mae o'n goch	*It's red*
Mae hi'n las	*It's blue*
wyrdd	*It's green*
felyn	*It's yellow*
ddu	*It's black*
wyn	*It's white*
llwyd	*It's grey*
binc	*It's pink*
frown	*It's brown*
borffor / biws	*It's purple*
oren	*It's orange*

Efo partner

A: Be' ydy lliw'r afal?
B: Mae o'n wyrdd. Ydy'r crys yn wyrdd?
A: Nac ydy, mae o'n binc. Ond mae crys Siân yn wyrdd.

1. Siaradwch am y lliwiau yn y lluniau.
2. Siaradwch am liwiau pethau o'ch cwmpas./*Talk about the colours of things around you.*

Lliwiau'r Baneri

Mewn grwpiau bach, disgrifiwch liwiau'r baneri yma. Defnyddiwch gwestiynau fel y rhain i drafod:

Be' ydy lliw baner Cymru?
Ydy hi'n las?
Nac ydy, mae hi'n ....
Mae baner Iwerddon yn ...

In small groups, discuss and describe the colours of these flags.

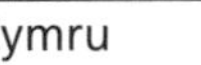

Cymru

Yr Alban

Iwerddon

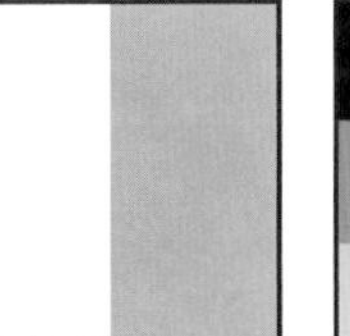

Yr Almaen

Ffrainc

Sbaen

De Affrica

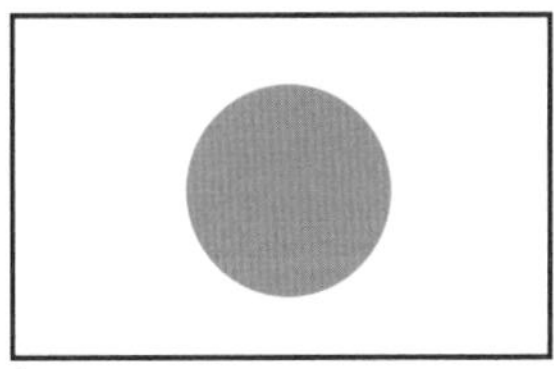

Japan

Sweden

Norwy

Uruguay

Canada

Deialog

A: Wnest ti weld **Newyddion 10** ar y teledu neithiwr? Toedd o'n **wych**?
B: Mae o'n **wych** bob amser.
A: Wyt ti'n hoffi **Huw Edwards** ar y teledu?
B: Ydw, mae **o'n dywyll** ac yn **olygus**, tydy?
A: Ydy, wir.

Geirfa

baner (b)	-	*flag*
byr	-	*short*
cas	-	*nasty*
cyffrous	-	*exciting*
del	-	*pretty*
diddorol	-	*interesting*
diflas	-	*boring*
golygus	-	*handsome*
gwych	-	*fantastic*
hen	-	*old*
hyfryd	-	*lovely*
hyll	-	*ugly*
ifanc	-	*young*
neis	-	*nice*
rhaglen deledu (b)	-	*television programme*
tal	-	*tall*
talentog	-	*talented*
tenau	-	*slim, thin*
tew	-	*fat*
tywyll	-	*dark*

Lliwiau
Colours

brown	*brown*
coch	*red*
du	*black*
glas	*blue*
gwyn	*white*
gwyrdd	*green*
llwyd	*grey*
melyn	*yellow*
oren	*orange*
pinc	*pink*
piws	*purple*
porffor	*purple*

Gwledydd
Countries

Yr Alban	*Scotland*
Yr Almaen	*Germany*
Canada	*Canada*
Cymru	*Wales*
De Affrica	*South Africa*
Ffrainc	*France*
Iwerddon	*Ireland*
Japan	*Japan*
Norwy	*Norway*
Sbaen	*Spain*
Sweden	*Sweden*
Uruguay	*Uruguay*

Gramadeg

Mae Meinir yn ... Mae o/hi'n ...

*Remember that there is a **soft mutation** after **yn** if you're describing someone or something:*

Mae Meinir yn **d**al.

We saw the same thing when discussing the weather:

Mae hi'n **g**ymylog.

*Note that **ll** and **rh** do not mutate:*

Mae'r car yn llwyd.

*There is no mutation after **yn** if it's followed by a **verb-noun/infinitive** (action word):*

Mae Meinir yn **d**arllen

*If you **repeat** an adjective (or describing word) after **yn**, you mutate each time you use it:*

Mae o'n **g**och, **g**och, (**g**och!)

It's really red.

*If you have a number of **different** adjectives after **yn**, you only need to mutate the **first one:***

Mae o'n **d**al, tew a hyll.

He's tall, fat and ugly.

*But you might chose to repeat the **yn** as well:*

Mae o'n **d**al, yn **d**ew ac yn hyll.

He's tall, fat and ugly.

*Of course, you might need to mutate the adjective after **a** = and (*Treiglad Llaes*)
if you have a list of adjectives:*

Mae o'n las a **ph**orffor.

It's blue and purple.

*If you want to describe something in the past, use **Roedd** (just as we did with the weather):*

Roedd o'n ddiddorol.

It was interesting.

The question form is **Oedd....?**

Oedd y rhaglen yn ddiflas?

Was the programme boring?

Cwrs Mynediad: Uned 22

Nod: Gofyn am rywbeth a mynegi eisiau ***Asking for something and expressing a need***

1.

Ga' i goffi, os gwelwch chi'n dda?	*May I have a coffee, please?*
Ga' i help, plîs?	*May I have (some) help, please?*
Ga' i lifft, os gweli di'n dda?	*May I have a lift, please?*
Ga' i baned o de?	*May I have a cup of tea?*
Cei / Cewch, wrth gwrs	*Yes (you may), of course*
Na chei / Na chewch, mae'n ddrwg gen i	*No (you may not), I'm sorry*

Efo partner – cofiwch dreiglo!

'Ga' i ______________ os gweli di'n dda?'
'Ga' i ______________ os gwelwch chi'n dda?'

'Cei / Cewch'
'Na chei / Na chewch'

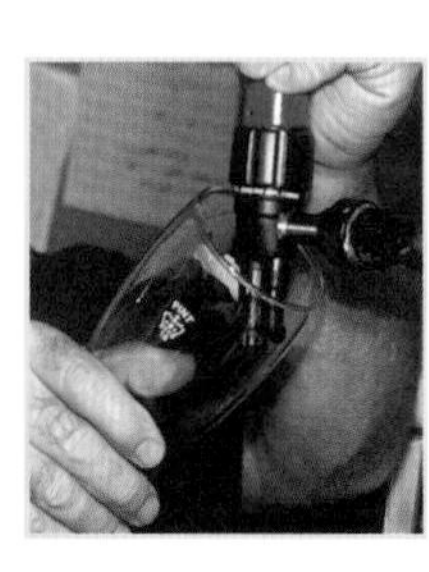

- paned
- lifft
- fferins
- bisged
- gwin
- cwrw
- siwgr

2.	Ga' i fenthyg beiro?	*May I borrow a biro?*
	Ga' i ddefnyddio'r tŷ bach?	*May I use the toilet?*
	Ga' i fynd â'r car?	*May I take the car?*
	Ga' i weld?	*May I see?*
	Cei / Cewch	*Yes, you may*
	Na chei / Na chewch	*No, you may not*

Battleships

Marciwch 5 sgwâr ar **Eich sgwariau chi**. Bydd eich partner yn gofyn i chi: 'Ga' i ...?' ac os yw'r sgwâr wedi'i farcio, rhaid i chi ateb: 'Cei' neu 'Cewch'. Os dydy'r sgwâr ddim wedi'i farcio, rhaid i chi ateb: 'Na chei' neu 'Na chewch'.

Gofynnwch gwestiynau 'Ga' i ....?' i'ch partner i weld pa 5 sgwâr mae o/hi wedi'u marcio a chadwch gofnod ar **Sgwariau eich partner.**

> *Mark 5 squares on* **Eich sgwariau chi**. *Your partner will ask you:* 'Ga' i ....?' *and if that square is marked, you have to answer* 'Cei' *or* 'Cewch'. *If the square hasn't been marked, you must answer:* 'Na chei' *or* 'Na chewch'.
>
> *Ask your partner* 'Ga' i ....?' *questions to see which 5 squares he/she has marked and keep a note on* **Sgwariau eich partner**.

Eich sgwariau chi

defnyddio'r ffôn	darllen y llyfr	helpu	dechrau bwyta	dŵad draw heno
mynd am dro	mynd â'r car	gofyn cwestiwn	ysgrifennu llyfr	talu
rhoi arian i chi	gweld y teledu	gwrando ar y radio	siarad efo chi	mynd rŵan
benthyg beiro	mynd yn gynnar	defnyddio'r tŷ bach	benthyg arian	ateb y cwestiwn

Sgwariau eich partner

defnyddio'r ffôn	darllen y llyfr	helpu	dechrau bwyta	dŵad draw heno
mynd am dro	mynd â'r car	gofyn cwestiwn	ysgrifennu llyfr	talu
rhoi arian i chi	gweld y teledu	gwrando ar y radio	siarad efo chi	mynd rŵan
benthyg beiro	mynd yn gynnar	defnyddio'r tŷ bach	benthyg arian	ateb y cwestiwn

3. Dach chi isio mynd? - *Do you want to go?*
Dach chi isio dŵad yma? - *Do you want to come here?*
Wyt ti isio paned o de? - *Do you want a cup of tea?*
Wyt ti isio siarad? - *Do you want to talk?*

Ydw / Nac ydw - *Yes / No*

Dw i isio help - *I want help*
Dw i isio mynd i'r dosbarth - *I want to go to class*
Dw i ddim isio lifft - *I don't want a lift*
Dw i ddim isio benthyg arian - *I don't want to borrow money*

Yn y bwyty - dewis o'r fwydlen

Grwpiau o 3

Cymerwch eich tro i fod yn weinydd a holi'r ddau berson arall:

'Be' dach chi isio i yfed / i ddechrau/ fel prif gwrs / i bwdin?'

'Dw i isio ___________________'

Newidiwch eich archeb bob tro.

Take your turns to be the waiter and ask the 2 other people for their order. Change the order every time.

I yfed	I ddechrau	Prif gwrs	I bwdin
dŵr	melon a ham	salad cyw iâr	hufen iâ
sudd oren	cawl llysiau	bacwn, wy a sglodion	treiffl cartref
lemonêd	cocos Penclawdd	lasagne a sglodion	teisen siocled
gwin gwyn	paté a thost	pasta a saws llysiau	cacen gaws
gwin coch		cinio dydd Sul	caws a bisgedi
cwrw			
te			
coffi			

Geirfa

ateb - *answer, to answer*
bacwn - *bacon*
beiro - *biro*
benthyg - *to borrow, to lend*
bwydlen (b) - *menu*
bwyta - *to eat*
cacen (b) - *cake*
cartref - *home, homemade*
caws - *cheese*
cocos - *cockles*
cwestiwn - *question*
cwrw - *beer*
dechrau - *to begin, start*
defnyddio - *to use*
dewis - *to choose*
dŵr - *water*
fferins - *sweets*
isio (eisiau) - *need, to need*
lemonêd - *lemonade*
lifft - *lift*
llaeth - *milk*
llysiau - *vegetables*
pensil(iau) - *pencil(s)*
sglodion - *chips*
siarad efo - *to talk to*
siocled - *chocolate*
siwgr - *sugar*
sudd - *juice*
talu - *to pay*
teisen (b) - *cake*
treiffl - *trifle*

Deialog

A: Ga' i **lifft**, plîs?
B: Na chei. Mae'n ddrwg gen i.
A: Wyt ti isio **help**?
B: Nac ydw. Dw i ddim isio **help**, diolch yn fawr.
A: Ga' i **fenthyg beiro**?
B: Na chei.
A: Ga' i ofyn be' sy'n bod?
B: Na chei. Dw i ddim isio dweud.

g Gramadeg

Ga' i goffi?

Remember there is a ***soft mutation*** *after* **Ga' i ...?**

Ga' i **b**aned o de?

Ga' i **f**ynd?

Ga' i ...? **Cei /Na chei**

Cewch / Na chewch

Yet another way of saying Yes / No in Welsh. Questions beginning with **Ga' i ...?** *are answered* **Cei / Na chei** *if you're talking to a person you call* 'ti' *and* **Cewch / Na chewch** *if you're talking to a person you call* 'chi'.

There will be a re-cap of all the ways of saying Yes / No you have come across so far in **Uned 25** (Adolygu).

Wyt ti isio ....? Dw i isio .....

You ***don't*** *need* **yn** *before* **isio**, *as you do with other verb-nouns:*

Dw i isio mynd.

Dw i ddim isio help.

but: Dw i'**n** mynd.

Dw i ddim **yn** gwybod.

Please....!

The easiest way of saying 'Please' in Welsh is **Plîs**. *It is widely used in all contexts. If you are talking to a person you'd call 'chi', you can use* **os gwelwch chi'n dda** *or if you are talking to a person you'd call 'ti', you can use* **os gweli di'n dda**.

Cwrs Mynediad: Uned 23

Nod: Trafod arian ***Dealing with money***

1.	**Faint ydy hwnna?**	*How much is that?*
	Faint ydy'r rheina?	*How much are those?*
	Faint ydy'r llyfr?	*How much is the book?*
	Saith deg pump ceiniog	*Seventy five pence*
	Punt	*A pound*
	Dwy bunt	*Two pounds*
	Tair punt saith deg pump	*Three pounds seventy five*
	Pedair punt naw deg naw	*Four pounds ninety nine*
	Pum punt pedwar deg	*Five pounds forty*
	Ugain punt	*Twenty pounds*

 **Efo partner**

Penderfynwch be' ydy pris y pethau hyn.
Dewiswch rhwng y prisiau posib yn y bocs.

Decide on the price of these items.
Choose between the possible prices in the box.

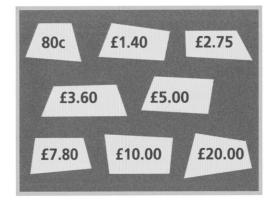

80c | £1.40 | £2.75 | £3.60 | £5.00 | £7.80 | £10.00 | £20.00

'Faint ydy'r llyfr?'
'Deg punt?'
'Iawn, deg punt'
neu 'Na, pum punt.'

2.

Faint ydy'r cwrw?	*How much is the beer?*
Dwy bunt y peint	*Two pounds a pint*
Faint ydy'r gwin?	*How much is the wine?*
Pedair punt y botel	*Four pounds a bottle*
Faint ydy'r tocynnau?	*How much are the tickets?*
Pum punt yr un	*Five pounds each*
Faint ydy'r fferins?	*How much are the sweets?*
Hanner can ceiniog y pecyn	*Fifty pence a packet*
Faint ydy'r diesel?	*How much is the diesel?*
_________ y litr	_________ *a litre*

Prynu a Gwerthu

Mae Partner A isio gwerthu'r pethau yng Ngholofn A a phrynu'r pethau yng Ngholofn B. Mae Partner B isio gwerthu'r pethau yng Ngholofn B a phrynu'r pethau yng Ngholofn B. Mae pawb isio gwneud arian! Gofynnwch i'ch partner:

'Faint ydy'r ...?'

Os ydy'r pris yn rhad, deudwch: **'Rhad iawn. Ga' i un?'**

Os ydy'r pris yn ddrud, deudwch: **'Faint? Dim diolch, mae o'n rhy ddrud.'**

Partner A wants to sell the things in Colofn A and buy the things in Colofn B. Partner B wants to sell the things in Colofn B and buy the things in Colofn A. Everyone wants to make money! Ask your partner:

'Faint ydy'r .....?'

If it's a cheap price, say: **'Rhad iawn. Ga' i un?'**

If it's an expensive price, say: **'Faint? Dim diolch, mae o'n rhy ddrud.'**

Colofn A	Colofn B
caws _________ y kilo	cwrw _________ y peint
cardiau _________ yr un	tocynnau _________ yr un
gwin _________ y botel	diesel _________ y litr
sigaréts _________ y pecyn	fodca _________ y botel
llefrith _________ y peint	fferins _________ y pecyn

Siop y Llan

Partner A
Dach chi'n edrych yng nghatalog Siop y Llan ac mae rhai prisiau ar goll. Gofynnwch i'ch partner am y prisiau yma.

You are looking at Siop y Llan's catalogue and some prices are missing. Ask your partner for these prices.

(Partner B - tudalen 144)

Ar ôl casglu'r wybodaeth i gyd, trafodwch y prisiau efo'ch partner.

After gathering all the information, discuss the prices with your partner.

Cylchgrawn	60c
Cardiau pen-blwydd	________
Dyddiadur desg	£5.99
Casetiau Cymraeg	________
CD Côr Meibion Llanelli	£14.99
Y Geiriadur	________
Pot Coffi	£22.50
Bwrdd Coffi	________
'Y Mynyddoedd' (llun)	£250.00
Llwy garu arian	________

Deialog

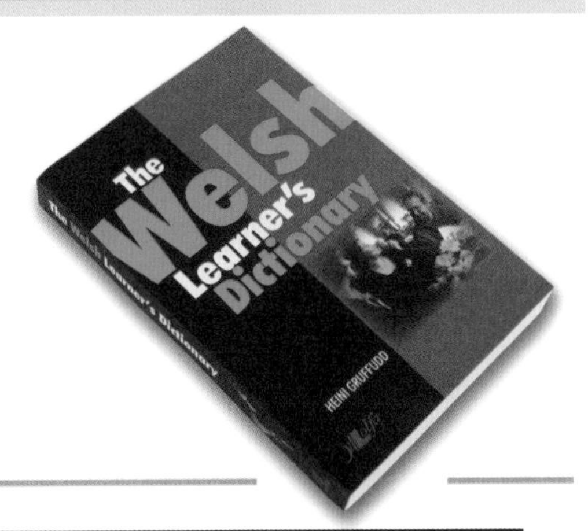

A: Faint ydy hwnna?
B: **Ugain** punt.
A: **Ugain** punt? Mae o'n **ddrud**, tydy?
B: Ydy. Be' am y rhain 'ta?
A: Maen nhw'n costio **hanner can punt**.
B: O ... ga' i fenthyg arian, plîs?

Geirfa

cardyn	-	*card*
cryno ddisg	-	*compact disc*
crys T	-	*T shirt*
cylchgrawn	-	*magazine*
drud	-	*expensive*
pecyn	-	*pack*
peint	-	*pint*
rhad	-	*cheap*
sgert (b)	-	*skirt*
tocyn(nau)	-	*ticket(s)*
£2 yr un	-	*£2 each*

Ychwanegwch eirfa sy'n berthnasol i chi:

Add vocabulary that's relevant to you:

Siop y Llan

Partner B
Dach chi'n edrych yng nghatalog Siop y Llan ac mae rhai prisiau ar goll. Gofynnwch i'ch partner am y prisiau hyn.

You are looking at Siop y Llan's catalogue and some prices are missing. Ask your partner for these prices.

Ar ôl casglu'r wybodaeth i gyd, trafodwch y prisiau efo'ch partner.

After gathering all the information, discuss the prices with your partner.

Cylchgrawn	________
Cardiau pen-blwydd	£3.99
Dyddiadur desg	________
Casetiau Cymraeg	£9.99
CD Côr Meibion Llanelli	________
Y Geiriadur	£40.00
Pot Coffi	________
Bwrdd Coffi	£75.00
'Y Mynyddoedd' (llun)	________
Llwy garu arian	£39.95

Gramadeg

Arian! Arian! Arian!

Ceiniog (*penny*) and **Punt** (*pound*) *are both* ***feminine nouns****. There must be a reason for this!*

So:		
	dwy geiniog	**dwy** bunt
	tair ceiniog	**tair** punt
	pedair ceiniog	**pedair** punt

Notice that you use the ***singular*** *after a number in Welsh (***dwy bunt*** - two pound, not as in English: two pound***s***).*

Amounts under £10 *(Traditional forms are in italics)*

1c	ceiniog, un **g**einiog
20c	dau ddeg ceiniog (*ugain ceiniog*)
50c	pum deg ceiniog (*hanner can ceiniog*)
£1	punt, un **b**unt
£2.60	dwy **b**unt chwe deg (ceiniog)
£3.95	tair punt naw deg pump (ceiniog)
£4.80	pedair punt wyth deg (ceiniog)
£5.50	pum punt pum deg (ceiniog)
£6.00	chwe **ph**unt
£7.10	saith punt deg ceiniog
£9.70	naw punt saith deg (ceiniog)

Amounts over £10

Many people use the **modern** *numbers +* **o bunnau / o bunnoedd**:

£20.00	dau ddeg o bunnau
£14.00	un deg pedair o bunnau
£67.00	chwe deg saith o bunnau

You might also need to recognise **traditional** *forms. The following are very common:*

£11.00	un bunt ar ddeg
£12.00	deuddeg punt
£15.00	pymtheg punt
£18.00	deunaw punt
£20.00	ugain punt
£22.00	dwy bunt ar hugain
£25.00	pum punt ar hugain
£30.00	deg punt ar hugain

Above £30, most people use the modern system as the traditional forms get really complicated. But, the following are used:

£40	deugain punt
£50	hanner can punt
£80	pedwar ugain punt

Amounts over £99

Just in case you win the lottery or need to buy a house in Cardiff:

£100	can punt
£250	dau **g**ant pum deg o bunnau
£370	tri **ch**ant saith deg o bunnau
£1,900	mil naw cant o bunnau
£50,000	hanner can mil o bunnau
£100,000	can mil o bunnau
£200,000	dau gan mil o bunnau
£250,000	chwarter miliwn o bunnau
£2,000,000	dwy filiwn o bunnau

Writing and understanding cheques in Welsh

On cheques, the word **Taler** *(Pay) is used on printed cheques from most banks.*
When you need cash, write **Arian Parod**.
For twenty pounds ***only***, write dau ddeg punt **yn unig**.

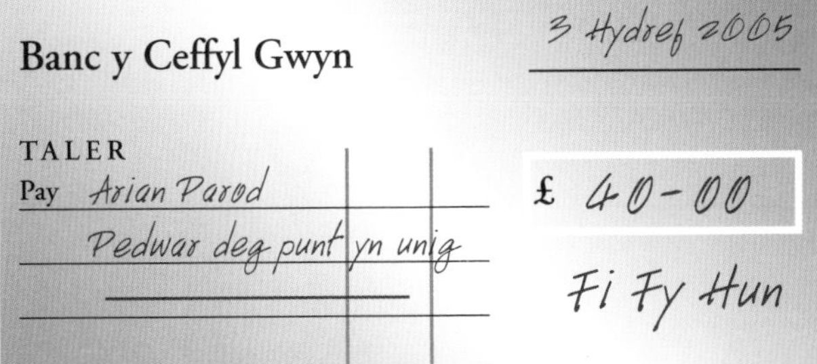

Banc y Ceffyl Gwyn
3 Hydref 2005
TALER
Pay Arian Parod
Pedwar deg punt yn unig
£ 40-00
Fi Fy Hun

Cwrs Mynediad: Uned 24

Nod: Trafod iechyd a Strategaethau cyfathrebu
Discussing health and Communication strategies

1.	**Be' sy'n bod arnat ti?**	*What's the matter with you?*
	Be' sy'n bod arnoch chi?	
	Mae gen i gur pen	*I've got a headache*
	Mae gynno fo boen yn ei fol	*He's got a bad stomach*
	Does gen i ddim dolur gwddw	*I haven't got a sore throat*
	Mae gen i annwyd	*I've got a cold*
	Mae gynni hi wres uchel	*She's got a high temperature*
	Oes gen ti beswch?	*Have you got a cough?*
	Oes gynnoch chi ffliw?	*Have you got flu?*
	Oes / Nac oes	*Yes / No*

Efo partner

Trafod:
'Be' sy'n bod arnat ti?'
'Mae fy nghlust i'n brifo.'

Dyfalu:
'Oes gen ti boen yn dy fol?'
'Oes / Nac oes.'

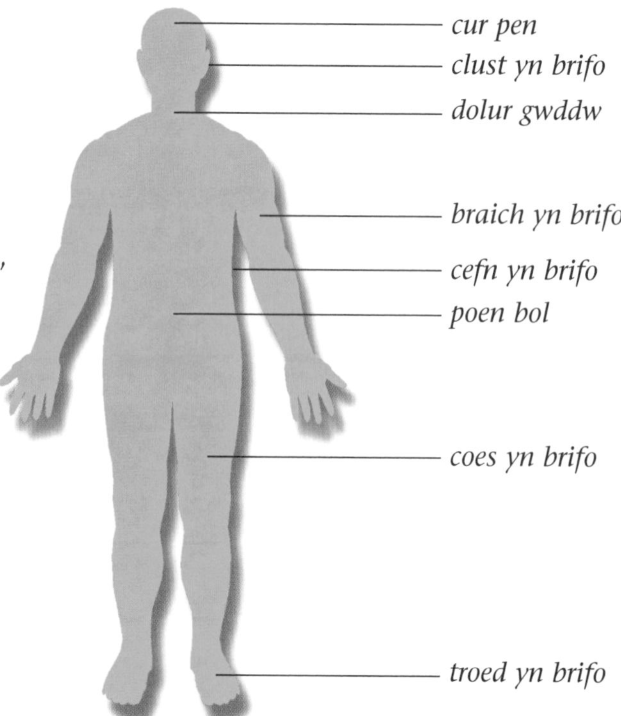

2.		
	Dach chi'n sâl?	*Are you ill?*
	Wyt ti'n sâl?	*Are you ill?*
	Ydw / Nac ydw	*Yes / No*
	Mae fy nghoes i'n brifo	*I've got a pain in my leg / My leg's hurting*
	Mae fy nghlust i'n brifo	*I've got earache*
	Mae ei gefn o'n brifo	*His back is aching / He's got a bad back*
	Mae ei choes hi'n brifo	*Her leg hurts*
	Ydy dy gefn di'n brifo?	*Have you got a bad back?*
	Ydy eich braich chi'n brifo?	*Is your arm aching?*
	Ydy / Nac ydy	*Yes / No*

Holiadur

Mi fydd eich tiwtor yn rhoi cerdyn i bawb sy'n dweud be' sy'n bod arnoch chi.
Ewch o gwmpas yn holi eich gilydd:

'Oes gen ti ffliw?' *neu* 'Be' sy'n bod arnat ti?' / 'Wyt ti'n sâl?'
'Oes/Nac oes.' 'Mae gen i wres uchel.'

Enw	annwyd	peswch	ffliw	gwres	y ddannodd
1.					
2.					
3.					
4.					
5.					
6.					
7.					
8.					

3.		
	Yn araf, os gwelwch chi'n dda	*Slowly, please*
	Be' ydy .... yn Gymraeg, plîs?	*What's ... in Welsh, please?*
	Sut dach chi'n sillafu .....?	*How do you spell ....?*
	Mae'n ddrwg gen i, dw i ddim yn deall	*I'm sorry, I don't understand*
	Ydw i'n iawn?	*Am I right / correct?*
	Dw i ddim yn gwybod sut i ddweud hynny yn Gymraeg	*I don't know how to say that in Welsh*

Deialog

Efo partner, llenwch y bylchau yn y ddeialog. Dyma'r brawddegau sydd ar goll:

- Sut dach chi'n sillafu ...?
- Be' ydy hip yn Gymraeg?
- Ond dw i ddim yn gwybod sut mae dweud hynny yn Gymraeg.
- Ydw i'n iawn?
- Mae'n ddrwg gen i, ond dw i ddim yn deall.
- Yn araf, plîs.

Wedyn, be' am **ymarfer** y ddeialog?

Yn y dafarn

Carol: Sut dach chi, Dai?
Dai: Go lew, Carol, ond mae gen i ddannodd.
Carol: Y ddannodd? (1) ______________________________
Dai: Mae fy nant i'n brifo.
Carol: O, dw i'n gweld. (2) ____________________ 'ddannodd'?
Dai: 'dd', 'a', dwy 'n', 'o', 'dd'.
Carol: Y ddannodd. (*yn dangos darn o bapur*) (3) ____________________?
Dai: Ydach, dach chi'n iawn. Sut dach chi 'ta?
Carol: Dw i ddim yn dda iawn. Mae fy *hip* i'n brifo.
(4) ______________________________
(5) ______________________________
Dai: Clun. Mae eich clun chi'n brifo.
Carol: Pardwn? (6) ______________________________
Dai: *(yn araf)* Mae eich clun chi'n brifo.
Carol: Ydy, dyna chi.
Dai: Wel, iechyd da, Carol!
Carol: Iechyd da, Dai!

Geirfa

annwyd	-	*a cold*
araf	-	*slow*
bol	-	*tummy*
braich (b)	-	*arm*
cefn	-	*back*
clun (b)	-	*hip*
clust (b)	-	*ear*
coes (b)	-	*leg*
dant	-	*tooth*
dannodd (b)	-	*toothache*
ffliw	-	*flu*
gwres	-	*temperature*
hynny	-	*that*
iechyd	-	*health*
iechyd da!	-	*cheers!*
pen	-	*head*
peswch	-	*a cough, to cough*
sâl (*describing*)	-	*ill / sick*
sillafu	-	*to spell*
troed (b)	-	*foot*

Gramadeg

Trafod Iechyd

Discussing Health.

To discuss health, or aches and pains, we use two main patterns:

Mae gen i gur pen

This is the same pattern as we used in **Uned 9** *for possession / owning*:

Mae gen i gar.

Oes gen ti ddolur gwddw?	Mae gen i ddolur gwddw. Does gen i ddim dolur gwddw.
gen i	gynnon ni
gen ti	gynnoch chi
gynno fo	gynnyn nhw
gynni hi	

Mae fy nghefn i'n brifo

This is again a pattern we have already learnt:

Ydy dy gefn di'n brifo?	Ydy, mae fy nghefn i'n brifo. Nac ydy, ond mae fy nghoes i'n brifo.
fy nghefn i	ein cefn ni
dy gefn di	eich cefn chi
ei gefn o	eu cefn nhw
ei chefn hi	

Just to remind you –

Treiglad Twynol ar ôl **fy**,

Treiglad Meddal ar ôl **dy** ac **ei** *(his)*,

Treiglad Llaes ar ôl **ei** *(her)*.

Cwrs Mynediad: Uned 25

Nod: Adolygu ac ymestyn ***Revision and extension***

1.	**Lle aethoch chi ar eich gwyliau y llynedd?**	*Where did you go on your holidays last year?*
	Mi es i i ________________	*I went to ________________*
	Sut le ydy ________________?	*What is ________________ like?*
	Mae o'n ddiddorol	*It's interesting*
	brysur	*It's busy*
	ddistaw	*It's quiet*
	Sut roedd y gwesty?	*What was the hotel like?*
	Roedd o'n neis iawn	*It was very nice*
	gyfforddus	*It was comfortable*
	hyfryd	*It was lovely*
	Sut roedd y bwyd?	*What was the food like?*
	Roedd o'n rhad	*It was cheap*
	ddrud	*It was expensive*
	flasus	*It was tasty*
	Sut roedd y tywydd?	*What was the weather like?*
	Roedd hi'n braf bob dydd	*It was fine every day*
	gymylog	*It was cloudy*
	bwrw glaw	*It was rainy / It rained*

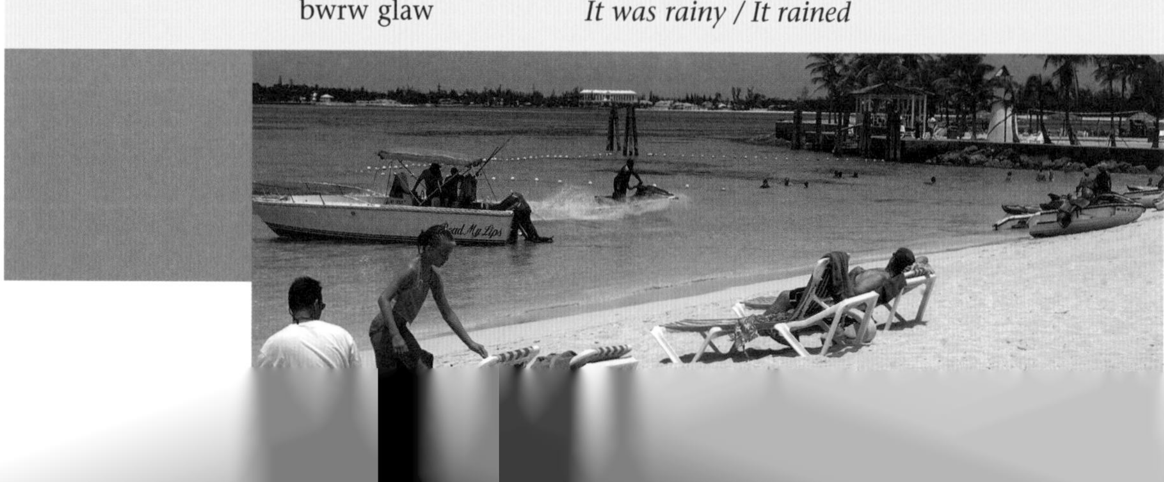

Holiadur

Ewch i holi pobl am eu gwyliau y llynedd.
Mi fydd eich tiwtor yn mynd dros y cwestiynau gyntaf.

Enw	Lle?	Sut le?	Gwesty?	Bwyd?	Tywydd?

Darn darllen

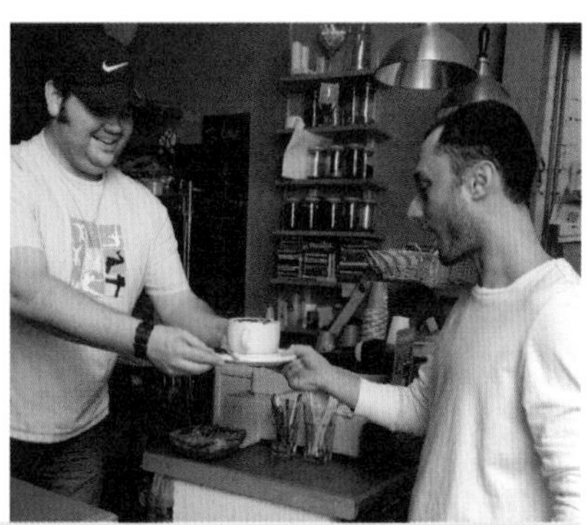

Annwyl Gyfeillion,

Dw i isio diolch yn fawr iawn i bawb am helpu heno. Diolch i'r côr am ganu'n hyfryd, diolch i Helen a Doreen am drefnu'r blodau a diolch i bawb yn y gegin am y te arbennig. Mae pawb wedi mwynhau, felly diolch yn fawr i chi i gyd. Nos da.

2.

Ga' i baned o goffi os gwelwch chi'n dda?	*Can I have a cup of coffee please?*
Ga' i baned o de os gwelwch chi'n dda?	*Can I have a cup of tea please?*
Cewch / Cei, wrth gwrs	*Yes, of course*
Wyt ti isio llefrith a siwgr?	
Dach chi isio llefrith a siwgr?	***Do you want milk and sugar?***
Llefrith ac un siwgr	*Milk and one sugar*
Dim **llefrith**, dau siwgr	*No milk, two sugars*
Llefrith, dim siwgr	*Milk, no sugar*
Nac ydw, dim diolch	*No thank you*

Chwaraewch y gêm fwrdd i ymarfer gofyn am rywbeth yn y caffi.
Y person cyntaf i gyrraedd y dosbarth sy'n ennill.
Play the board game to practise asking for something in the café.
The first person to reach the class wins.

Pan dach chi'n glanio ar sgwâr, gofynnwch:
When you land on a square, ask:
'Ga' i baned o de / o goffi os gwelwch chi'n dda?'

Rhaid i'r partner ateb:
The partner must answer:
'Cei, wrth gwrs. Wyt ti isio llefrith a siwgr?'
neu **'Cewch, wrth gwrs. Dach chi isio llefrith a siwgr?'**

Yna, dach chi'n ateb yn ôl be' sydd ar y sgwâr, er enghraifft:
Then, you answer according to what's on the square, for example:
'Llefrith a dau siwgr.'

Os dach chi'n glanio ar EICH DEWIS CHI, gofynnwch am be' dach chi'n arfer gael mewn caffi.
If you land on EICH DEWIS CHI, *ask for what you usually have in a café.*

Allwedd / *Key*

= dau siwgr   = llefrith   = te   = coffi

Dechrau

		Mae'r caffi ar gau			
		Eich dewis chi		Mae'r caffi ar gau	
Mae'r caffi ar gau			Mae'r caffi ar gau		Eich dewis chi
	Eich dewis chi	Mae'r caffi ar gau		Mae'r caffi ar gau	
Eich dewis chi		Mae'r caffi ar gau		Mae'r caffi ar gau	

Y dosbarth

3.	**Be' sy'n bod arnat ti?**	*What's the matter with you?*
	Be' oedd yn bod arno fo?	*What was wrong with him?*
	Mae gen i boen yn fy mol	*I've got an upset stomach*
	Mae gynni hi beswch	*She's got a cough*
	Roedd gynno fo wres	*He had a temperature*
	Roedd ei gefn o'n brifo	*He had a bad back*

Darllen deialog

Darllenwch y ddeialog, ac yna llenwch y grid ar sail yr wybodaeth a roddir. Does dim rhaid i chi ysgrifennu brawddegau, ond rhaid i chi ateb yn Gymraeg.

Read the dialogue, then complete the grid based on the information given. You don't have to write sentences, but you must write in Welsh.

Yn y feddygfa

Gareth: Helo Sara, sut wyt ti?

Sara: Ddim yn dda iawn, mae fy mraich i'n brifo. Mi wnes i syrthio yn y tŷ ddoe. Dw i'n gweld Dr. Price am chwarter wedi un ar ddeg. Be' amdanat ti, Gareth?

Gareth: Mae gen i annwyd a gwres mawr. Dw i'n gweld Dr. Daniels am chwarter i ddeuddeg.

Sara: Dw i'n mynd i'r ffair haf yn yr ysgol heno. Wyt ti a'r teulu'n mynd?

Gareth: Nac ydw, mae'r plant yn mynd i nofio ar nos Iau.

Sara: Dach chi'n byw yn Rhos-y-bwl o hyd?

Gareth: Nac ydan, mi wnaethon ni symud i Landdyfrig y llynedd. Dach chi'n byw yn Ynyscarwyn o hyd?

Sara: Ydan. Dan ni'n symud wythnos nesa, ond dim ond i stryd arall.

Gareth: Pob lwc!

Enw	**Be' ydy'r broblem?**	**Be' ydy enw'r meddyg?**	**Pryd maen nhw'n gweld y meddyg?**	**Mynd heno?**	**Lle maen nhw'n byw?**
Gareth					
Sara					

4.	**Faint ydy hwnna?**	*How much is that?*
	Pump punt naw deg ceiniog	*Five pounds ninety pence*
	Be' ydy pris y llyfr?	*What's the price of the book?*
	Un deg pedair o bunnau	*Fourteen pounds*
	Faint mae'r afalau'n gostio?	*How much do the apples cost?*
	Punt chwe deg ceiniog y kilo	*One pound sixty pence a kilo*

Gwrando

Gwrandewch ar y darnau a rhowch lythyren yr ateb cywir yn y blwch.

Listen to the two short recordings and put the letter of the correct answer in the box.

Neges ar beiriant ateb/*Answer machine message:*

1. Lle aeth Delyth bore 'ma?

a. 

b. 

c. 

ch. 

2. Faint roedd y cryno ddisg yn gostio?

a. **£9.95** b. **£10.95** c. **£11.95** ch. **£15.95**

3. Be' arall wnaeth Delyth brynu?

a. 
b. 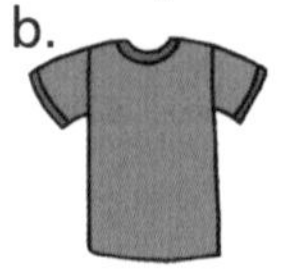
c. 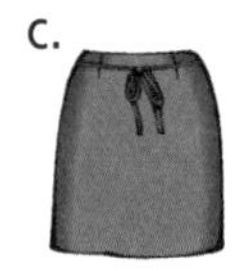
ch. 

4. Lle mae Delyth yn mynd heno?

a. **cyngerdd** b. **gêm** c. **dawns** ch. **tafarn**

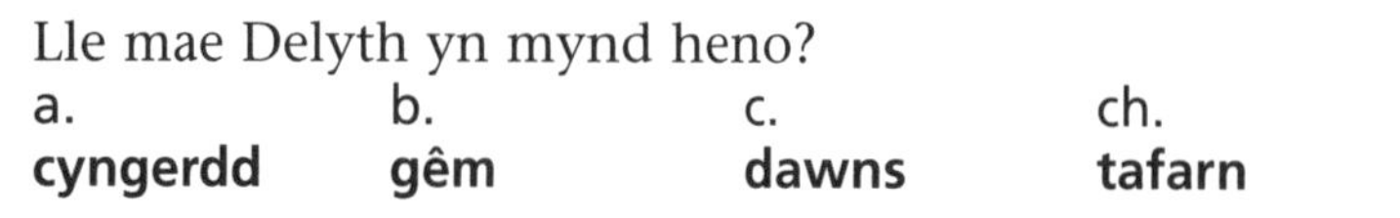

Hysbyseb ar y radio

1. Am faint o'r gloch mae'r cyngerdd yn dechrau?

a. **7.00** b. **8.00** c. **8.30** ch. **7.30**

2. Be' ydy pris y tocynnau?

a. **£5.95** b. **£5.00** c. **£6.50** ch. **£5.50**

Geirfa

blasus - *tasty*
cyfforddus - *comfortable*
gwesty - *hotel*
llefrith - *milk*
y llynedd - *last year*
neis - *nice*
prysur - *busy*
siwgr - *sugar*

Ychwanegwch eirfa sy'n berthnasol i chi:

Add vocabulary that's relevant to you:

Rhestr gyfair *Check list*

✔ **Ticiwch be' dach chi'n medru wneud. Yn Gymraeg!**
Tick what you can do. In Welsh!

- ☐ Dw i'n medru disgrifio pethau yn y presennol a'r gorffennol
  I can describe things in the present and the past
- ☐ Dw i'n medru mynegi barn am rywbeth
  I can express an opinion about something
- ☐ Dw i'n medru gofyn i berson arall am eu barn am rywbeth
  I can ask another person for their opinion about something
- ☐ Dw i'n medru gofyn am rywbeth
  I can ask for something
- ☐ Dw i'n medru rhoi caniatâd i rywun wneud rhywbeth
  I can give someone permission to do something
- ☐ Dw i'n medru dweud be' dw i isio
  I can say what I want
- ☐ Dw i'n medru gofyn i rywun arall be' maen nhw isio
  I can ask someone else what they want
- ☐ Dw i'n medru gofyn faint ydy rhywbeth
  I can ask how much something is
- ☐ Dw i'n medru dweud be' mae rhywbeth yn gostio
  I can say what something costs
- ☐ Dw i'n medru ysgrifennu sieciau yn Gymraeg
  I can write cheques in Welsh
- ☐ Dw i'n medru trafod iechyd yn syml
  I can discuss illness on a basic level
- ☐ Dw i'n medru gofyn be' sy'n bod ar rywun arall
  I can ask what's wrong with someone else
- ☐ Dw i'n medru ymdopi wrth gyfathrebu efo siaradwyr Cymraeg
  I can cope when communicating with Welsh speakers

Patrymau unedau 21-25

1. Describing

(i) Remember that there is a ***soft mutation*** *after* **yn** *if you're describing someone or something:*

Mae Meinir yn **d**al.

But that **ll** *and* **rh** *do not mutate:*

Mae'r car yn llwyd.

(ii) There is no mutation after **yn** *if it's followed by a* ***verb-noun/infinitive*** *(action word):*

Mae Meinir yn **d**arllen

2. Ga' i ...?

(i) Remember there is a ***soft mutation*** *after* **Ga' i ...?**

Ga' i **b**aned o de?

Ga' i **f**ynd?

(ii) To answer Ga' i ....? , *use* Cei / Na chei *or* Cewch / Na chewch.

3. Answering Yes/No

Here is an overview of what we have learnt so far:

Questions beginning with:

Wyt ti ...?	Wyt ti isio paned o goffi?	YDW / NAC YDW
Dach chi ...?	Dach chi'n mynd i'r dre?	YDW / NAC YDW
(referring to ***two*** *or more people)*		YDAN / NAC YDAN
Ydy o / hi ...?	Ydy o'n byw yng Nghaerdydd?	YDY / NAC YDY
	Ydy hi'n wyntog?	YDY / NAC YDY
Oes ...?	Oes gen ti gar?	OES / NAC OES
	Oes gynno fo annwyd?	OES / NAC OES
Oedd ...?	Oedd hi'n braf?	OEDD / NAC OEDD
	Oedd y bwyd yn flasus?	OEDD / NAC OEDD
Ga' i ...?	Ga' i ddefnyddio'r ffôn?	CEI / NA CHEI
		CEWCH / NA CHEWCH

Questions in the past tense:

Est ti i'r dre?	**Gaethoch chi hwyl?**	DO / NADDO
Ddaeth o i'r dosbarth?	**Wnest ti weithio yn yr ardd?**	DO / NADDO

4. Wyt ti isio ...? Dw i isio ...

*You **don't** need* **yn** *before isio, as you do with other verb-nouns:*

Dw i isio mynd.
Dw i ddim isio help.

but: Dw i'n mynd.
Dw i ddim yn gwybod.

---

5. Please...!

The easiest way of saying 'Please' in Welsh is **Plîs**. *It is widely used in all contexts. If you are talking to a person you'd call 'chi', you can use* **os gwelwch chi'n dda** *or if you are talking to a person you'd call 'ti', you can use* **os gweli di'n dda**.

---

6. Arian! Arian! Arian!

(i) **Ceiniog** *(penny)* and **Punt** *(pound) are both **feminine nouns**.*

So:

dwy geiniog	**dwy** bunt
tair ceiniog	**tair** punt
pedair ceiniog	**pedair** punt

*(ii) Notice that you use the **singular** after a number in Welsh (**dwy bunt** - two pound, not as in English: two pound**s**).*

(iii) There are two ways of counting after ten – the traditional un ar ddeg, deuddeg, tri ar ddeg etc., *and the more modern digital method* – un deg un, un deg dau, un deg tri ...

---

7. Trafod Iechyd/Discussing Health

There are two main patterns for describing illnesses and aches and pains:

(i) Mae gen i gur pen
(ii) Mae fy nghefn i'n brifo

Geirfa Graidd - unedau 21–25

£2 yr un - *£2 each*
annwyd - *a cold*
araf - *slow*
ateb - *answer, to answer*
bacwn - *bacon*
baner (b) - *flag*
beiro - *biro*
benthyg - *to borrow, to lend*
blasus - *tasty*
bol - *belly*
braich (b) - *arm*
brown - *brown*
bwydlen (b) - *menu*
bwyta - *to eat*
byr - *short*
cacen (b) - *cake*
Canada - *Canada*
cardyn - *card*
cartref - *home, homemade*
cas - *nasty*
caws - *cheese*
cefn - *back*
clun (b) - *hip*
clust (b) - *ear*
cocos - *cockles*
coch - *red*
coes (b) - *leg*
cryno ddisg - *compact disc*
crys T - *T shirt*
cwestiwn - *question*
cwrw - *beer*
cyfforddus - *comfortable*
cyffrous - *exciting*
cylchgrawn - *magazine*
Cymru - *Wales*
dannodd (b) - *toothache*
dant - *tooth*
De Affrica - *South Africa*
dechrau - *to begin, start*
defnyddio - *to use*
del - *pretty*
dewis - *to choose*
diddorol - *interesting*
diflas - *boring*
drud - *expensive*
du - *black*
dŵr - *water*
fferins - *sweets*
ffliw - *flu*
Ffrainc - *France*
glas - *blue*
golygus - *handsome*
grêt - *great*
gwesty - *hotel*
gwres - *temperature*
gwych - *fantastic*
gwyn - *white*
gwyrdd - *green*
hen - *old*
hyfryd - *lovely*

hyll - *ugly*
hynny - *that*
iechyd da! - *cheers!*
iechyd - *health*
ifanc - *young*
isio (eisiau) - *need, to need*
Iwerddon - *Ireland*
Japan - *Japan*
lemonêd - *lemonade*
lifft - *lift*
llefrith - *milk*
llwyd - *grey*
llysiau - *vegetables*
melyn - *yellow*
neis - *nice*
Norwy - *Norway*
oren - *orange*
pecyn - *pack*
peint - *pint*
pen - *head*
pensil(iau) - *pencil(s)*
peswch - *a cough, to cough*
pinc - *pink*
piws - *purple*
porffor - *purple*
prysur - *busy*
rhad - *cheap*
rhaglen deledu (b) - *television programme*
sâl (*describing*) - *ill / sick*
Sbaen - *Spain*
sgert (b) - *skirt*
sglodion - *chips*
siarad efo - *to talk to*
sillafu - *to spell*
siocled - *chocolate*
siwgr - *sugar*
sudd - *juice*
Sweden - *Sweden*
tal - *tall*
talentog - *talented*
talu - *to pay*
teisen (b) - *cake*
tenau - *slim, thin*
tew - *fat*
tocyn(nau) - *ticket(s)*
treiffl - *trifle*
troed (b) - *foot*
tywyll - *dark*
Uruguay - *Uruguay*
y llynedd - *last year*
Yr Alban - *Scotland*
Yr Almaen - *Germany*

Cwrs Mynediad: Uned 26

Nod: Disgrifio golwg rhywun a disgrifio eich cartref
Describing how someone looks and describing your home

1. **Sut un ydy o / hi?** — *What is he/she like?*

Mae o'n foel / dew / dal / fyr	*He's bald / fat / tall / short*
Mae gynno fo wallt golau	*He's got fair hair*
Mae gynni hi wallt tywyll	*She's got dark hair*
Mae gen i wallt cyrliog	*I've got curly hair*
Mae gynno fo wallt hir	*He's got long hair*
Mae gynni hi wallt byr	*She's got short hair*
Mae gynno fo lygaid glas	*He's got blue eyes*
Mae gynni hi lygaid brown	*She's got brown eyes*
Mae gynno fo drwyn hir	*He's got a long nose*
Mae gynni hi drwyn smwt	*She's got a stubby nose*
Mae gynno fo fwstash	*He's got a moustache*
Mae gynni hi sbectol	*She's got/wears glasses*
Mae gynno fo locsyn	*He's got a beard*
Oes gynno fo wallt golau?	*Has he got fair hair?*
Oes gynni hi lygaid glas?	*Has she got blue eyes?*
Oes gynno fo het?	*Has he got a hat?*
Oes gynni hi glustdlysau?	*Has she got ear-rings?*
Be' ydy lliw ei wallt o?	*What colour is his hair?*
lliw ei gwallt hi?	*What colour is her hair?*
lliw ei lygaid o?	*What colour are his eyes?*
lliw ei llygaid hi?	*What colour are her eyes?*
Ydy o'n foel?	*Is he bald?*
dew?	*Is he fat?*

 **Efo partner**

Gofynnwch gwestiynau i'ch partner i gael gweld pa berson mae o/hi'n edrych arno, e.e.

Ask your partner questions to find out which person he or she is looking at, e.g.

'Dyn neu ddynes ydy'r person?' 'Dyn ydy o.'
'Oes gynno fo wallt cyrliog?' 'Nac oes, does gynno fo ddim gwallt cyrliog.'
'Ydy o'n foel?' 'Ydy.'
'Dewi ydy o?' 'Naci, dim Dewi ydy o.'
'Oes gynno fo ...?'
etc.

 **Efo partner**

Disgrifiwch aelod o'r teulu neu o'r dosbarth i'ch partner. Rhaid i'ch partner ofyn cwestiynau, tynnu llun y person, a labelu'r llun - e.e. gwallt golau; trwyn smwt.

Describe a member of your family or the class to your partner. Your partner must ask questions, draw the person and label the picture - e.g. gwallt golau, trwyn smwt.

e.e. Be' ydy lliw ei wallt o / ei gwallt hi?
Oes gynno fo drwyn hir?
Ydy o'n olygus?

2.	**Sawl ystafell wely sy gynnoch chi?**	*How many bedrooms have you got?*
	Sawl ystafell ymolchi sy gynnoch chi?	*How many bathrooms have you got?*
	Oes gynnoch chi ardd fawr?	*Have you got a big garden?*
	Oes gynnoch chi garej?	*Have you got a garage?*
	Mae gynnon ni lolfa fawr	*We've got a big lounge*
	Mae gynnon ni ystafell fwyta fach	*We have a small dining room*
	Mae gynnon ni gegin hyfryd	*We've got a lovely kitchen*

Holiadur Pedwar Person

Holwch bedwar person am eu cartref. Does dim rhaid i'r atebion fod yn wir!

Ask four people about their homes. The answers don't have to be true!

Enw	1_______	2_______	3_______	4_______
Sawl ystafell wely?				
Sawl ystafell ymolchi?				
Lolfa fawr?				
Ystafell fwyta?				
Gardd?				
Garej?				
Pwll nofio?				

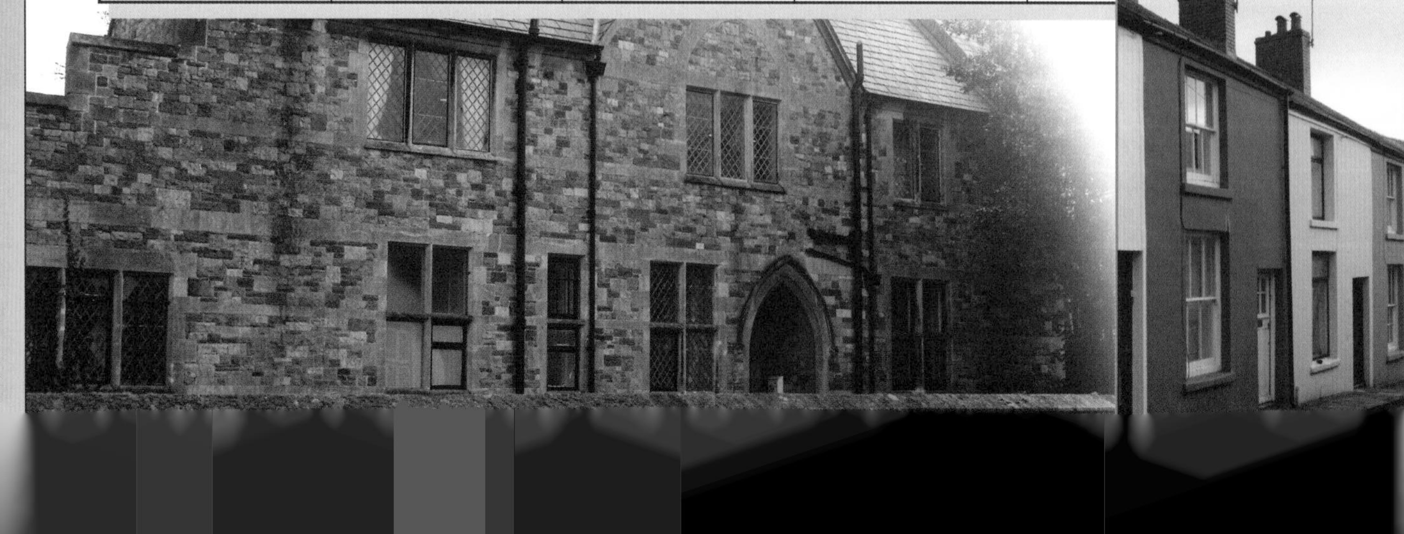

Darllenwch y ddeialog hon efo'r tiwtor ac yna efo partner:

Alun: Lle wyt ti'n byw?
Beti: Yn Llanbed. Be' amdanat ti?
Alun: Dw i'n byw ar fferm yn ymyl Felin-fach. Wyt ti'n byw ar fferm?
Beti: Nac ydw, dw i'n byw mewn tŷ. Mae gynnon ni dair ystafell wely, un ystafell ymolchi, lolfa a chegin fawr.
Alun: Mae gynnon ni ddwy ystafell wely a dwy ystafell ymolchi *en suite*. Oes gynnoch chi garej?
Beti: Nac oes, ond mae lle parcio yn ymyl y tŷ ac mae gynnon ni ardd fawr neis. Be' amdanat ti?
Alun: Mae gynnon ni garej a dydy'r ardd ddim yn rhy fawr, diolch byth. Dw i ddim yn hoffi gweithio yn yr ardd!

Llenwch y grid efo'r wybodaeth am Alun a Beti:
Fill the grid with information about Alun and Beti:

Enw:	Byw?	Sawl ystafell wely?	Sawl ystafell ymolchi?	Garej?	Gardd?
Alun					
Beti					

Mae 2 ystafell arall wedi'u henwi yn y ddeialog. Be' ydyn nhw?
Two other rooms are named in the dialogue. What are they?

1. ________________________________
2. ________________________________

Deialog

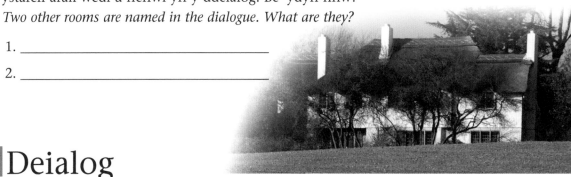

Yn y parti

A: Pwy ydy hwnna draw fan 'na? Mae gynno fo wallt **golau** a **sbectol**.
B: O, **Bryn James** ydy hwnna. **Gŵr Sandra** ydy o.
A: O, ia, dw i'n gwybod – **ffermwr** ydy o. Wyt ti'n nabod honna yn ymyl y bar 'ta? Mae gynni hi wallt **hir tywyll**.
B: **Siriol Hughes** ydy honna. Mae hi'n gweithio fel **cyfreithwraig** yn y dre.
A: A pwy ydy'r dyn **byr** 'na yn ymyl y drws? Mae gynno fo **drwyn hir** - tydy o'n hyll?
B: O... Eifion fy **nghefnder** i ydy hwnna.

Geirfa

byr - *short*
cegin(au) (b) - *kitchen(s)*
clustdlws (clustdlysau) - *ear-ring(s)*
cyfreithwraig (b) - *female solicitor*
cyrliog - *curly*
golau - *fair (hair)*
gwallt - *hair*
het(iau) (b) - *hat(s)*
hir - *long*
honna (b) - *that one (feminine person / thing)*
hwnna - *that one (masculine person / thing)*
locsyn - *beard*
lolfa (b) - *lounge*
llofft (b) - *bedroom*
lle parcio - *parking space*
llygad (llygaid) - *eye(s)*
moel - *bald*
mwstash - *moustache*
sbectol (b) - *glasses*
smwt - *snub (nose)*
trwyn(au) - *nose(s)*
tywyll - *dark*
ystafell fwyta (b) - *dining room*
ystafell fyw (b) - *living room*
ystafell wely (b) - *bedroom*
ystafell ymolchi (b) - *bathroom*

Gramadeg

How many?

Yn Uned 9, roedd:

Faint o blant sy gen ti?
How many children have you got?

Yma, mae ffordd arall (*another way*):

Sawl llofft sy gynnoch chi?
How many bedrooms have you got?

Felly, mae dau ddewis (*two options*):

> Faint + o + **plural noun**
> - Faint o ystafelloedd sy gynnoch chi?
>
> Sawl + **singular noun**
> - Sawl ystafell sy gynnoch chi?

Ystafell

Mae **ystafell** yn fenywaidd (*feminine*), felly cofiwch y **treiglad meddal**:

ystafell _wely - *bedroom*
ystafell **f**wyta - *dining room*
ystafell **f**yw - *living room*

Cwrs Mynediad: Uned 27

Nod: Dweud be' dach chi'n medru wneud a pha mor aml dach chi'n gwneud rhywbeth
Saying what you are able to do and how often you do something

1. **Be' dach chi'n medru wneud?** — *What can you do?*
Wyt ti'n medru canu? — *Can you sing? /*
Dach chi'n medru canu? — *Are you able to sing?*

Ydw, dw i'n medru canu	*Yes, I can sing*
canu'n dda iawn	*Yes, I can sing very well*
canu'n eitha da	*Yes, I can sing quite well*
Nac ydw, dw i ddim yn medru canu	*No, I can't sing*
Ydy o'n medru helpu?	*Can he help?*
Ydy, mae o'n medru helpu	*Yes, he can help*
Nac ydy, dydy o ddim yn medru helpu	*No, he can't help*

Efo partner

'Wyt ti'n medru ____________________?'
'Ydw, dw i'n medru ____________________ yn dda iawn / yn eitha da.'
'Nac ydw, dw i ddim yn medru ____________________'

coginio

gyrru

chwarae golff

canu'r piano

peintio

siarad Sbaeneg

sgïo

nofio

Mewn grwpiau o dri

Trafodwch be' mae pobl dach chi'n nabod yn medru wneud neu ddim yn medru wneud.

Discuss what people you know can or can't do.

e.e. Mae fy mrawd i'n medru gyrru motor beic.
Dydy fy ffrind i ddim yn medru nofio.
Mae fy mhlant i'n medru chwarae tenis.

Dyma rai syniadau:
defnyddio cyfrifiadur, siarad iaith arall,
canu offeryn cerdd, dawnsio'r salsa, chwaraeon.

2. Pa mor aml dach chi'n nofio? *How often do you swim?*

byth	*never*
Dw i byth yn nofio	*I never swim*
Dydy o byth yn nofio	*He never swims*
bob dydd	*every day*
bob wythnos	*every week*
ambell waith/ weithiau	*sometimes*
yn aml	*often*
unwaith y mis	*once a month*
dwywaith yr wythnos	*twice a week*
unwaith y flwyddyn	*once a year*
Dw i'n nofio bob dydd	*I swim every day*
Dw i'n nofio'n aml	*I often swim*
Dw i ddim yn canu'r piano'n aml	*I don't play the piano often*
Dydy hi ddim yn nofio bob dydd	*She doesn't swim every day*

Deialog

A: Wyt ti'n hoffi **nofio**?
B: Ydw, ond dw i ddim yn medru **nofio'n dda iawn**.
A: Pa mor aml wyt ti'n **mynd i nofio**?
B: **Bob wythnos**.
A: Wyt ti'n **mynd i'r sinema** weithiau?
B: Nac ydw. Byth. Wyt ti, 'ta?
A: Nac ydw, dw i ddim yn medru diodde **ffilmiau**.

Geirfa

ambell waith	-	*sometimes*
bob dydd	-	*every day*
byth	-	*never*
dwywaith y mis	-	*twice a month*
ddim yn medru diodde	-	*can't stand*
eitha da	-	*quite well*
pa mor aml...?	-	*how often ...?*
unwaith	-	*once*
weithiau	-	*sometimes*
yn aml	-	*often*

Ychwanegwch eirfa sy'n berthnasol i chi:
Add vocabulary that's relevant to you:

Gramadeg

Medru

Mae **medru** yn golygu (*means*) - *can / to be able to.*

Dyma'r patrwm i'r rhai sy'n gwirioni ar batrymau!
Here's the pattern for you pattern freaks!

Dw i'n medru nofio	Dw i ddim yn medru nofio	Ydw i'n medru nofio?
Rwyt ti'n medru nofio	Dwyt ti ddim yn medru nofio	Wyt ti'n medru nofio?
Mae o / hi'n medru nofio	Dydy o / hi ddim yn medru nofio	Ydy o / hi'n medru nofio?
Dan ni'n medru nofio	Dan ni ddim yn medru nofio	Dan ni'n medru nofio?
Dach chi'n medru nofio	Dach chi ddim yn medru nofio	Dach chi'n medru nofio?
Maen nhw'n medru nofio	Dyn nhw ddim yn medru nofio	Dyn nhw'n medru nofio?

Byth

Dach chi'n defnyddio'r **negyddol** (*negative forms*) efo **byth:**

Dydy o byth yn golchi'r llestri	*He never washes the dishes*
Dwyt ti byth yn gyrru'r car	*You never drive the car*

Canu

Yn Gymraeg, dan ni'n **canu** (*sing*) a dan ni'n **canu offeryn** (*lit. sing an instrument*)

e.e. **canu'r** piano; **canu'r** gitâr, **canu'r** trwmped

Ond, mae pobl yn aml yn dweud **chwarae**'r piano, **chwarae'r** gitâr.

Cwrs Mynediad: Uned 28

Nod: Trafod llefydd ***Discussing places***

1.	**Wyt ti wedi bod yn Awstralia?**	*Have you been to Australia?*
	Wyt ti wedi bod yn America erioed?	*Have you ever been to America?*
	YDW / NAC YDW	
	Dw i wedi bod yna unwaith	*I've been there once*
	Dw i wedi bod yna ddwywaith	*I've been there twice*
	Dw i wedi bod yna sawl gwaith	*I've been there several times*
	Dw i ddim wedi bod yna erioed	*I've never been there*

Holiadur

Meddyliwch am ddau le diddorol yng Nghymru dach chi wedi bod ynddyn nhw. Gofynnwch i 5 o bobl eraill ydyn nhw wedi bod yno erioed.

Think of two interesting places in Wales you've been to.
Ask 5 other people if they've ever been there. ✔✘

Enw	Lle 1: ______	Lle 2: ______
1.		
2.		
3.		
4.		
5.		

2.

Mae John wedi bod yn yr Almaen Mae o wedi bod yna o'r blaen	*John's been to Germany* *He's been there before*
Mae Margaret wedi bod yn yr Eidal Mae hi wedi bod yna sawl gwaith	*Margaret has been to Italy* *She's been there several times*
Lle mae o wedi bod? **Lle mae hi wedi bod?**	***Where has he been?*** ***Where has she been?***
Ydy John wedi bod yn Llundain? Ydy Margaret wedi bod yn Sbaen?	*Has John been to London?* *Has Margaret been to Spain?*

Efo partner

Ticiwch 3 o'r llefydd ar y map.
Partner A: Dyma'r llefydd mae John wedi bod ynddyn nhw.
Partner B: Dyma'r llefydd mae Margaret wedi bod ynddyn nhw.
Gofynnwch gwestiynau yn eich tro i gael hyd i'r tri lle mae eich partner wedi ticio.
Y cyntaf i gael y tri sy'n ennill.

Tick 3 of the places on the map.
Partner A: These are the places where John has been.
Partner B: These are the places Margaret has been to.
Ask questions in turn to find the three places your partner has ticked.
The first to find all three wins.

Oslo
Caeredin
Copenhagen
Dulyn
Berlin
Llundain
Warsaw
Caerdydd
Brwsel
Paris
Budapest
Madrid
Rhufain
Athen

Cofiwch - dim ''n' gyda 'wedi':
Dw i wedi bod...
Remember - no ''n' with 'wedi':
Dw i wedi bod...

3.

Roedd o'n ddiddorol Roedd o'n ddel Roedd o'n ofnadwy Roedd o'n rhy fawr	*It was interesting* *It was pretty* *It was terrible* *It was too big*
Sut le oedd Caeredin?	***What sort of place was Edinburgh?***

Dyfalu - Wyt ti wedi bod yn...?

Guessing - Have you been to...?

Ar ddarn o bapur, ysgrifennwch enw un lle diddorol dach chi wedi bod ynddo. Mi fydd eich tiwtor yn rhoi'r papurau mewn bocs ac mi fydd rhaid i chi ddewis un o'r llefydd. Ceisiwch ddyfalu pwy yn y dosbarth sy wedi bod yn y lle ar y papur.

On a scrap of paper, write the name of one interesting place you've been to. Your tutor will put the papers in a box and you will have to choose one of the places. Try to guess who in the class has been to the place written on the paper.

Y cwestiwn pwysig – *The key question:*

Wyt ti wedi bod yn....?

Mi fydd y tiwtor yn ysgrifennu'r llefydd ar y bwrdd wrth fynd ymlaen. Ar ôl gorffen, siaradwch efo'ch partner am bob lle.

Your tutor will write the places on the board as you go along. After finishing, talk to your partner about each place.

4.

Ro'n i'n sâl	*I was ill*
Ro'n i wedi blino	*I was tired*
Ro'n i wedi meddwi	*I was drunk*
Ro'n i'n rhy hwyr	*I was too late*
Ro'n i'n rhy brysur	*I was too busy*
Ro'n i'n iawn	*I was OK/alright*
Roedd o'n rhy oer	*It was too cold*
Roedd o'n rhy bell i gerdded	*It was too far to walk*
Roedd o'n rhy ddrud	*It was too expensive*
Roedd y gwesty'n neis iawn	*The hotel was very nice*
Roedd y bwyd yn fendigedig	*The food was excellent*

Cerdyn Post

Darllenwch y cerdyn post hwn yn uchel i'ch partner. Yna newidiwch y geiriau sy mewn llythrennau tywyll a'i ddarllen eto. Dysgwch y cerdyn ar eich cof!

Read this post-card aloud to your partner. Then change the words which are in bold type and read again. Learn your post-card by heart!

CERDYN POST

Annwyl John,
Dw i wedi cyrraedd Lanzarote. Mae'r tywydd yn fendigedig. Mi es i i'r dafarn neithiwr ac mi ges i paella. Ro'n i'n sâl y bore 'ma!
Mae'r gwesty'n neis iawn a dw i'n medru gweld y môr o'r ystafell.
Mi wela i di wythnos nesa. Hwyl,
Menna

Rhoi Rhesymau

Giving reasons

Efo partner, meddyliwch am reswm pam aethoch chi i'r llefydd hyn neu pam nad aethoch chi. Dechreuwch â 'Ro'n i...' neu 'Roedd o...'

With your partner, think of a reason why you did or didn't go to these places. Start with 'Ro'n i...' or 'Roedd e...'

e.e. Aethoch chi i Barbados? — Naddo. Roedd o'n rhy ddrud.
Did you go to Barbados? — *No. It was too expensive.*

1. Aethoch chi i Alaska?
2. Aethoch chi i Hong Kong?
3. Aethoch chi i'r Ristorante Italiano?
4. Aethoch chi i Land's End?
5. Aethoch chi i Lundain?
6. Aethoch chi adre yn y car?
7. Aethoch chi i'r gwely?
8. Aethoch chi i'r dosbarth Cymraeg?

Deialog

A: Wyt ti wedi bod yn **Llangrannog** o'r blaen?
B: Nac ydw. Be' amdanat ti?
A: Dw i wedi bod yma **sawl gwaith**.
B: Mae'r plant wedi bod yma. Mi ddaethon nhw yma efo'r **ysgol**.
A: Mi ddes i yma flynyddoedd yn ôl.
B: Sut le ydy **Llangrannog**? Ydy'r lle wedi newid?
A: Nac ydy, dim llawer. Mae o'n **brysur** yn yr haf ac yn **ddistaw** yn y gaeaf.
B: Wel, mae o'n **fendigedig** yn y tywydd yma.

Geirfa

o'r blaen	-	*before / previously*
sawl gwaith	-	*several times*
blynyddoedd	-	*years*
newid	-	*to change*
bendigedig	-	*excellent*

Ychwanegwch eirfa sy'n berthnasol i chi:
Add vocabulary that's relevant to you:

Gramadeg

wedi Cofiwch fod y gair **wedi** yn cael ei ddefnyddio yn lle **yn** neu **'n** i gysylltu rhannau'r frawddeg â'i gilydd.

Remember that the word **wedi** *is used instead of* **yn** *or* **'n** *to connect the parts of the sentence.*

Mae John wedi bod yma o'r blaen.	[*No* **yn** *after* John]
Dw i wedi blino.	[*No* **'n** *after* Dw i]

rhy Mae Treiglad Meddal ar ôl **rhy**:

There is a Treiglad Meddal *after* **rhy** *(too):*

Mae o'n rhy bell.	[*from* pell]
Mae o'n rhy ddrud.	[*from* drud]

Sut Ystyr **Sut** fel arfer yw *'How?'* O flaen enw, mae'n medru golygu *'What sort of...?'* Os felly, mae Treiglad Meddal yn dilyn:

Sut *usually means* ***'How?'*** *In front of a noun, it can mean* ***'What sort of...?'*** *If so, a* Treiglad Meddal *follows:*

Sut le ydy Caergybi?	*What sort of place is Holyhead?*
Sut berson ydy John?	*What sort of person is John?*

Wedi a'r gorffennol Wedi *and the past tense*

Cofiwch y gwahaniaeth rhwng brawddegau **wedi** a'r gorffennol:

Remember the difference between wedi *sentences and the past:*

Mae'r plant wedi dŵad i'r ysgol	*The children have come to school*
Mi ddaeth y plant i'r ysgol	*The children came to school*

Wedi *sentences usually mean that someone* ***has*** *done something or* ***has*** *been somewhere or that people* ***have*** *been somewhere or* ***have*** *done something.*

Cwrs Mynediad: Uned 29

Nod: Trafod Cynlluniau ***Discussing plans***

1.	**Fyddwch chi adre yfory?**	*Will you be home tomorrow?*
	Fyddwch chi yn y gwaith yfory?	*Will you be in work tomorrow?*
	Fyddi di'n rhydd wythnos nesa?	*Will you be free next week?*
	Fyddi di ar gael dydd Mercher?	*Will you be available on Wednesday?*
	Bydda / Na fydda	*Yes / No*
	Mi fydda i'n gweithio	*I'll be working*
	Mi fydda i'n hwyr heno	*I'll be late tonight*
	Fydda i ddim yn gweithio bore yfory	*I won't be working tomorrow morning*
	Fydda i ddim adre dydd Iau	*I won't be home on Thursday*

Cwestiwn i bawb

Cofnodwch eich atebion yma - *Note your answers here!*

Enw	Ateb

2.	**Pryd fydd o nôl?**	*When will he be back?*
	Pryd fydd o'n cyrraedd?	*When will he arrive?*
	Fydd o'n rhydd?	*Will he be free?*
	Fydd hi ar gael?	*Will she be available?*
	Bydd / Na fydd	*Yes / No*
	Mi fydd o nôl erbyn chwech	*He'll be back by six o'clock*
	Mi fydd hi'n gadael bore yfory	*She'll be leaving tomorrow morning*
	Fydd o ddim yn cyrraedd heddiw	*He won't arrive today*
	Fydd hi ddim ar gael yn y bore	*She won't be available in the morning*

Dyddiadur Person Enwog

Dach chi'n gweithio fel ysgrifennydd i berson enwog. Dyma ei ddyddiadur o / ei dyddiadur hi. Ysgrifennwch enw'r person enwog ________________________________

Dydd Llun		**Nos Lun**	
Dydd Mawrth		**Nos Fawrth**	
Dydd Mercher		**Nos Fercher**	
Dydd Iau		**Nos Iau**	
Dydd Gwener		**Nos Wener**	

Llenwch ddyddiadur y person enwog. Mi fydd o/hi'n gweithio ambell waith, yn ymlacio ambell waith ac weithiau, fydd o/hi ddim yn gwneud dim byd.

Yn gweithio (dewiswch **4**)

yn ymarfer canu/actio/pêl-droed/siarad
yn ysgrifennu llyfr am ei fywyd/ei bywyd
yn cyfri ei arian/ei harian
yn mynd ar y teledu
yn siarad â'r cylchgrawn *Hello!*

Dim byd (x 3)

Yn ymlacio (dewiswch **3**)

yn cael bath hir
yn golchi ei wallt/ei gwallt
mewn cinio pwysig
yn chwarae golff/sboncen
ar y ffôn

Gofynnwch gwestiynau i ysgrifenyddion eraill er mwyn trefnu cyfarfod.

Ask other secretaries questions so that you can arrange a meeting.

'Fydd ____________________
yn rhydd Nos Wener?'

'Pryd mae ___________________
yn cyfri ei arian/ei harian?'

'Be' fydd __________________
yn wneud dydd Mawrth?'

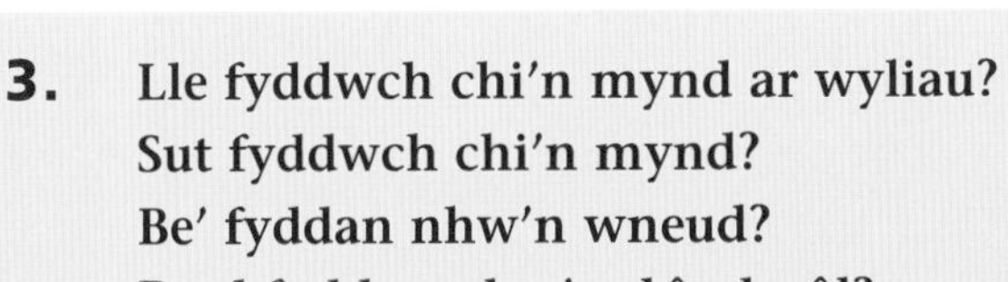

3.	**Lle fyddwch chi'n mynd ar wyliau?**	*Where will you go on holiday?*
	Sut fyddwch chi'n mynd?	*How will you go?*
	Be' fyddan nhw'n wneud?	*What will they do?*
	Pryd fyddan nhw'n dŵad nôl?	*When will they be coming back?*
	Mi fyddwn ni'n mynd i'r Eidal	*We'll be going to Italy*
	Mi fyddwn ni'n mynd mewn awyren	*We'll be going by plane*
	Mi fyddan nhw'n ymweld â Rhufain	*They'll visit Rome*
	Mi fyddan nhw'n dŵad nôl dydd Sul nesa	*They'll be coming back next Sunday*

Efo partner

Trefnwch wyliau efo partner. Dewiswch:

i) **Lle** fyddwch chi'n mynd.

____

ii) **Pryd** fyddwch chi'n mynd a phryd fyddwch chi'n dŵad nôl.

____

iii) **Sut** fyddwch chi'n mynd.

____

iv) **Be'** fyddwch chi'n wneud ar eich gwyliau.

____

Gofynnwch gwestiynau i bâr arall.

Ysgrifennwch fanylion eu gwyliau nhw:

Write the details of their holidays:

Lle? ______________________________

Pryd? ______________________________

Sut? ______________________________

Be'? ______________________________

Cofiwch ofyn am ganiatâd (*permission*) cyn mynd!

Deialog

A: Fyddi di nôl yn gynnar **nos yfory**?

B: Na fydda, mi fydda i'n hwyr.

A: Be' am **nos Fawrth**?

B: Rhaid i mi weithio'n hwyr **nos Fawrth**.

A: Wel, be' am **nos Iau**, 'ta?

B: Mi fydd Dafydd a fi'n mynd i **Gaerdydd dydd Iau** ac …

A: Mi fyddwch chi nôl yn hwyr. Wel, mae un peth yn amlwg.

B: Be', rŵan eto?

A: Mi fydd y ci'n bwyta'n dda yr wythnos yma!

Geirfa

amlwg	-	*obvious*
ar gael	-	*available*
bwyta'n dda	-	*to eat well*
bywyd	-	*life*
campfa (b)	-	*gym*
cyfri	-	*to count*
erbyn saith o'r gloch	-	*by seven o'clock*
pwysig	-	*important*
rhydd	-	*free*

Ychwanegwch eirfa sy'n berthnasol i chi:

Add vocabulary that's relevant to you:

Gramadeg

Y Dyfodol

The Future

Yn Uned 7, roedd: **Mi fydd** hi'n braf yfory.

Dyma'r patrwm i gyd:

Here's the whole pattern:

Mi fydda i'n mynd	Fydda i ddim yn mynd	Fydda i'n mynd?	**Bydda / Na fydda**
Mi fyddi **di**'n mynd	Fyddi **di** ddim yn mynd	Fyddi **di**'n mynd?	
Mi fydd o/hi'n mynd	Fydd o/hi ddim yn mynd	Fydd o/hi'n mynd?	**Bydd / Na fydd**
Mi fyddwn ni'n mynd	Fyddwn ni ddim yn mynd	Fyddwn ni'n mynd?	
Mi fyddwch chi'n mynd	Fyddwch chi ddim yn mynd	Fyddwch chi'n mynd?	
Mi fyddan nhw'n mynd	Fyddan nhw ddim yn mynd	Fyddan nhw'n mynd?	

Sylwch mai **di** sydd yn y dyfodol, nid **ti**

Note that it's **di** *in the future, not* **ti**

Yes / No

Dan ni'n cyflwyno **dau** ateb yn y dyfodol yma:

We are introducing **two** *answers in the future tense here:*

Bydda/Na fydda - i ateb cwestiynau 'Fyddi di...?' a 'Fyddwch chi...?'
Bydd/Na fydd - i ateb cwestiynau 'Fydd o/hi....?'

Cwrs Mynediad: Uned 30

Nod: Adolygu ac ymestyn ***Revision and extension***

1.

Mae gynno fo wallt byr golau	*He's got short brown hair*
Mae gynni hi wallt hir tywyll	*She's got long dark hair*
Does gynni hi ddim sbectol	*She hasn't got/doesn't wear glasses*
Oes gynno fo locsyn?	*Has he got a beard?*
Dw i'n medru siarad Cymraeg	*I can speak Welsh*
Dw i ddim yn medru nofio'n dda iawn	*I can't swim very well*
Mae o'n medru teipio'n eitha da	*He can type quite well*
Dydy hi ddim yn medru agor y ffenest	*She can't open the window*
Wyt ti'n medru cofio?	*Can you remember?*
Dach chi'n medru helpu?	*Can you help?*
Dw i wedi bod yn America	*I have been to America*
Dw i ddim wedi bod yn Sbaen	*I haven't been to Spain*
Wyt ti wedi bod yn Awstralia?	*Have you been to Australia?*
Dach chi wedi bod yn Llangrannog?	*Have you been to Llangrannog?*

 **Efo partner**

Meddyliwch am 6 brawddeg am y person yng nghanol y llun gan ddefnyddio'r wybodaeth yn yr arwyddion o'i gwmpas.

Think of 6 sentences about the person in the centre of the picture using the information in the signs around him.

Dyma Emrys. ______________________________

____

____

____

____

____

 **Darllen yn uchel**

Annwyl Gyfeillion,

Croeso i chi i gyd i'r cyngerdd heno. Mae'n hyfryd gweld y neuadd yn llawn. Mae pawb wedi bod yn brysur yn paratoi, a dan ni i gyd yn edrych ymlaen at noson dda. Dw i'n siŵr bydd pawb yn mwynhau. Croeso mawr i chi bob un.

Efo partner

Gofynnwch gwestiynau yn Gymraeg i'ch partner ('yr Arholwr') er mwyn cael gwybodaeth amdano/amdani. (Defnyddiwch 'chi' yn y cwestiynau). Does dim rhaid i chi ysgrifennu'r atebion.

Ask your partner ('the Examiner') questions in Welsh to find out information about him/her. (Use ***chi*** *in your questions). You don't need to write the answers.*

Defnyddiwch yr allweddeiriau yma yn eich cwestiynau:

Use these keywords in your questions:

e.e. Y PENWYTHNOS DIWETHA - 'Be' wnaethoch chi'r penwythnos diwetha?'

Partner A yn holi Partner B:	Partner B yn holi Partner A:
1. gwyliau	1. byw
2. gwesty	2. yn wreiddiol
3. tywydd	3. teulu
4. gwneud	4. gwaith
5. bwyta	5. neithiwr

Except for access
Ac eithrio mynediad

ARAF

Darllen Arwyddion

Lle dach chi'n gweld yr arwyddion yma?

Where do you see these signs?

Rhowch lythyren yr ateb cywir yn y bocs.

Put the letter of the correct answer in the box.

Enghraifft

Example

Adran Sbaeneg

a mewn tafarn
b mewn coleg
c mewn parc
ch mewn ysbyty

.... b

1. Llwybr cyhoeddus

a mewn ysbyty
b mewn sinema
c ar y draffordd
ch mewn parc

.... ☐

2. TALWCH YMA

a mewn eglwys
b mewn parc
c mewn siop
ch mewn capel

.... ☐

3. **Dynion**

(a) mewn capel
(b) ar y draffordd
(c) mewn eglwys
(ch) mewn tŷ bach

.... ☐

4. **DIM MYNEDIAD**

(a) ar fwyd
(b) ar lan y môr
(c) ar ddrws
(ch) ar y teledu

.... ☐

5. **Dim parcio**

(a) ar ddrws
(b) ar gyfrifiadur
(c) ar y stryd
(ch) ar fwyd

.... ☐

2. Mi fydd y cyngerdd yn dechrau am 8 o'r gloch — *The concert will start at 8 o'clock*
Mi fydda i'n mynd am hanner awr wedi saith — *I will be going at half past seven*
Fydd o ddim yn hwyr heno — *He won't be late tonight*
Fyddwch chi'n mynd i'r dre nos yfory? — *Will you be going to town tomorrow night?*

Gwrando

Dach chi'n mynd i glywed 5 hysbysiad. Rhaid i chi roi'r wybodaeth briodol yn y grid ar sail y tâp. Peidiwch ag edrych ar y grid tan i'r tiwtor roi caniatâd (ar ôl y gwrandawiad cyntaf). Yna mi fyddwch yn eu clywed eto un ar y tro gyda 30 eiliad rhwng pob hysbysiad. Yna, mi fyddwch yn clywed y 5 hysbysiad eto. Mi gewch chi 2 funud ar y diwedd i edrych dros eich atebion.

You are going to hear 5 announcements. You will have to put the appropriate information in the grid based on the tape. Don't look at the grid before the tutor gives permission (after the first hearing). Then, you will hear each one again with 30 seconds between each announcement. Then, you will hear the 5 announcements again. You will have 2 minutes at the end to check your answers.

Grid Gwrando

Be'	Lle	Nos	Amser	Pris
Cwis				
Ffair Nadolig				
Cyngerdd				
Twmpath Dawns				
Cawl a Chân				

Rhestr gyfair *Check list*

✔ **Ticiwch be' dach chi'n medru wneud. Yn Gymraeg!**
Tick what you can do. In Welsh!

- ☐ Dw i'n medru disgrifio golwg rhywun
  I can describe a person's appearance
- ☐ Dw i'n medru gofyn cwestiynau am olwg rhywun
  I can ask questions about a person's appearance
- ☐ Dw i'n medru disgrifio fy nghartref
  I can describe my home
- ☐ Dw i'n medru gofyn cwestiynau i bobl eraill am eu cartref
  I can ask other people questions about their home
- ☐ Dw i'n medru dweud be' dw i a phobl eraill yn medru wneud
  I can say what I and other people can do
- ☐ Dw i'n medru holi person arall be' mae o/hi'n medru wneud
  I can ask someone else what he/she can do
- ☐ Dw i'n medru dweud pa mor aml dw i a phobl eraill yn gwneud rhywbeth
  I can say how often I and other people do something
- ☐ Dw i'n medru holi pa mor aml mae rhywun yn gwneud rhywbeth
  I can ask how often someone does something
- ☐ Dw i'n medru siarad am rywbeth wnes i am gyfnod yn y gorffennol
  I can talk about something I did for a period of time in the past
- ☐ Dw i'n medru gofyn cwestiynau am ddigwyddiadau yn y gorffennol
  I can ask questions about events in the past
- ☐ Dw i'n medru siarad am gynlluniau yn y dyfodol
  I can talk about future plans
- ☐ Dw i'n medru gofyn cwestiynau am gynlluniau pobl eraill yn y dyfodol
  I can ask questions about other people's future plans

 Patrymau unedau 26-30

How many?

Mae dwy ffordd o ddweud *How many?*

Faint + o + **plural noun**	Faint o ystafelloedd sy gynnoch chi?
Sawl + **singular noun**	Sawl ystafell sy gynnoch chi?

Byth

Dach chi'n defnyddio'r **negyddol** (*negative forms*) efo **byth:**

Dydy o byth yn golchi'r llestri	*He never washes the dishes*
Dwyt ti byth yn gyrru'r car	*You never drive the car*

Sut

Ystyr **Sut** fel arfer ydy *'How?'* O flaen enw, mae'n medru golygu *'What sort of...?'*
Os felly, mae Treiglad Meddal yn dilyn:

Sut *usually means '***How?***' In front of a noun, it can mean '***What sort of...?***'*
If so, a Treiglad Meddal *follows:*

Sut le ydy Caergybi?	*What sort of place is Holyhead?*
Sut berson ydy John?	*What sort of person is John?*

Wedi a'r gorffennol – Wedi *and the past tense*

Cofiwch y gwahaniaeth rhwng brawddegau **wedi** a'r gorffennol:

Remember the difference between **wedi** *sentences and the past:*

Mae'r plant wedi dŵad i'r ysgol	*The children have come to school*
Mi ddaeth y plant i'r ysgol	*The children came to school*

Wedi *sentences usually mean that someone* **has** *done something or* **has** *been somewhere or that people* **have** *been somewhere or* **have** *done something.*

Cofiwch – peidiwch defnyddio **yn** efo **wedi.** *Remember not to use* yn *with* wedi.

Y Dyfodol

The Future

Mi fydda i'n mynd	Fydda i ddim yn mynd	Fydda i'n mynd?	**Bydda / Na fydda**
Mi fyddi **di**'n mynd	Fyddi **di** ddim yn mynd	Fyddi **di**'n mynd?	
Mi fydd o/hi'n mynd	Fydd o/hi ddim yn mynd	Fydd o/hi'n mynd?	**Bydd / Na fydd**
Mi fyddwn ni'n mynd	Fyddwn ni ddim yn mynd	Fyddwn ni'n mynd?	
Mi fyddwch chi'n mynd	Fyddwch chi ddim yn mynd	Fyddwch chi'n mynd?	
Mi fyddan nhw'n mynd	Fyddan nhw ddim yn mynd	Fyddan nhw'n mynd?	

Geirfa Graidd - unedau 26–30

ambell waith	-	*sometimes*
amlwg	-	*obvious*
ar gael	-	*available*
bendigedig	-	*excellent, wonderful*
blynyddoedd	-	*years*
bob dydd	-	*every day*
bwyta'n dda	-	*to eat well*
byr	-	*short*
byth	-	*never*
bywyd	-	*life*
campfa (b)	-	*gym*
cegin(au) (b)	-	*kitchen(s)*
clustdlws (clustdlysau)	-	*ear-ring(s)*
cyfreithwraig (b)	-	*female solicitor*
cyfri	-	*to count*
cyrliog	-	*curly*
dwywaith y mis	-	*twice a month*
eitha da	-	*quite well*
erbyn saith o'r gloch	-	*by seven o'clock*
garej	-	*garage*
golau	-	*fair (hair)*
gwallt	-	*hair*
het(iau) (b)	-	*hat(s)*
hir	-	*long*
honna (b)	-	*that one (feminine person/thing)*
hwnna	-	*that one (masculine person/thing)*
locsyn	-	*beard*
lolfa (b)	-	*lounge*
lle parcio	-	*parking space*
llofft (b)	-	*bedroom*
llygad (llygaid)	-	*eye(s)*
moel	-	*bald*
mwstash	-	*moustache*
newid	-	*to change*
o'r blaen	-	*before/previously*
pa mor aml...?	-	*how often ...?*
pwysig	-	*important*
rhydd	-	*free*
sawl gwaith	-	*several times*
sbectol (b)	-	*glasses*
smwt	-	*snub (nose)*
trwyn(au)	-	*nose(s)*
tywyll	-	*dark*
unwaith	-	*once*
weithiau	-	*sometimes*
yn aml	-	*often*
ystafell fwyta (b)	-	*dining room*
ystafell fyw (b)	-	*living room*
ystafell wely (b)	-	*bedroom*
ystafell ymolchi (b)	-	*bathroom*

Atodiad y Gweithle - Mynediad

uned 1

 **Ymarfer efo'r tiwtor ac wedyn efo partner:**

Practise with your tutor and then with a partner:

Your tutor will have copied Welsh signs that are seen around your workplace. Practise these with your tutor, then with your partner, and impress your colleagues over the coming week! Here are some examples:

YSTAFELL BWYLLGOR

ALLAN

DIM YSMYGU

ALLANFA DÂN

DIM MYNEDIAD

DERBYNFA

uned 2

Croeso
Croeso i'r swyddfa
Croeso i'r adran
Croeso i'r cyfarfod

Deialog

A: **Bore da. Margaret Jones** dw i. **Croeso i'r swyddfa.**
B: Diolch. **Siân Morgan** dw i.
A:: Sut dach chi, **Siân**?
B: **Wedi blino.** Sut dach chi?
A: **Da iawn.** Braf eich cyfarfod chi. Hwyl!
B: Hwyl!

Geirfa

croeso - *welcome*
adran - *department*
cyfarfod - *meeting, to meet*

Ewch dros y ddeialog efo'ch partner, yna newidiwch y geiriau sydd mewn llythrennau trwm, er enghraifft:

Practise the dialogue with your partner, then change the words in bold letters, for example:

A: **Prynhawn da. Phil Bowen** dw i. **Croeso i'r cyfarfod**.
B: Diolch. **John** dw i.
A: Sut dach chi, **John**?
B: **Gweddol**. Sut dach chi?
A: **Gweddol**. Braf eich cyfarfod chi. Hwyl!
B: Hwyl!

uned 3

Be' ydy'ch rhif ffôn chi?	*What's your telephone number?*
01239 428751	
Be' ydy rhif eich estyniad chi?	*What is your extension number?*
320	

Be' dach chi'n wneud?	*What do you do?*
Swyddog Marchnata dw i	*I'm a Marketing Officer*
Rheolwr dw i	*I'm a Manager*
Swyddog Personél dw i	*I'm a Personnel Officer*
Croesawydd dw i	*I'm a Receptionist*

Lle dach chi'n gweithio?		*Where do you work?*	
Dw i'n gweithio	yn yr adran gyllid	*I work*	*in the finance department*
	yn yr adran farchnata		*in the marketing department*
	yn yr adran bersonél		*in the personnel department*
	yn swyddfa'r Prif Weithredwr		*in the Chief Executive's office*
	yn yr adran ddamweiniau		*in the accident (and emergency) department*
	yn yr adran oncoleg		*in the oncology department*
	ar ward y plant		*on the children's ward*
	mewn labordy		*in a laboratory*
Dw i'n gweithio	i'r Rheolwr	*I work*	*for the Manager*
	i Mr Hughes		*for Mr Hughes*
	i'r tîm rheoli		*for the management team*
	i'r tîm gofal plant		*for the child care team*

Deialog

A: Helo, sut mae?
B: **Da iawn**, diolch.
A: Dach chi'n gweithio yn **yr adran farchnata** o hyd?
B: Nac ydw. Dw i'n gweithio yn **yr adran gyllid** rŵan. Be' amdanoch chi?
A: Dw i'n gweithio **yn swyddfa'r Prif Weithredwr** o hyd, yn anffodus!

Holiadur

Holwch am enw, rhif ffôn a rhif estyniad hyd at 5 o bobl.

Ask for the name, phone number and extension number of up to 5 people.

Enw	Rhif ffôn	Rhif estyniad
1		
2		
3		
4		
5		

Geirfa

estyniad - *extension*
swyddog - *officer*
Swyddog Personél - *Personnel Officer*
Swyddog Marchnata - *Marketing Officer*
rheolwr - *manager*
yr adran gyllid - *finance department*
yr adran farchnata - *marketing department*
yr adran bersonél - *personnel department*
Prif Weithredwr - *Chief Executive*
yr adran ddamweiniau - *accident (and emergency) department*
yr adran oncoleg - *oncology department*
ward - *ward*
labordy - *laboratory*
tîm rheoli - *management team*
tîm gofal plant - *child care team*
rŵan - *now*
o hyd - *still*
yn anffodus - *unfortunately*

uned4

Be' ydy ei rif ffôn o? *What is his telephone number?*
Be' ydy ei rhif ffôn hi? *What is her telephone number?*
01239 428751
Be' ydy rhif ei estyniad o? *What is his extension number?*
Be' ydy rhif ei hestyniad hi? *What is her extension number?*
Estyniad 320

Be' mae o'n wneud? *What does he do?*
Mae o'n gweithio fel clerc *He works as a clerk*
Mae o'n gweithio efo cyfrifiaduron *He works with computers*
Be' mae hi'n wneud? *What does she do?*
Mae hi'n gweithio fel ysgrifenyddes *She works as a secretary*
Mae hi'n gweithio efo pobl anabl *She works with disabled people*

Trafod rhifau ffôn

Ysgrifennwch enwau 4 person a holwch rywun arall be' ydy eu rhifau ffôn a rhifau eu hestyniadau.

Write the names of 4 people and ask someone else what their phone and extension numbers are.

Enw	Rhif ffôn	Rhif estyniad

Deialog

A: Dach chi'n nabod **Gareth Lloyd**?
B: **Gareth Lloyd**? .... **Cyfrifydd** ydy o?
A: Ia.
B: Ydy o'n gweithio yn **yr adran gyllid** o hyd?
A: Nac ydy. Mae o'n gweithio **i gwmni Waterhouse** rŵan.
B: Ydy o'n byw **yn Abertawe**?
A: Nac ydy. Mae o'n byw **yng Nghaerdydd**, dw i'n meddwl. Mae o'n dŵad o Gaerdydd yn wreiddiol.

Geirfa

clerc - *clerk*
pobl anabl - *disabled people*

uned 5

Pwy dach chi?	*Who are you?*
Ysgrifenyddes Mr Hughes dw i	*I'm Mr Hughes' secretary*
Rheolwr Tesco dw i	*I'm the manager of Tesco*
Croesawydd Ward 6 dw i	*I'm the Ward 6 receptionist*
Pwy ydy hi?	*Who is she?*
Pwy ydy o?	*Who is he?*
Sister y Ward ydy hi	*She's the Ward Sister*
Pennaeth y tîm ydy o	*He's the head of the team*
Swyddog Marchnata'r cwmni ydy o	*He's the company's Marketing Officer*

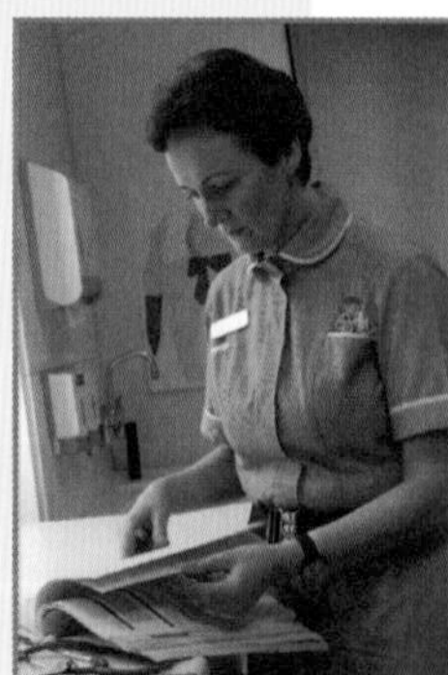

Dw i'n gweithio efo Helen	*I work with Helen*
Mae o'n gweithio efo Dr Morris	*He works with Dr Morris*
Efo pwy dach chi'n gweithio?	*Who do you work with?*
Efo pwy mae o/hi'n gweithio?	*Who does he/she work with?*
Dach chi'n gweithio efo Bethan?	*Do you work with Bethan?*
Ydy hi'n gweithio efo chi?	*Does she work with you?*

Grid 'Pwy dach chi?'

Ysgrifennwch enw'r person dach chi'n ei holi a gofynnwch gwestiynau. Ysgrifennwch yr atebion yn y blychau perthnasol.

Write the name of the person you're asking and ask who he or she is. Write the answers in the relevant boxes.

ENW	Partner/ Cariad pwy?	Gŵr/ Gwraig pwy?	Brawd/ Chwaer pwy?	Tad/ Mam pwy?	Yn y gwaith?	Ffrind pwy?
Carol		Elfed	Simon	Donna	Rheolwr yr Adran	Siân

Sgwariau sydyn

enw?
Sara, Meirion, Elwyn
Nesta, Ceinwen, Huw
Morys, Rholant, Betsan
Esyllt, Iwan, Llŷr

gweithio?
yn ysbyty Llandudno
mewn swyddfa
yn Asda
i'r BBC
mewn llyfrgell
i'r Cynulliad

efo pwy?
efo Huw Jones
efo Dr Bowen
efo Rhian Jenkins
efo'r tîm rheoli
ar fy mhen fy hun

rhif ffacs / cyfeiriad e-bost?
01792 548001
eich rhif ffacs chi
....
01267 576787
eich cyfeiriad e-bost chi
....

Fy ffrind gorau

Llenwch y golofn 'Fy Ffrind Gorau 1' rŵan, ac ar ddiwedd y gweithgaredd, llenwch 'Fy Ffrind Gorau 2'.

Complete the column 'Fy Ffrind Gorau 1' now, and at the end of the activity, fill in 'Fy Ffrind Gorau 2'

	Fy ffrind gorau 1	Fy ffrind gorau 2
Enw?		
Gweithio? Lle?		
Efo pwy?		
Dŵad?		
Byw?		

uned 6

Dw i'n mynd i'r cyfarfod fory	*I'm going to the meeting tomorrow*
i'r cwrs fory	*I'm going to the course tomorrow*
i'r swyddfa fory	*I'm going to the office tomorrow*
i'r gynhadledd fory	*I'm going to the conference tomorrow*
Mae o'n mynd i'r brif swyddfa	*He's going to the main office*
Mae hi'n mynd i'r cwrs hyfforddi	*She's going to the training course*
Lle dach chi'n mynd?	*Where are you going?*
Lle mae o/hi'n mynd?	*Where is he/she going?*

Holiadur Tic a Choes

Gofynnwch i 3 o bobl 'Dach chi'n mynd i …….. fory?' Rhowch ✓ neu ✗ yn y golofn.

Ask 3 people 'Dach chi'n mynd i ……. fory?' *Put* ✓ *or* ✗ *in the column.*

ENW	Haydn	______	______	______
swyddfa	✗			
tafarn	✓			
cwrs	✗			
cynhadledd	✓			
ffreutur	✓			
Llundain	✗			
cyfarfod	✗			

Deialog

A: Lle wyt ti'n mynd **dydd Llun**?
B: **Dydd Llun**? O … dw i'n brysur **dydd Llun**.
A: Be' wyt ti'n wneud?
B: Dw i'n mynd i'r cyfarfod yn **swyddfa Huw Griffiths**. Be' amdanat ti?
A: Dw i'n mynd i **gyfarfod**.
B: Lle mae'r **cyfarfod**?
A: Yn **Llundain**, yn anffodus.
B: O, druan ohonot ti.

Geirfa

swyddfa	- *office*
y brif swyddfa	- *head office*
cyfarfod	- *meeting*
pwyllgor	- *committee*
cwrs hyfforddi	- *training course*
cynhadledd	- *conference*
derbynfa	- *reception*
ffreutur	- *canteen*
Llundain	- *London*
Manceinion	- *Manchester*
Brwsel	- *Brussels*
Bryste	- *Bristol*

Efo partner

Lle dach chi'n mynd yr wythnos nesa? Trafodwch efo'ch partner. Defnyddiwch y geiriau yma, neu eiriau defnyddiol i chi. Ar ôl trafod, llenwch y grid.

Where are you going next week? Discuss with your partner. You can use these words, or words that are useful to you. After discussing your plans, fill in the grid.

	Chi	Partner
Dydd Llun:		
Dydd Mawrth:		
Dydd Mercher:		
Dydd Iau:		
Dydd Gwener:		

Dywedwch wrth y dosbarth lle mae eich partner yn mynd yr wythnos nesa:

Report to the class where your partner will be next week:

e.e. Dydd Mercher mae John yn mynd i Lundain.

uned 7

Tasg yn y gweithle: Sut mae'r tywydd heddiw?

Siaradwch am y tywydd yn Gymraeg efo rhywun yn y gweithle bob dydd dros yr wythnos nesa. Cadwch gofnod yn y grid, dwedwch efo pwy gwnaethoch chi siarad a defnyddiwch frawddegau **llawn**.

Discuss the weather in Welsh with someone in the workplace every day over the coming week and keep a record, note to whom you spoke and use full sentences.

Dydd	Siarad efo	Sut mae'r tywydd heddiw?
Dydd Sul	Bob	Mae hi'n ddiflas.
Dydd ____________		
Dydd ____________		
Dydd ____________		
Dydd ____________		
Dydd ____________		

Rŵan, ysgrifennwch frawddegau gan ddefnyddio **Roedd hi ...**

Now, write sentences using **Roedd hi ...**

e.e. Roedd hi'n bwrw glaw dydd Llun a dydd Iau.

1. ______________________________

2. ______________________________

3. ______________________________

uned 8

Be' dach chi'n hoffi / Be' dach chi ddim yn hoffi wneud yn y gwaith?

Dan ni'n hoffi ...	Dan ni ddim yn hoffi ...

Rŵan, ysgrifennwch frawddegau i ddweud be' dach **chi**'n hoffi wneud a be' dach chi ddim yn hoffi wneud yn y gwaith.

Now, write sentences saying what ***you*** *like and don't like doing at work.*

e.e. Dw i'n hoffi mynd i gyfarfodydd ond dw i ddim yn hoffi ffeilio.

1. ______________________________

2. ______________________________

3. ______________________________

uned 9

Efo partner

Gwnewch restr o'r pethau sy gynnoch chi yn y gwaith. Mae rhai lluniau ar y dudalen nesaf.

Make a list of those things that you have at work.

There are some pictures that might be relevant on the next page.

e.e. 'Oes gen ti gyfrifiadur?'

'Oes, mae gen i gyfrifiadur.' neu 'Nac oes, does gen i ddim cyfrifiadur.'

uned 10

Holiadur

Holwch eich partner - 'Oes gen ti/gynnoch chi......?'
'Lle wyt ti'n mynd ...?' / 'Lle dach chi'n mynd ...?'
'Be' wyt ti'n hoffi ..?' / 'Be' dach chi'n hoffi ....?'
'Sut oedd y tywydd ddoe?'

Enw	Amser i siarad?	Mynd wythnos nesa?	Hoffi yn y gwaith?	Gormod o waith?	Tywydd ddoe / dydd Sul?

Pwy ydy o? Pwy ydy hi?

Dyma eich: pennaeth adran (*head of department*), ysgrifennydd/ysgrifenyddes (*secretary*), bòs (*boss*), cydweithiwr (*colleague*), rheolwr (*manager*), ffrind (*friend*), cynorthwyydd (*assistant*).

Mae eich partner yn mynd i ofyn pwy ydy pwy. 'Pwy ydy B?' 'Fy ffrind i.'

A

B

C

Ch

D

Dd

E

Holiadur

Gofynnwch y cwestiynau hyn i ddau berson yn y dosbarth:

Ask two people in the class these questions:

Cwestiwn	1.	2.
Pwy ydy dy reolwr di?		
Be' ydy rhif dy gar di?		
Be' ydy dy gyfeiriad e-bost di?		
Be' ydy enw dy bennaeth adran di?		
Lle mae dy ffrind di yn y gwaith yn byw?		
Be' oedd enw dy hen fòs di? (*former boss*)		
Be' ydy enw eich ysgrifenyddes chi?		

Tasg yn y gweithle

Yn ystod yr wythnos, gofynnwch i bedwar person sy'n siarad Cymraeg:

During the week, ask four people who speak Welsh:

'Be' ydy dy gyfeiriad e-bost di?' neu 'Be' ydy eich cyfeiriad e-bost chi?'

a

'Pwy ydy dy reolwr di yn y gwaith?' neu 'Pwy ydy eich rheolwr chi?'

Ysgrifennwch frawddegau fel hyn:

Write sentences like this:

Carol dw i. Dw i'n gweithio i'r Adran Bersonél. Karen ydy enw fy mhennaeth i, ac Alison ydy enw fy ysgrifenyddes i. Rhian ydy enw fy ffrind gorau yn y gwaith.

uned 12

Efo partner

Trafodwch rywun dach chi'n gweithio efo fo/hi **neu** gleient/cwsmer a rhannwch wybodaeth amdano fo/amdani hi. Mae bylchau i chi ychwanegu categorïau eraill.

*Discuss someone you work with **or** a client/customer and share information about him/her. There are spaces for you to add other categories.*

e.e. 'Be' ydy ei enw o/ei henw hi?'

enw	
cyfeiriad	
oed	
gwaith	
___	
___	
___	

Cyflwyno partner

Darllenwch waith ysgrifennu Uned 11 eich partner, a chyflwynwch y partner i'r dosbarth. Gallwch wneud nodiadau'n gyntaf.

Read your partner's written work in Unit 11, and present your partner to the class. You can make notes first.

____

____

____

____

____

____

uned 13

Efo partner

Trafodwch am faint o'r gloch mae pethau'n digwydd yn y gwaith. Dyma rai penawdau, ond mi gewch chi ychwanegu neu newid fel sy'n berthnasol:

Discuss at what time things happen at work. Here are some headings, but you may add or change as is applicable:

bòs yn cyrraedd	
staff yn cyrraedd	
swyddfa'n agor	
amser coffi	
amser cinio	

drosodd

amser cinio	
amser te	
y post yn mynd	
y staff yn gadael	
______________	
______________	
______________	
______________	

Efo partner

Holi ac ateb / *Question and answer*

e.e. 'Pryd dach chi ar agor dydd Iau?'
'Yn y bore o hanner awr wedi wyth tan hanner awr wedi deuddeg; yn y pnawn o chwarter wedi un tan chwech'.

'Dach chi'n agor yn hwyr dydd Llun?'
'Nac ydan.'

Oriau agor

Ar agor	AM	PM
Dydd Llun	9.30 - 1	2 - 5
Dydd Mawrth	9.00 - 12.30	1.30 - 5.30
Dydd Mercher	8 - 1	2 - 7
Dydd Iau	8.30 - 12.30	1.15 - 6
Dydd Gwener	9 - 1.15	2.15 - 8

Efo partner

Dyma rai cwestiynau posibl gan aelodau o'r cyhoedd. Rhowch yr atebion sy'n wir am eich gweithle chi.

Here are some questions that members of the public might ask you. Give the answers that apply to your workplace.

Geirfa

tan - *until*

1. Am faint o'r gloch dach chi'n agor?

____

2. Am faint o'r gloch dach chi'n cau?

____

3. Dach chi'n cau amser cinio? Pryd?

____

4. Pryd dach chi'n gweithio?

____

5. Pryd dach chi'n gweithio'n hwyr?

____

uned 14

Efo partner

Ysgrifennwch lle aethoch chi bob dydd yn y gwaith wythnos diwetha, a holwch eich partner lle aeth o/hi.

Write where you went at work each day last week, and ask your partner where he/she went.

Chi		Eich partner	
Dydd Llun		Dydd Llun	
Dydd Mawrth		Dydd Mawrth	
Dydd Mercher		Dydd Mercher	
Dydd Iau		Dydd Iau	
Dydd Gwener		Dydd Gwener	

Geirfa

i gyfarfod	–	*to a meeting*
i weld y pennaeth	–	*to see the boss*
i'r ystafell bwyllgora	–	*to the committee room*
i'r ystafell argraffu	–	*to the print room*
i ystafell y post	–	*to the mail room*
i'r ffreutur	–	*to the canteen*
i ward y plant	–	*to the children's ward*
i'r theatr	–	*to the theatre*

Ychwanegwch eirfa sy'n berthnasol i chi:

Add vocabulary that's relevant to you:

uned 15

Trafod lluniau

Mewn grwpiau o 3, trafodwch eich ffotograffau o'r bobl yn y gwaith ac atebwch gwestiynau.

In groups of 3, discuss the photographs of people at work and answer questions about who's who.

'Pwy ydy o/hi?'
'Be' ydy ei waith o/ei gwaith hi?'
'Be' ydy mêc ei gar o/ei char hi?' etc.

Efo partner

Gofynnwch y cwestiynau yma i'ch partner: / *Ask your partner these questions:*

1. Sut ddaethoch chi i'r gwaith heddiw?
2. Am faint o'r gloch daethoch chi i'r gwaith?
3. Lle aethoch chi yn y gwaith yr wythnos diwetha? (3 lle/*3 places*)
4. Am faint o'r gloch gaethoch chi ginio ddoe?
5. Be' gaethoch chi i ginio ddoe?
6. Pryd aethoch chi adre?

uned 16

Mi wnes i ffonio	cleient
Mi wnes i weld	
Mi wnes i ysgrifennu	adroddiad
Mi wnes i ddarllen	
Mi wnes i weithio	ar y cyfrifiadur
Mi wnes i siarad	â'r pennaeth
Mi wnes i drefnu	cyfarfod
Mi wnes i baratoi'r	papurau

Mi wnes i gyrraedd	am chwarter i naw
Mi wnes i ddechrau	am naw o'r gloch
Mi wnes i orffen	am hanner awr wedi pump

Be' wnaethoch chi ddoe?
Be' wnest ti ddoe?

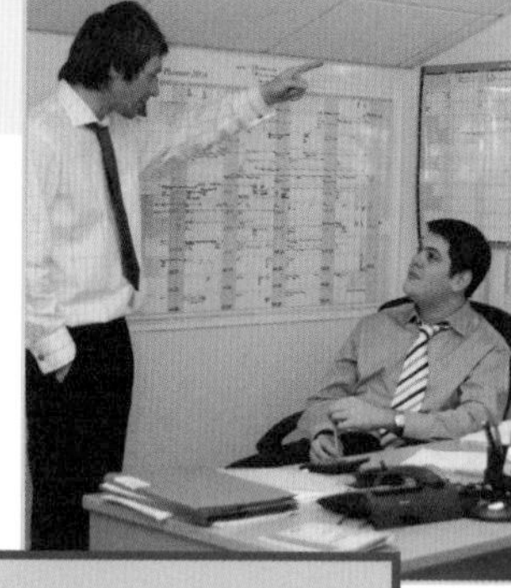

Problem yn y gwaith

Mae problem wedi codi ac mae rhywun yn cwyno. Cysylltwch eich cwestiwn chi yng ngholofn A efo ateb y cwsmer/cleient yng ngholofn B.

A problem has arisen and someone is complaining. Connect your question in column A with the customer/client's answer in column B.

A	B
1. Pryd wnaethoch chi ffonio?	**a.** Mi wnes i anfon llythyr wythnos diwetha.
2. Efo pwy wnaethoch chi siarad?	**b.** Naddo, ges i ddim help.
3. Pryd wnaethoch chi anfon llythyr?	**c.** Mi wnaeth Bethan Puw ffonio nôl.
4. Pwy wnaeth ffonio nôl?	**ch.** Do, mi es i gwyno wrth y rheolwr.
5. Gaethoch chi help?	**d.** Mi wnes i fwcio mis diwetha.
6. Aethoch chi i gwyno?	**dd.** Mi wnes i ffonio wythnos diwetha.
7. Pryd wnaethoch chi fwcio?	**e.** Naddo, ges i ddim llythyr.
8. Gaethoch chi lythyr?	**f.** Mi wnes i siarad â Darryl Jones.

Fel dosbarth

Ysgrifennwch y wybodaeth gaethoch chi am eich partner yn Uned 15 (Atodiad i'r Gweithle) wrth rif 1. yn y grid. Yna, ewch i gyfnewid gwybodaeth â phobl eraill yn y dosbarth.

Write the information that you gathered about your partner in Uned 15 (Atodiad i'r Gweithle) next to no 1. in the grid. Then, exchange information with others in class to complete the grid.

Enw	Dŵad i'r gwaith - Sut?	Cyrraedd y gwaith?	Gwneud yn y gwaith?	Be' i ginio?	Mynd adre?
1.					
2.					
3.					
4.					
5.					

uned 17

Stori Ddoe

Efo partner

Dewiswch 5-6 llun a dwedwch be' wnaethoch chi ddoe, bob yn ail â'ch partner:

Choose 5-6 pictures and say what you did yesterday, working alternately with your partner:

Partner A: Mi wnes i godi'n hwyr.
Partner B: Ar ôl i mi godi, mi ges i gawod.
Partner A: Ar ôl i mi gael cawod, ...

Gweithiwch tuag yn ôl a defnyddio **cyn i mi ...**

Work backwards using **cyn i mi ...**

Mi fydd eich tiwtor eisiau gwybod beth wnaethoch **chi a'ch partner**, felly paratowch:

ar ôl i ni... a **cyn i ni ...**

Your tutor will want to know what ***you and your partner did*** *as well.*

Trafod eich gyrfa

Efo partner

Siaradwch am eich gyrfa (*career*) hyd yma. Dyma rai brawddegau i'ch helpu.

Talk about your career to date. Keep it simple – here are some sentences to help you.

Mi wnes i ddechrau gweithio yn/i/mewn ______________.

Ar ôl i mi weithio fel __________ yn/i/mewn __________, mi wnes i symud i __________.

Cyn i mi symud i ___________, mi ges i ddyrchafiad (*promotion*).

Ar ôl i mi golli/adael fy ngwaith i/yn/mewn __________, mi ges i swydd yn __________.

Byddwch yn barod i ddweud wrth eich tiwtor am yrfa (*career*) eich partner, gan ddefnyddio **Ar ôl/Cyn iddo fo/iddi hi**.

uned 18

Efo partner

Trafodwch be' mae'n rhaid i chi ei wneud dros yr wythnos sydd i ddod.

Discuss what you have to do over the coming week.

'Oes rhaid i chi/ti ....?'
'Oes, mae'n rhaid i mi ... / Nac oes, does dim rhaid i mi ...'

Rhaid i mi
I must/have to

- **r**oi cyflwyniad – *give a presentation*
- annerch cyfarfod – *address a meeting*
- ffacsio dogfen – *fax a document*
- **b**aratoi cyfrifon – *prepare accounts*
- astudio papurau – *study papers*
- **f**ynd â chleient i ginio – *take a client to lunch*
- **f**ynd i Gaerdydd – *go to Cardiff*

Cyngor i aelod newydd o staff

Advice for a new member of staff

Trafodwch mewn parau/grwpiau o dri pa gyngor byddech chi'n roi i aelod newydd o staff (sy'n gwneud gwaith fel chi). Mae rhai syniadau yn y blychau.

Discuss in pairs/groups of three what advice you would give a new member of staff (doing work similar to yours). There are some ideas in the boxes.

Cofiwch ddefnyddio: / *Remember to use:*

Rhaid i chi ... / Rhaid i chi beidio.../ Does dim rhaid i chi...

cyrraedd yn hwyr

gweithio'n galed | **gwrando ar y bòs** | **mwynhau'r gwaith**

cwyno drwy'r amser | **gwneud y coffi** | **bod yn gwrtais wrth y cwsmeriaid/cleientiaid** | **gofyn am help** | **poeni**

uned 19

Dyma eirfa ychwanegol i'ch helpu:
Here is some extra vocabulary to help you:

i fyny'r grisiau	-	*up the stairs*
lawr y coridor	-	*down the corridor*
yn y lifft	-	*in the lift*
i'r llawr cyntaf	-	*to the 1st floor*
i'r ail lawr	-	*to the 2nd floor*
i'r trydydd llawr	-	*to the 3rd floor*
ar y llawr cyntaf	-	*on the 1st floor*
ar yr ail lawr	-	*on the 2nd floor*
ar y trydydd llawr	-	*on the 3rd floor*

Efo partner

Paratowch gyfarwyddiadau **syml** i ymwelydd â'ch gweithle fel ei fod/bod yn medru symud o un lle i le arall - e.e. o'r dderbynfa i'r lle dach chi'n gweithio.

*Prepare **simple** instructions for a visitor to your workplace so that he or she can move from one place to another - e.g. from reception to where you work.*

Efo partner

Rhowch orchmynion i'ch gilydd - defnyddiwch ffurfiau 'chi' yn gyntaf, ac yna ffurfiau 'ti'. Does dim rhaid i chi gytuno bob tro!

Give each other commands - use 'chi' forms first, then 'ti' forms. You don't have to be willing every time!

'Ysgrifennwch y llythyr' - 'O'r gorau. / Popeth yn iawn.'
'Ysgrifenna'r llythyr' - 'Na. Gwna di fo.'
'Paid / Peidiwch ysgrifennu'r llythyr.'

poeni	ysgrifennu'r llythyr	dŵad i'r cyfarfod
ffacsio	ffonio	postio
mynd i'r banc	teipio'r llythyr	gwneud y te/y coffi

uned 20

Efo partner

Meddyliwch am gleient neu gwsmer. Trafodwch efo partner be' wnaeth o/hi ddoe.
Gwnewch restr o'r berfau - e.e. Mi ddaeth o/hi; Mi wnaeth o/hi weld.
Yna, dwedwch be' wnaeth o/hi mewn trefn - Ar ôl iddo fo/iddi hi ddŵad i mewn, mi aeth o/hi ...
Mi fydd eich tiwtor isio clywed yr hanes.

Think of a client or customer. Discuss with a partner what he/she did yesterday.
Make a list of the verbs - e.e. Mi ddaeth o/hi; Mi wnaeth o/hi weld; Mi gaeth o/hi ....
Then, say what he/she did in order - Ar ôl iddo fo/iddi hi ddŵad i mewn, mi aeth o/hi ...
Your tutor will want to hear what happened.

Efo'r tiwtor ac efo partner

Oes rhaid i chi roi gorchmynion neu gyfarwyddiadau i gleient neu gwsmer? Trafodwch efo'r tiwtor be' hoffech chi ei ddweud yn Gymraeg ac yna, beth am ymarfer efo'ch partner?

Do you have to give commands or instructions to a client or customer? Discuss with your tutor what you would like to say in Welsh and then practise with your partner.

e.e. Arwyddwch yma (*Sign here*)
Rhaid i chi beidio ....
Does dim rhaid i chi ...
Rhaid i chi ...
Peidiwch ...

uned 21

Efo partner

Llenwch y golofn **Tasgau** isod drwy nodi 4 tasg dach chi'n gwneud yn y gwaith.
Trafodwch be' dach chi'n feddwl o'r tasgau fel pâr, yna ewch i siarad efo pâr arall.

Fill the first column with 4 different tasks that you do at work. Discuss what you think of the tasks as a pair, then exchange thoughts with another pair.

e.e. 'Be' wyt ti'n feddwl o ffeilio?'
'Mae o'n ddiflas.'

Tasgau	Be' wyt ti'n feddwl o ...?
1.	
2.	
3.	
4.	

Disgrifio pobl

 **Efo partner**

Meddyliwch am rywun mae eich partner hefyd yn ei adnabod yn y gwaith. Disgrifiwch y person i'ch partner heb enwi'r person. Rhaid i'r partner ddyfalu pwy ydy o/hi.

Think of someone your partner also knows at work. Describe the person to your partner without naming him/her. Your partner must guess who he/she is.

'Pwy ydy o/hi? - Mae o'n dal ac yn olygus.'
'Y bòs ydy o!'
'Cywir.'

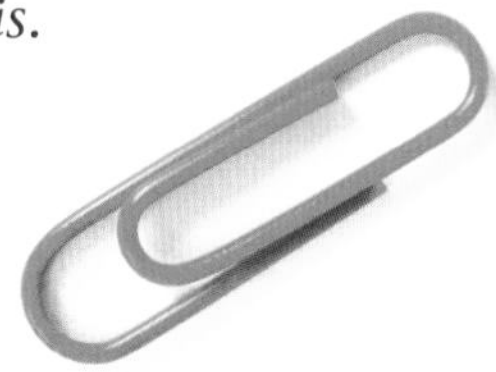

uned 22

Efo partner

'Ga' i ______________, plîs?'
'Ga' i fenthyg ______________, plîs?'
'Ga' i ddefnyddio ______________, plîs?'

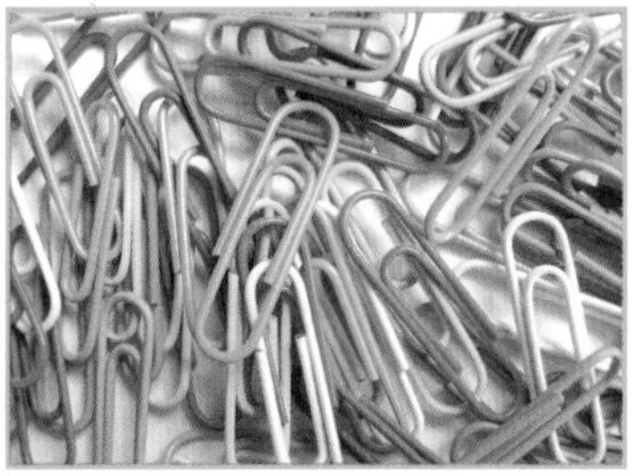

cyfrifiannell
clipiau papur
beiro
ffôn
cymryd neges
cyfrifiadur
cadair
pensil
peiriant llungopïo

 **Efo partner**

Dach chi isio.....?

Dewiswch y frawddeg o'r blwch sy'n cyfateb i'r llun.

Choose the correct sentence from the box that corresponds to the picture.

Dach chi isio gwneud apwyntiad?	Dach chi isio siarad efo'r rheolwr?
Dach chi isio gadael neges?	Dach chi isio aros?
Dach chi isio bisged?	Dach chi isio paned o de / o goffi?
Dach chi isio eistedd?	Dach chi isio arwyddo?

Fel dosbarth

Meddyliwch am gwestiynau 'Dach chi isio ...?' i'w gofyn i gydweithwyr, cleientiaid neu gwsmeriaid.

Think of 'Dach chi isio ...? *questions to ask colleagues, clients or customers.*

uned 23

Efo partner

Edrychwch ar y 6 siec yma. Dyn nhw i gyd yn gywir?

Look at these 6 cheques. Are they all correct?

Banc y Ceffyl Gwyn
3 Medi 2006
TALER Pay Eifion Prydderch
Pedwar deg punt yn unig
£ 40-00
John Jones

Banc y Ceffyl Gwyn
8 Rhagfyr 2005
TALER Pay Sali Morgan
un deg pedwar o bunnau pum deg ceiniog yn unig
£ 41-50
Amy Prys

Banc y Ceffyl Gwyn
30 Awst 2007
TALER Pay Pedr Morris
un deg naw o bunnau naw deg
£ 19-95

Banc y Ceffyl Gwyn
3 Chwefror 2006
TALER
Pay Huw Huws
cant tri deg chwech o bunnau
saith deg ceiniog yn unig
£ 136-10
Ceris Williams

Banc y Ceffyl Gwyn
27 Mai 2006
TALER
Pay Tafarn y Llew Aur
wyth deg o bunnau tri deg
pedwar ceiniog yn unig
£ 80-43
Siân Davis

Banc y Ceffyl Gwyn
30 Mehefin 2007
TALER
Pay Glenys Williams
saith deg wyth o bunnoedd
dau ddeg pump ceiniog yn unig
£ 78-25
Florence Thomas

Deialog

Efo partner, newidiwch y ddeialog i fod yn addas i'ch gweithle chi.

With a partner, change the dialogue to suit your workplace.

A: Faint ydy **ystafell ddwbl am noson**?
B: **Tri deg o bunnau'r person**.
A: Ydy hynny'n cynnwys **brecwast**?
B: **Ydy**.
A: Ga' i ddefnyddio cerdyn credyd i dalu?
B: Wrth gwrs.

Geirfa

cerdyn credyd	-	*credit card*
talu	-	*to pay*
T.A.W.	-	*V.A.T.*
ystafell sengl (b)	-	*single room*
ystafell ddwbl (b)	-	*double room*

uned 24

Efo partner

Darllenwch y ddeialog fel mae hi, yna newidiwch hi sawl gwaith, gan newid enwau'r bobl a'r salwch.

Read the dialogue as it is, then change it several times, changing the names of the people and the illness.

Gweithiwr: Bore da. **Gwasanaethau Menter**.
Rheolwr: Bore da. **Kathleen Davies, y rheolwr** sy'n siarad.
Gweithiwr: Bore da, **Mrs Davies**.
Rheolwr: Ga' i siarad efo **Nic Jones**, os gwelwch chi'n dda?
Gweithiwr: O, mae'n ddrwg gen i, ond dydy **Nic** ddim yn y swyddfa heddiw.
Rheolwr: Lle mae **o**? Ydy **o'n** sâl?
Gweithiwr: Ydy, mae **gynno fo beswch**. Dach chi isio gadael neges?
Rheolwr: Nac ydw, dim diolch.

Strategaethau cyfathrebu

Rhai ymadroddion defnyddiol eraill: / *Some further useful phrases:*

Dw i ddim yn siarad Cymraeg yn rhugl - *I don't speak Welsh fluently*
Dach chi isio siarad efo siaradwr Cymraeg? - *Do you want to speak to a Welsh speaker?*
Mae rhywun yma sy'n siarad Cymraeg - *There's someone here who speaks Welsh*

uned 25

Efo partner

Meddyliwch am gwestiynau sy'n dechrau efo'r canlynol i'w gofyn

i. i gydweithiwr
ii. i gleient/cwsmer

Think of questions beginning with the following to ask

i. a colleague
ii. a client/customer

Faint ...?

i. ____________________
ii. ____________________

Oes ...? (cwestiwn am iechyd - *a question about health*)

i. ____________________
ii. ____________________

Dach chi isio ...?

i. ____________________
ii. ____________________

Ga' i ...?

i. ____________________
ii. ____________________

Disgrifio

Mewn grwpiau o 3

Mi fydd eich tiwtor yn rhoi 12 cerdyn gwag i bob grŵp o dri.
Yn eich grŵp, meddyliwch am 3 ystafell/swyddfa/rhan o'ch gweithle a 3 o bobl sy'n gweithio efo chi. Defnyddiwch 6 cherdyn i ysgrifennu'r enwau hyn arnyn nhw, un enw ar bob cerdyn. Meddyliwch am un frawddeg wahanol yr un i ddisgrifio pob lle (3) a phob person (3) ac ysgrifennwch nhw ar y 6 cherdyn sydd ar ôl.

Nawr, cymysgwch y cardiau a'u rhoi i grŵp arall.
Mi fydd yn rhaid iddyn nhw weld pa ddisgrifiad sy'n perthyn i bob lle/person.

Your tutor will give each group of three people 12 blank cards.
In your group, think of 3 rooms/offices/parts of your place of work and 3 people who work with you. Write one name each on 6 of the cards. Think of one sentence (a different one each time) to describe each place (3) and every person (3) and write one of these sentences on each of the 6 remaining cards. Now, shuffle the cards and give them to another group. They will have to sort out which description is linked to each place/person.

Strategaethau cyfathrebu

Efo partner

1. Mae cleient/cwsmer yn siarad yn gyflym iawn. Be' dach chi'n ddweud?
A client/customer is speaking very quickly. What do you say?

____

2. Dach chi ddim yn deall be' mae cleient yn ei ddweud. Be' dach chi'n ddweud?
You can't understand what a client is saying. What do you say?

____

3. Dach chi isio gwybod be' ydy gair yn Gymraeg. Be' dach chi'n ddweud?
You want to know what a word is in Welsh. What do you say?

____

4. Dach chi ddim yn medru delio â chwsmer yn Gymraeg, ond mae rhywun arall sy'n medru. Be' dach chi'n ddweud? (2 bosibilrwydd)
You can't deal with a customer in Welsh, but there is someone else working with you who could. What do you say? (2 possibilities)

____

____

5. Dach chi ddim yn gwybod sut i ddweud rhywbeth yn Gymraeg. Be' dach chi'n ddweud?
You don't know how to say something in Welsh. What do you say?

____

____

____

uned 26

Disgrifio golwg rhywun

 **Efo partner**

Disgrifiwch: *i.* eich bòs
ii. un o'ch cydweithwyr

Describe your boss and one of your workmates in Welsh.

Disgrifio'r gweithle

Efo'ch tiwtor

Trafodwch pa ystafelloedd sydd yn eich gweithle:

uned 27

 **Efo partner**

Meddyliwch am y sgiliau sy gynnoch chi yn y gweithle. Trafodwch efo partner be' dach chi'n medru wneud. Mi fydd y tiwtor yn eich holi chi mewn 'cyfweliad' wedyn!

Think about your workplace skills. Discuss with your partner what your skills are. Your tutor will question you in an 'interview' afterwards!

'Be' dach chi'n medru wneud?'

'Dw i'n medru teipio a dw i'n medru siarad efo pobl.'

'Dach chi'n medru defnyddio cyfrifiadur?'

'Ydw/Nac ydw.'

uned 28

Holiadur

Meddyliwch am lefydd dach chi wedi bod ynddyn nhw yn y gwaith ac efo'ch gwaith. Gallent fod yn llefydd y tu allan i'r swyddfa/gwaith neu'n llefydd gwahanol yn y swyddfa/gwaith.

Think of places you have been to at work or with your work. They could be places outside your office/work or different places within your place of work.

Atebwch y cwestiynau a llenwch y grid – rhif 1

Answer the questions and fill in the grid – answer number 1:

Lle dach chi wedi bod yn y swyddfa heddiw?

(e.e. Dw i wedi bod yn y ffreutur, yn yr ystafell bwyllgor, yn y dderbynfa)

Lle wyt wedi bod y tu allan i'r swyddfa yr wythnos yma?

(e.e. Dw i wedi bod mewn cyfarfod/i Fangor/yn Llundain/i weld cleient)

Yna gofynnwch i 4 person arall./*Then ask four other persons.*

Enw	yn y swyddfa?	y tu allan i'r swyddfa?
1.		
2.		
3.		
4.		
5.		

Siarad efo'ch cleientiaid/cwsmeriaid

Efo'ch tiwtor, meddyliwch am gwestiynau y gallech chi eu gofyn i gleientiaid/cwsmeriaid efo'r patrwm hwn:

With your tutor, think of questions that you could ask clients/customers following this pattern:

Dach chi wedi bod ....?

Lle dach chi wedi bod ....?

Neges ffôn

Atebwch y cwestiynau ar ôl i'r tiwtor ddarllen y neges.

Answer the questions after your tutor has read the message.

Pwy sy'n siarad? ____________________

Lle mae o wedi bod? ____________________

Faint o'r gloch ydy hi rŵan? ____________________

Lle mae o'n mynd y pnawn yma? ____________________

Pryd mae o'n dŵad nôl i'r swyddfa?

uned 29

Efo partner

Gofynnwch gwestiynau yn y dyfodol i'ch gilydd.
Atebwch - Bydda/Na fydda, a rhoi brawddeg lawn.

Ask each other questions in the future tense.
Answer - Bydda/Na fydda, *and give a full sentence.*

Dyma rai enghreifftiau/*Here are some examples:*

Fyddwch chi/Fyddi di yn y cyfarfod wythnos nesa?

Fyddwch chi/Fyddi di yn y gwaith dydd _______________ nesa?

Fyddwch chi'n/Fyddi di'n mynd i _______________ wythnos nesa?

Fyddwch chi'n/Fyddi di'n siarad efo _______________ yfory?

Fyddwch chi'n/Fyddi di'n cyfarfod _______________ heddiw?

Fyddwch chi'n/Fyddi di'n trafod _______________ heddiw?

Fyddwch chi'n/Fyddi di'n dŵad i barti'r staff?

Dyddiadur y bòs

Dyma ddyddiadur eich bòs chi./*This is the diary of your boss.*

Ysgrifennwch enw eich bòs:

____

Bore dydd Llun	Prynhawn dydd Llun
Bore dydd Mawrth	Prynhawn dydd Mawrth
Bore dydd Mercher	Prynhawn dydd Mercher
Bore dydd Iau	Prynhawn dydd Iau
Bore dydd Gwener	Prynhawn dydd Gwener

Llenwch ddyddiadur eich bòs. Mi fydd o/hi yn y swyddfa weithiau, allan o'r swyddfa weithiau, a weithiau fydd o/hi ddim yn gwneud dim byd.

Fill in his/her diary. He/she will be in the office sometimes, out of the office at other times, and sometimes he/she will not be doing anything.

Yn y swyddfa *(dewiswch 4)*	**Allan o'r swyddfa** *(dewiswch 3)*	**Dim byd** *(x 3)*
mewn cyfarfod staff	yn Llundain	
yn gweithio ar brosiect	ar gwrs	
yn gweld cwsmer	yn chwarae golff	
yn ysgrifennu adroddiad	mewn cinio pwysig	
wrth y cyfrifiadur		

Gofynnwch gwestiynau i ysgrifenyddion eraill er mwyn trefnu cyfarfod.

Ask other secretaries questions so that you can arrange a meeting.

Fydd Mrs Jones yn rhydd pnawn dydd Gwener?
Pryd mae Mrs Jones wrth y cyfrifiadur/yn gweld cwsmer?
Beth fydd Mrs Jones yn wneud bore dydd Mawrth?

uned 30

Celwydd!

Efo'ch tiwtor

Dach chi'n mynd i roi cyfweliad i benodi cydweithiwr
(neu gyfweliad i gwsmer neu gleient os ydy hynny'n berthnasol i'ch gweithle chi.)

You are going to conduct an interview to appoint a colleague (or interview a customer or client if that's applicable to your place of work).

Penderfynwch fel dosbarth pa gwestiynau dach chi'n mynd i'w gofyn (tua 6).

Decide as a class which questions you are going to ask (about 6).

Yna, mi fyddwch chi'n rhannu'n grwpiau o 4/5 ac yn cyfweld ag un person o'r grŵp ar y tro.

Then, you will split up into groups of 4/5 and interview one person from the group at a time.

Pan fyddwch chi'n cael eich cyfweld, rhaid i chi ddweud celwydd wrth ateb un cwestiwn. Yna, mi fydd yn rhaid i weddill y panel benderfynu beth oedd y celwydd.

When you are interviewed, you must lie when you answer one question. Then, the rest of the panel have to decide which answer was the lie.

Cwestiynau'r cyhoedd

Efo'r tiwtor, mi fyddwch chi'n adolygu'r cwestiynau y mae cleientiaid/cwsmeriaid yn eu gofyn i chi yn y gwaith, ac yna mi fyddwch chi'n paratoi atebion i'r rhain efo'ch partner.

With your tutor, you will revise the questions that clients/customers ask you at work and prepare answers with your partner.

Atodiad i Rieni

Adre efo'r plant – Nodyn i'r rhieni *At home with the children – A note for parents*

Here are a few ideas to help you and your pre-school or reception class children learn some Welsh together.

- Make it fun. Children learn by doing the things they enjoy. That means your child can learn Welsh by hearing and seeing the language as he or she takes part in enjoyable activities.
- Make it a part of your routine. Try to do some Welsh every day.
- Make sure you enjoy it too. Children are very good at sensing your mood. If you're having a bad day, it makes sense to wait for a calmer moment before tackling a new game or activity. Also, if your child is not well, tired or just not co-operating, wait for a better time.
- Be prepared to repeat the games and activities. Repetition is essential for language learning. Also, children enjoy repetition and it helps them gain confidence. As you work through the course, introducing new games, remember also to re-use activities from previous weeks.
- Be patient. Your child may respond to the games and activities in English, not say anything at all, or use the objects or pictures to play a completely different game. Don't worry. If your child responds in English, repeat his/her answers in Welsh. If he/she responds by taking part in the game but does not say anything, say the answers for him/her in Welsh. If a completely new game develops, stick with it, saying as much as you can in Welsh. **As long as your child is hearing and seeing Welsh while having a good time and enjoying your company, he/she will be learning.**
- Be confident. After all, if your child can speak English, you have already helped him/her to learn one language.

Please note

The games and activities are numbered and the numbers refer to the associated units in the main part of the course book. e.g. 3.1 is the first activity related to Unit 3.

Atodiad i Rieni - Mynediad

uned 1

1. 1 Geiriau hir – lle i roi'r acen

Ymarfer efo'r tiwtor ac wedyn efo'ch partner. Taflwch ddis, glanio ar un o'r geiriau a dweud y gair. Bob tro dach chi'n dweud gair, ticiwch y gair. Ailadroddwch nes bod tic wrth bob gair.

Practise with the tutor and then with your partner. Throw a dice, land on one of the words and say the word. Every time you say a word, tick the word. Repeat until there is a tick beside each word.

Ewch o gwmpas eto. / *Go round again.*

Adre efo'r plant

Chwaraewch yr un gêm efo'r plant ar y grid sy'n dilyn. Y plant sy'n taflu'r dis. Os dydy'r plant ddim yn gallu darllen, chi sy'n dweud y geiriau. Ar ôl i chi chwarae nifer o weithiau, mi fydd y plant yn dechrau cofio enwau'r anifeiliaid. Peidiwch â phoeni os bydd y plant yn dweud enwau Saesneg yr anifeiliaid. Dwedwch chi'r enwau Cymraeg ar eu hôl nhw. Er mwyn defnyddio'r grid nifer o weithiau, rhowch gownteri neu ddarnau bach o bapur ar y geiriau yn lle ticiau.

Play the same game with the children on the grid that follows. The children throw the dice. If the children are not able to read, you say the words. After you have played a number of times, the children will start to remember the names of the animals. Don't worry if the children say the English names of the animals. You say the Welsh names after them. In order to use the grid a number of times, put counters or small pieces of paper on the words instead of ticks.

Ewch o gwmpas eto. / *Go round again.*

1.2 Bingo enwau

Mair	Gruff	Osian	Rhiannon
Meirion	Angharad	Siwan	Einir
Sioned	Rhun	Emyr	Iestyn

Dewiswch bump o'r enwau. Ysgrifennwch yr enwau yn y grid isod. Mi fydd y tiwtor yn galw'r enwau. Ticiwch yr enwau ar eich grid pan dach chi'n eu clywed. Os dach chi wedi ticio'r pump i gyd, dwedwch **BINGO!**

Choose five of the names. Write the names in the grid below. The tutor will call the names. Tick the names on your grid when you hear them. If you have ticked all five, say ***BINGO!***

Unwaith eto: / *Once again:*

Ac eto: / *And again:*

Adre efo'r plant

Pan fydd plant yn dysgu darllen, efallai y byddan nhw'n dŵad â geiriau i'w dysgu adre o'r ysgol. Gallwch ymarfer y geiriau trwy chwarae bingo. Os oes deg gair i'w dysgu, ysgrifennwch bump ohonyn nhw ar ddarn o bapur (cofiwch ddefnyddio llythrennau bach nid priflythrennau). Darllenwch y deg gair yn araf gan ofyn i'r plentyn roi cownter neu ddarn bach o bapur ar y geiriau sy ar y papur pan fydd o/hi'n eu clywed.

When children are learning to read, they are likely to come home from school with words to learn. You can practise the words by playing bingo. If there are ten words to learn, write five on a piece of paper (remember to use small letters not capitals). Read the ten words slowly, asking the child to put a counter or small piece of paper on the words you wrote as he/she hears them.

1.3 Rhestr siopa

Pa rai o'r rhain fyddwch chi'n prynu ar eich taith siopa nesa? Dwedwch wrth eich partner yn Gymraeg. Newidiwch bartner nifer o weithiau.

Which of these will you be buying on your next shopping trip? Tell your partner in Welsh. Change partners a number of times.

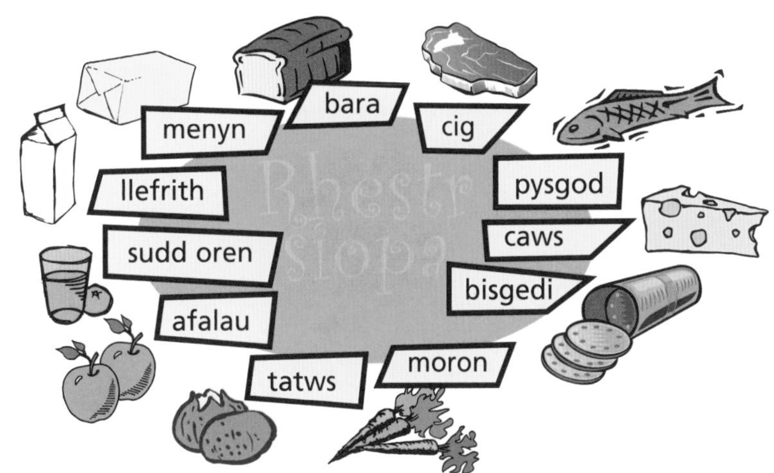

Adre efo'r plant

- Ysgrifennwch eich rhestr siopa yn Gymraeg bob tro.
  Write your shopping list in Welsh every time.
- Ewch i'r archfarchnad. Edrychwch ar yr arwyddion. Ynganwch nhw.
  Go to the supermarket. Look at the signs. Pronounce them.
- Ewch i'r llyfrgell. Edrychwch ar y llyfrau Cymraeg i blant.
  Go to the library. Look at the Welsh books for children.

Chwiliwch am: / *Look for:*

Y Geiriadur Lliwgar (Gwasg y Dref Wen, Caerdydd, ISBN 1-85596-27-6)
neu *Geiriau Bob Dydd* (Gwasg y Dref Wen, Caerdydd, ISBN 1-85596-350-7).

Edrychwch ar y lluniau. Ynganwch yr enwau.

Look at the pictures. Pronounce the names.

uned 2

2.1 Cyfarch a chyflwyno

Cân

Tôn - 'Frère Jacques'

Pawb i sefyll a chanu efo'ch partner:

Everybody standing, and with your partner sing:

A: Bore da
B: Bore da
A: Sut dach chi?
B: Sut dach chi?
A: Da iawn, diolch
B: Da iawn, diolch
A: Sut dach chi?
B: Sut dach chi?

Symud ymlaen at bartner newydd a chanu:

Move on to a new partner and sing:

A: Noswaith dda
B: Noswaith dda

ac yn y blaen. / *and so on.*

Adre efo'r plant

Siarad efo'r teganau *Talking to the toys*

Wrth fynd o gwmpas y tŷ, codwch y tedis a'r dolis fesul un a dweud, 'Bore da' neu 'Noswaith dda'. Mi fydd y tedi neu'r ddoli yn sibrwd yn eich clust, gan roi cyfle i chi ddweud, 'O, da iawn, diolch.' Efo lwc, mi fydd y plentyn yn chwerthin a dŵad â rhagor o deganau i chi siarad efo nhw. Mae'n bosib bydd rhaid i chi wneud hyn nifer o weithiau cyn i'r plentyn ymateb.

As you go around the house, pick up the teddies and the dolls one at a time and say, 'Bore da' or 'Noswaith dda'. The teddy or doll will whisper in your ear, giving you the opportunity to say 'O, da iawn, diolch.' With luck, the child will laugh and bring you more toys to talk to. You may need to do this a number of times before the child responds.

2.2 Cyfrif 1-10

Dyfalu rhifau - mi fydd eich partner yn cau ei llygaid/ei lygaid. Efo'ch bys, ysgrifennwch rif ar ei llaw/ei law. Rhaid iddi hi/iddo fo ddyfalu pa rif ydy o.

Guessing numbers – your partner will close her/his eyes. With your finger, write a number on her/his hand. She/he must guess which number it is.

Adre efo'r plant

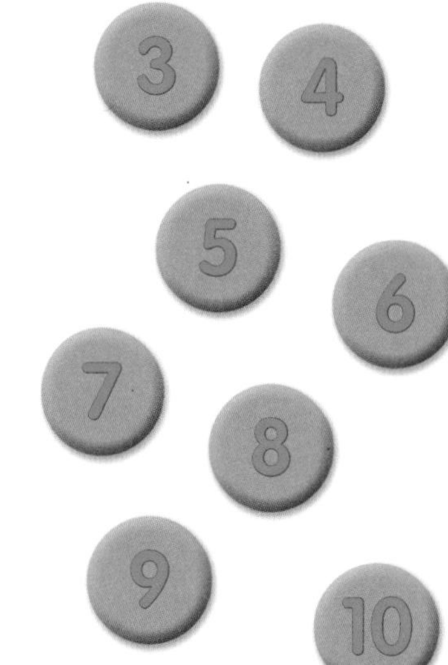

- dyfalu rhifau (fel y gêm uchod)
  guessing numbers (like the game above)
- cyfrif efo'r plentyn wrth fynd i fyny ac i lawr y grisiau
  count with the child as you go up and down the stairs
- cyfrif platiau ac yn y blaen wrth eu gosod ar y bwrdd
  count plates and so on as you place them on the table
- cyfrif y botymau ar ddillad y plentyn
  count buttons on the child's clothes
- cyfrif eitemau yn y troli neu yn y bagiau siopa
  count items in the trolley or shopping bags
- tynnu sylw'r plentyn at unrhyw rifau dach chi'n gweld, e.e. prisiau yn y siop
  draw the child's attention to any numbers you see, e.g. prices in the shop
- cyfrif y dillad wrth lwytho'r peiriant golchi
  count the clothes as you load the washing machine

2.3 Cyfrif 1-10 - Croesi'r ystafell

Mae'r tiwtor yn rhannu'r dosbarth yn dimau. Mi fydd hanner pob tîm yn sefyll wrth y wal ar un ochr i'r ystafell. Mi fydd hanner arall y timau'n sefyll wrth y wal yr ochr arall i'r ystafell. Mi fydd un person ym mhob tîm yn taflu dis. Y rhif ar y dis ydy'r nifer o gamau bydd y person yna yn cael eu cymryd tuag at y wal gyferbyn. Rhaid cyfrif yn uchel wrth gamu. Ailadrodd nes bod y person yn cyrraedd yr ochr arall i'r ystafell. Pasio'r dis i aelod nesa'r tîm a fydd yn taflu'r dis a chamu tuag at y wal gyferbyn, ac yn y blaen. Yr enillwyr yw'r tîm cyntaf i gael pawb i'r ochr arall i'r ystafell, gyferbyn â'u man cychwyn. Os oes eisiau amrywiaeth, mae'n bosib neidio, hercian, neu fynd wysg eu cefnau.

The tutor divides the class into teams. Half of each team will stand by the wall on one side of the room. The other half of the teams will stand by the wall on the other side of the room. One person in each team will throw a dice and the number on the dice is the number of steps that person is allowed to take towards the opposite wall. They must count out loud as they step. Repeat until that person reaches the other side of the room. Pass the dice to the next member of the team who will throw the dice and step towards the opposite wall, and so on. The winners are the first team to get everyone to the opposite wall. For variety it is possible to jump, hop or go backwards.

Adre efo'r plant

Efo un neu ddau o blant yn hytrach na thîm, cyfrif y camau'n uchel sy'n bwysig. Mae'n bosib cystadlu yn erbyn y cloc.

With one or two children rather than a team, the important thing is to count the steps out loud. It's possible to compete against the clock.

2.4 Dyddiau'r wythnos

Neidio ar y dyddiau - mae dyddiau'r wythnos ar ddarnau o bapur ar y llawr. Pan fydd y tiwtor yn galw un o'r dyddiau, ewch i sefyll ar yr enw cywir.

Jumping on the days – the days of the week are on pieces of paper on the floor. When the tutor calls one of the days, go and stand on the correct name.

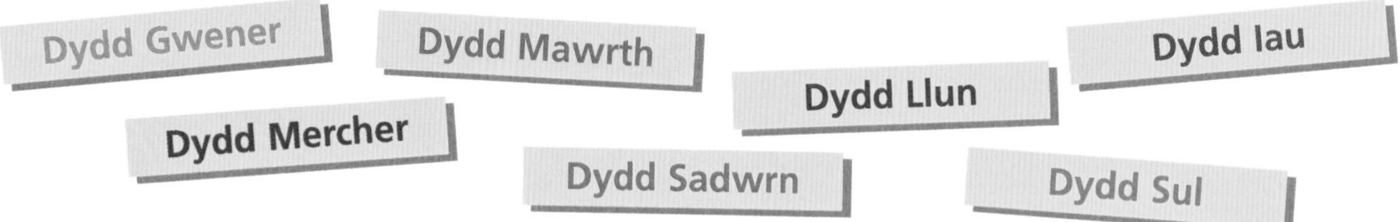

Adre efo'r plant

Chwarae'r un gêm gan ddefnyddio dyddiau'r wythnos, rhifau neu luniau gwrthrychau.

Play the same game using days of the week, numbers or pictures of objects.

2.5 Rhoi trefn ar y dyddiau

Mi fydd y tiwtor wedi rhoi enw un o ddyddiau'r wythnos i bawb. Ewch i sefyll mewn rhes yn dechrau efo dydd Sul a gorffen efo dydd Sadwrn. Os oes mwy na saith yn y dosbarth, mi fydd mwy nag un wythnos, neu ychydig dros wythnos.

Putting the days in order – the tutor will have given everyone the name of one of the days of the week. Go and stand in a row starting with Sunday and finishing with Saturday. If there are more than seven in the class, there will be more than one week, or a little over a week.

Adre efo'r plant

Bob dydd, ysgrifennu enw'r dydd mewn llythrennau magnetig ar ddrws yr oergell.

Every day, write the name of the day of the week in magnetic letters on the fridge door.

uned 3

3.1 Rhifau ffôn

Efo'ch partner, defnyddio ffôn tegan neu ffôn symudol i esgus ateb y ffôn.

With your partner, use a toy phone or mobile phone to pretend to answer the phone.

Dwedwch: / *Say:*

A: Bore da, (eich rhif ffôn chi)
B: Bore da, (eich enw chi) sy 'ma. Sut dach chi?
A: Da iawn, diolch, sut dach chi?
B: Iawn. Hwyl.
A: Hwyl.

Ailadrodd efo partner newydd a newid partneriaid nifer o weithiau.

Repeat with a new partner and change partners a number of times.

Adre efo'r plant

Chwarae efo ffôn tegan er mwyn dysgu'r plant i ddweud eich rhif ffôn.

Play with a toy phone in order to teach the children to say your phone number.

Ar ôl gorffen y gêm, gadael y ffôn tegan mewn lle amlwg.
Mae'n bosib bydd y plant yn esgus 'siarad' ar y ffôn wrth chwarae.

After finishing the game, leave the toy phone in a prominent place.
The children may pretend to 'speak' on the phone as they play.

3.2 Lle wyt ti'n byw?*

We say* ***ti* *to a child. Don't worry about this now. It will be explained later in the course.*

Dysgwch ddweud eich cyfeiriad yn Gymraeg. Ewch o gwmpas y dosbarth er mwyn llenwi'r grid:

Learn to say your address in Welsh. Go around the class in order to complete the grid:

Enw	Cyfeiriad

Adre efo'r plant

Dysgwch y plant sut i ddweud eich cyfeiriad yn Gymraeg.

Teach the children to say your address in Welsh.

3.3 Pelmanism – Be' dach chi'n wneud?

Mi fydd y tiwtor wedi paratoi cardiau:

Your tutor will have prepared cards:

meddyg	**plismon**	**ffermwr**	**trydanwr**
nyrs	**gyrrwr**	**swyddog gweinyddol**	**siopwr**
adeiladwr	**athrawes**	**garddwr**	**mecanic**

Codwch un cerdyn a dweud, er enghraifft, 'Meddyg dw i'. Codwch gerdyn arall.
Os oes meddyg arall ar y cerdyn, tynnwch y cardiau allan o'r gêm a chymryd tro arall.
Os nad oes meddyg ar y cerdyn, rhowch y cardiau'n ôl ac mae eich partner yn cymryd tro.

Lift up one card and say, for example, 'Meddyg dw i'. *Lift up another card.*
If there is another doctor on the card, take the cards out of the game and take another turn.
If there isn't a doctor on the card, put the cards back and your partner takes a turn.

Adre efo'r plant

Mae'r tiwtor wedi rhoi set o'r lluniau i chi. Gwnewch set o gardiau a chwarae Pelmanism efo'r plant. Os ydy'r plant yn ifanc iawn, chwarae gyda dim ond pedwar neu bum pâr o gardiau.

The tutor has given you a set of the pictures. Make a set of cards and play Pelmanism with the children. If the children are very young, play with only four or five pairs of cards.

uned4

4.1 Be' ydy ei enw o? Be' ydy ei henw hi?

Mae'r tiwtor yn mynd i roi tegan meddal, dol, neu lun tegan meddal i chi. Rhowch enw ar y tegan. Ewch o gwmpas y dosbarth a gofyn:

The tutor is going to give you a soft toy, a doll or a picture of a soft toy. Give the toy a name. Go around the class asking:

Be' ydy ei enw o? neu/*or* Be' ydy ei henw hi? Dyma ....

Adre efo'r plant

- Gofyn i'r plant am enwau eu teganau

  Ask the children for the names of their toys

- Os oes gynnoch chi ffoto o'r plant efo'u ffrindiau yn y cylch meithrin neu'r ysgol, edrych ar y ffoto efo'r plant a gofyn be' ydy enwau'r plant eraill.
  If you have a photo of the children with their friends in the nursery or school, look at the photo with the children and ask the names of the other children.
- Wrth edrych ar gomics a llyfrau efo'r plant, pwyntiwch at y cymeriadau yn y lluniau a gofyn eu henwau.
  As you look at comics and books with the children, point at the characters in the pictures and ask their names.

4.2 Lle mae o'n byw? Lle mae hi'n byw?

Chwarae fferm

Mae eich tiwtor wedi tynnu lluniau anifeiliaid ar y bwrdd. Copïwch nhw ar ddarn o bapur. Rhowch rif yn ymyl pob anifail (1 – 7). Rhowch rif ym mhob cae ar y fferm isod:

Your tutor has drawn pictures of animals on the board. Copy them onto a piece of paper. Put a number beside each animal (1-7). Put a number in each field on the farm below:

Ymarfer efo'ch partner. Pwyntiwch at un o'r anifeiliaid a gofyn 'Lle mae o'n byw?' neu 'Lle mae hi'n byw?' Mae eich partner yn pwyntio at y cae ar y fferm a dweud 'yma'.

Practise with your partner. Point to one of the animals and ask 'Lle mae o'n byw?' *or* 'Lle mae hi'n byw?' *Your partner points to the field on the farm and says* 'yma'.

Adre efo'r plant

- Chwarae fferm efo anifeiliaid tegan / *Play farm with toy animals*
- Tynnu llun fferm / *Draw a picture of a farm*

uned 5

5.1 Trafod ffotograffau'r teulu

Cyflwyno'r bobl yn y ffotograffau i'ch partner gan ddefnyddio 'Dyma ....'
Newid partneriaid nifer o weithiau.

Present the people in the photos to your partner, using 'Dyma ...'
Change partners a number of times.

Adre efo'r plant

Edrych ar ffotograffau'r teulu, pwyntio a dweud 'Dyma .....'

Look at photos of the family, point and say 'Dyma ....'

5.2 Proffil person arall

Mae'r tiwtor wedi rhoi llun i chi. Cwblhewch broffil y person yn y llun.

The tutor has given you a picture. Complete the person's profile.

Enw :	
Ffrind pwy :	
Rhif ffôn:	
Byw:	
Dŵad o:	
Gweithio:	

Rŵan, gofynnwch i'ch partner am y person yn ei lun o/ei llun hi a chwblhau'r proffil yma:

Now, ask your partner about the person in his/her picture and complete this profile:

Enw :	
Ffrind pwy :	
Rhif ffôn:	
Byw:	
Dŵad o:	
Gweithio:	

Adre efo'r plant

Mae'r tiwtor wedi rhoi lluniau i chi. Defnyddiwch y lluniau i wneud llyfr efo'r plant. Teitl y llyfr yw 'Pobl sy'n ein helpu ni'. Dan bob llun ysgrifennwch:

The tutor has given you pictures. Use the pictures to make a book with the children. The title of the book is 'Pobl sy'n ein helpu ni' (People who help us). Under each picture write:

Dyma ________________. __________________ ydy o/hi.

Geirfa

dyn tân - *fireman*

5.3 Darllen llyfrau plant

Mae'r tiwtor wedi dod â llyfrau i'r dosbarth. Ymarferwch ddarllen ar eich pen eich hun yn gyntaf ac wedyn darllen i'ch partner. Peidiwch â phoeni os dach chi ddim yn deall pob gair.

The tutor has brought books to class. Practise reading on your own first and then read to your partner. Don't worry if you don't understand every word.

Adre efo'r plant

- Ewch i'r llyfrgell a chwilio am lyfrau i blant bach efo lluniau mawr a dim ond brawddeg neu ddwy ar bob tudalen.
  Go to the library and look for books for small children with big pictures and only one or two sentences on each page.
- Darllenwch y llyfrau efo'r plant. Peidiwch poeni os dach chi ddim yn deall pob gair.
  Read the books with your children. Don't worry if you don't understand every word.
- Mae'n bosib bydd y plant isio siarad am y llyfrau yn Saesneg. Mae hynny'n iawn. Mae'n helpu eu dealltwriaeth. Ar ôl trafod, darllenwch y llyfr yn Gymraeg unwaith eto.
  The children may want to talk about the books in English. That's fine. It helps their understanding. After discussion, read the book in Welsh once again.

uned 6

6.1 Lle wyt ti'n mynd?

Penderfynwch lle dach chi'n mynd bob dydd wythnos nesa. Dewiswch un o'r rhain ar gyfer pob dydd a llenwi'r grid:

Decide where you are going each day next week.
Choose one of these for each day and fill in the grid:

Geirfa

i'r ysgol
i'r llyfrgell
i'r ganolfan hamdden
i weld Siân
i'r feithrinfa
i weld nain
i'r feddygfa
i'r dosbarth dawnsio

Dydd Llun	
Dydd Mawrth	
Dydd Mercher	
Dydd Iau	

Dydd Gwener	
Dydd Sadwrn	
Dydd Sul	

Ewch o gwmpas y dosbarth yn holi pobl eraill, 'Lle wyt ti'n mynd dydd Llun?' ac yn y blaen. Ceisiwch ddod o hyd i rywun sy'n gwneud yr un peth yr un diwrnod.

Go around the class asking other people, 'Lle wyt ti'n mynd dydd Llun?' *and so on. Try to find someone who is doing the same thing on the same day.*

6.2 Cofio atebion

Efo'ch partner, gofyn 'Lle wyt ti'n mynd?' a gweld faint o atebion 'Dw i'n mynd i...' dach chi'n gallu eu cofio heb edrych ar y llyfr.

Working with your partner, ask 'Lle wyt ti'n mynd?' *and see how many* 'Dw i'n mynd i...'*answers you can remember without looking at the book.*

Adre efo'r plant

- Gwnewch siart wythnos yn dangos lle dach chi'n mynd bob dydd fel arfer.
  Make a chart showing where you usually go each day of the week.
- Chwarae gêm efo'r siart. Cuddio un dydd ar y tro a gofyn i'r plentyn, 'Lle wyt ti'n mynd dydd Llun?' ac yn y blaen.
  Play a game with the chart. Hide one day at a time and ask the child, 'Lle wyt ti'n mynd dydd Llun?' *and so on.*
- Mae'n debyg bydd y plentyn yn ateb yn Saesneg. Dwedwch chi'r ateb yn Gymraeg ar ei ôl o/hi.
  It's likely the child will answer in English. You say the answer in Welsh after him/her.

Cân

Tôn – 'One finger, one thumb, keep moving'

Dydd Llun, dydd Mawrth, dydd Mercher,
Dydd Llun, dydd Mawrth, dydd Mercher,
Dydd Llun, dydd Mawrth, dydd Mercher,
Dydd Iau, Gwener, Sadwrn a Sul.

uned 7

7.1 Neidio ar y tywydd

Mae'r tiwtor wedi rhoi darnau o bapur ar y llawr yn dangos lluniau'r tywydd. Mae'r tiwtor yn mynd i alw sut mae'r tywydd. Ewch i sefyll ar y llun cywir.

The tutor has put pieces of paper on the floor showing pictures of the weather. The tutor is going to call out a phrase describing the weather. Go and stand on the correct picture.

Adre efo'r plant

Chwarae'r un gêm efo'r plant. / *Play the same game with the children.*

7.2 Gêm drac y tywydd (t. 37)

Adre efo'r plant

- Chwarae'r un gêm efo'r plant.
  Play the same game with the children.

- Gwnewch lun y tywydd bob dydd am wythnos a'u rhoi mewn llyfr.
  Make a weather picture every day for a week and put them in a book.
- Gwnewch siart tywydd. Bob dydd gofynnwch i'r plant bwyntio at un o'r lluniau i ddangos sut mae'r tywydd.
  Make a weather chart and every day ask the children to point to one of the pictures to show what the weather is like.

uned 8

8.1 Gêm drac diddordebau

Symudwch o gwmpas y trac efo dis a gofyn i'ch partner ydy'r teulu'n hoffi gwneud y pethau yn y lluniau.

Move around the track with a dice and ask your partner whether the family likes doing the things in the pictures.

Dach chi'n hoffi chwarae efo dŵr?	*Do you like playing with water?*
Ydan, dan ni'n hoffi chwarae efo dŵr.	*Yes, we like playing with water.*
Nac ydan, dan ni ddim yn hoffi chwarae efo dŵr.	*No, we don't like playing with water.*

Adre efo'r plant

Chwaraewch yr un gêm ond os dach chi'n chwarae efo un plentyn gofynnwch:

Play the same game but if you are playing with one child ask:

Wyt ti'n hoffi chwarae efo dŵr?	*Do you like playing with water?*
Ydw, dw i'n hoffi chwarae efo dŵr.	*Yes, I like playing with water.*
Nac ydw, dw i ddim yn hoffi chwarae efo dŵr.	*No, I don't like playing with water.*

Cofiwch fod y plentyn yn debygol o ateb yn Saesneg, os ateb o gwbl. Peidiwch poeni. Dwedwch chi'r ateb yn Gymraeg ar ei ôl o/ar ei hôl hi.

Remember the child is likely to answer in English, if he/she answers at all. Don't worry. You say the answer in Welsh after him/her.

8.2 Pelmanism diddordebau

Codwch un cerdyn a dweud be' sy ar y cerdyn, er enghraifft, 'mynd i'r parc'. Codwch gerdyn arall a dweud be' sy ar y cerdyn. Os oes gynnoch chi ddau gerdyn yr un fath, tynnwch nhw allan o'r gêm a chymryd tro arall. Os nad oes, rhowch y cardiau'n ôl ac mae'ch partner yn cymryd tro.

Pick up one card and say what's on the card, for example, 'mynd i'r parc'. *Pick up another card and say what's on the card. If you have identical cards, take them out of the game and take another turn. If not, put the cards back and your partner takes a turn.*

Adre efo'r plant

Mi fydd eich tiwtor wedi rhoi set o'r lluniau i chi. Gwnewch set o gardiau a chwarae Pelmanism efo'r plant. Os ydy'r plant yn ifanc iawn, chwaraewch efo dim ond pedwar neu bum pâr o gardiau.

The tutor will have given you a set of the pictures. Make a set of cards and play Pelmanism with the children. If the children are very young, play with only four or five pairs of cards.

8.3 Meimio diddordebau

Meimio'r diddordebau o'r gêm drac uchod. Mi fydd eich partner yn dyfalu pa ddiddordeb dach chi'n feimio ac yn gofyn:

Mime the interests from the above track game. Your partner will guess which interest you are miming and ask:

Wyt ti'n hoffi coginio?
Ydw, dw i'n hoffi coginio. / Nac ydw, dw i ddim yn hoffi coginio.

Adre efo'r plant

Meimiwch ddiddordebau efo'r plant. Chi sy'n gwneud y meimio. Os ydy'r plentyn yn dyfalu a dweud yr ateb yn Saesneg, dwedwch chi'r ateb yn Gymraeg ar ei ôl o/ar ei hôl hi.

Mime interests with the children. You do the miming. If the child guesses and says the answer in English, you say the answer in Welsh after him/her.

Cân

Tôn – 'London's Burning'

Chwarae lego, chwarae lego,
Efo mami, efo dadi,
Yn y tŷ, yn y tŷ,
Chwarae lego, chwarae lego.

Tynnu lluniau ... Darllen stori ... Ysgrifennu ...

uned9

9.1 Eiddo

Oes gen ti feiro?	*Have you got a biro?*
Oes, mae gen i feiro.	*Yes, I have got a biro.*
Nac oes, does gen i ddim beiro.	*No, I haven't got a biro.*

Ewch o gwmpas y dosbarth a chael hyd i bobl sydd â'r pethau yma:

Go around the class and find people who have these things:

Eiddo	Enw
beiro	
hances boced	
gwaith cartref	
pres	
llyfr newydd	
siwmper	

Eiddo	Enw
llythyr	
afal	
diod	
cot	
pensil	
esgidiau du	

Dwedwch wrth eich partner be' dach chi'n wybod rŵan am be' sy gan bawb yn y dosbarth.

Tell your partner what you know now about what everyone in class has.

Mae gan John hances boced. Mae gan Jane waith cartref.

Adre efo'r plant

- Bob bore, pan fydd y plant yn barod i fynd i'r ysgol neu i'r cylch meithrin, arhoswch am funud cyn mynd allan trwy'r drws a gofyn ydy'r pethau cywir gynnyn nhw. Ar y dechrau, mi fydd yn rhaid gofyn y cwestiwn, wedyn chwilio am y peth, ac wedyn ateb. Os dach chi'n gwneud hyn bob bore, mi fydd y plant yn dysgu'r ateb.

  Every morning, when your children are ready to go to school or to the nursery, stop for a minute before going through the door and ask whether they've got the correct things with them. At the start, you will have to ask the question, then look for the item, and then answer. If you do this every morning, the children will learn the answer.

- Os oes angen mynd â phethau gwahanol ar ddiwrnodau gwahanol, gwnewch siart sy'n dangos dyddiau'r wythnos a phryd mae angen pethau. Rhowch y siart wrth y drws ffrynt.

  If you need to take different things on different days, make a chart showing the days of the week and when things are needed. Put the chart by the front door.

9.2 Gêm

Mae eich tiwtor wedi rhoi nifer o bethau neu luniau i chi. Edrychwch arnyn nhw a cheisio eu cofio. Caewch eich llygaid. Mi fydd eich partner yn codi un o'r pethau a'i guddio y tu ôl i'w gefn/i'w chefn. Edrychwch ar y pethau eto a cheisio cofio be' sy wedi mynd. Dyfalwch a gofyn 'Oes gen ti **gar**?' ac yn y blaen nes i chi gael yr ateb 'Oes'.

Your tutor has given you a number of objects or pictures. Look at them and try to remember them. Close your eyes. Your partner will pick up one at a time and hide it behind his/her back. Look at the things again and try to remember what has gone. Guess and ask 'Oes gen ti **gar**?' *and so on until you get the answer* 'Oes'.

Adre efo'r plant

Chwaraewch yr un gêm. Gosod y pethau neu'r lluniau ar y bwrdd neu ar hambwrdd. Edrychwch arnyn nhw efo'r plentyn gan ddweud enwau'r pethau. Y plentyn sy'n cuddio'r pethau. Mi fydd angen dysgu'r gair/geiriau '[yn] barod'. Os ydy'r plentyn yn ifanc iawn, mi fydd chwe pheth neu lun yn ddigon.

Play the same game. Place the objects or pictures on the table or on a tray. Look at them with the child, saying the names of the things. The child hides the objects/pictures. You'll need to teach the word[s] '[yn] barod' *(ready). If the child is very young, six objects or pictures will be enough.*

uned 10

10.1 Trafod ffotograffau'r teulu

Gorffen y brawddegau hyn a disgrifio eich plentyn i'ch partner. Dangos ffoto o'r plentyn. Newid partneriaid nifer o weithiau.

Finish these sentences and describe your child to your partner. Show a photo of the child. Change partners a number of times.

Dechrau efo: / *Start with:*

Dyma'r hogyn **neu** Dyma'r hogan.

________________ ydy ei enw o **neu** ________________ ydy ei henw hi.

Mae o/hi'n ________________ oed.

Dan ni'n byw yn ____________________________ (cyfeiriad).

Mae o/hi'n hoffi ____________________________ (diddordebau).

Mae o/hi'n hoffi bwyta ____________________________.

Mae o/hi'n hoffi yfed ____________________________.

Dydy o/hi ddim yn hoffi ____________________________.

Bob dydd ________________ mae o/hi'n mynd i ________________.

Mae ______________________ chwaer gynno fo/gynni hi.

Mae ______________________ brawd/frawd gynno fo/gynni hi.

Does dim ______________________ gynno fo/gynni hi.

Adre efo'r plant

Defnyddiwch y brawddegau uchod a gwneud llyfr lloffion am eich plentyn. Cofiwch adael lle i roi pethau eraill i mewn yn y dyfodol. Gadewch i'r plentyn 'helpu' gan dynnu lluniau. Defnyddiwch ffotograffau hefyd. Darllenwch y llyfr efo'r plentyn.

Use the above sentences and make a scrapbook about your child. Remember to leave space to put in other things in future. Let the child 'help' by drawing pictures. Use photos as well. Read the book with the child.

10.2 Yr wyddor eto

Crogi'r dyn / *Hangman*

Meddwl am air. Gwneud marc ar y papur ar gyfer pob llythyren:

Think of a word. Make a mark on the paper for each letter: ___ ___ ___ ___

Cofiwch mai un llythyren ydy ch, dd, ff, ng, ll, ph, rh, th.

Remember that ch, dd, ff, ng, ll, ph, rh, th *count as one letter each.*

Mae eich partner yn dyfalu a gofyn, 'Oes **e** yn y gair?'

Your partner guesses and asks, 'Oes **e** yn y gair?'

Os oes **e** yn y gair, ysgrifennwch **e** yn y lle cywir.

If there is an **e** *in the word, write* **e** *on the correct line.*

Os nad oes **e** yn y gair, dechreuwch y scaffald:

If there isn't an **e** *in the word, start the scaffold:* ___

Adre efo'r plant

Os ydy'r plant yn dysgu darllen, chwaraewch yr un gêm. Os dach chi ddim isio 'crogi'r dyn' efo'r plant, tynnwch lun o dŷ neu unrhyw siâp arall. Y plentyn sy'n dewis gair allan o un o'i lyfrau darllen. Dangoswch i'r plentyn sut mae cyfri'r llythrennau a gwneud y marciau. Chi sy'n gofyn am y llythrennau.

If the children are learning to read, play the same game. If you don't want to 'hang the man' with the children, draw a house or any other shape. The child chooses words from his or her reading books. Show the child how to count the letters and make the marks. You ask about the letters.

10.3 Darllen llyfrau plant

Unwaith eto, mae'r tiwtor wedi dŵad â llyfrau i'r dosbarth. Ymarferwch ddarllen ar eich pen eich hun yn gyntaf ac wedyn darllen i'ch partner. Peidiwch poeni os dach chi ddim yn deall pob gair.

Once again, the tutor has brought books to class. Practise reading on your own at first and then read to your partner. Don't worry if you don't understand every word.

Adre efo'r plant

Amser mynd i'r llyfrgell eto. Cyn i chi fynd,
darllen eto sut mae dewis llyfrau addas yn Uned 5.

Time to go to the library again. Before you go,
read again how to choose suitable books in Unit 5.

uned 11

11.1 Cyflwyno teganau

Dach chi wedi dŵad â theganau meddal a doliau i'r dosbarth. Cyflwynwch nhw i'ch partner.

You have brought soft toys and dolls to class. Introduce them to your partner.

Dyma fy nhedi i
Dyma fy nghi i

Dyma fy mabi i
Dyma fy noli i
Dyma fy mhyped i

Caewch eich llygaid. Mae eich partner yn cuddio un o'ch teganau chi mewn cas gobennydd. Heb edrych, teimlwch y tegan yn y cas gobennydd a dyfalu pa un ydy o.

Close your eyes. Your partner is hiding one of your toys in a pillowcase.
Without looking, feel the toy in the pillowcase and guess which one it is.

Pwy ydy o/hi? Fy mhyped i? Ia / Naci

Ailadroddwch gan weithio trwy'r teganau i gyd.

Repeat, working through all the toys.

Adre efo'r plant

Chwaraewch yr un gêm. Mae'n debyg bydd y plentyn yn ateb yn Saesneg, *'My puppet'*. Peidiwch poeni. Dwedwch chi'r ateb yn Gymraeg ar ei ôl o/ar ei hôl hi. Ar ôl i'r plentyn ddod yn gyfarwydd â'r gêm, cofiwch roi cyfle iddo fo/iddi hi guddio'r tegan a gofyn y cwestiwn.

Play the same game. It's likely the child will answer in English, 'My puppet'. Don't worry. You repeat the answer in Welsh. When the child is familiar with the game, remember to give him/her an opportunity to hide the toy and ask the question.

11.2 Gofyn am enwau

Ewch o gwmpas y dosbarth efo un o'r teganau. Gofynnwch i bawb:

Go round the class with one of the toys. Ask everybody:

Be' ydy enw ...... dy dedi di? Dyma Edward
dy gi di? Dyma Sam
dy byped di?
dy fabi di?
dy ddoli di?
dy lygoden di?
dy fwnci di?
dy rinoseros di?

Adre efo'r plant

Gofynnwch i'ch plant a'u ffrindiau am eu teganau nhw.

Ask your children and their friends about their toys.

11.3 Rhif ffôn a chyfeiriad

Adolygu dweud eich rhif ffôn a'ch cyfeiriad. Ewch o gwmpas yr ystafell a gofyn i bump o bobl:

Revise saying your phone number and your address. Go around the room and ask five people:

Be' ydy dy enw di?
Be' ydy dy rif ffôn di?
Be' ydy dy gyfeiriad di?

Enw	Rhif ffôn	Cyfeiriad

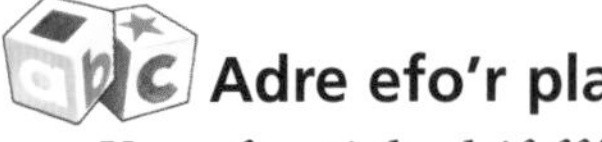

Adre efo'r plant

Ymarfer eich rhif ffôn a'ch cyfeiriad efo'r plant.

Practise your phone number and your address with the children.

uned 12

12.1 Lle mae o? Lle mae hi?

Caewch eich llygaid. Mae eich partner yn cuddio dis rywle yn yr ystafell. Agorwch eich llygaid. Gofynnwch gwestiynau a dyfalu lle mae'r dis.

Close your eyes. Your partner is hiding a dice somewhere in the room. Open your eyes. Ask questions and guess where the dice is.

Ydy'r dis	wrth	y drws?
	o dan	y bwrdd?
	ar	y silff?
	yn	y pot?

Nac ydy
Ydy!

Adre efo'r plant

Chwaraewch yr un gêm. / *Play the same game.*

12.2 Lle mae dy lyfr di?

Faint o atebion dach chi'n gallu meddwl amdanyn nhw i'r cwestiwn hwn? Efo'ch partner, gofynnwch y cwestiwn i'ch gilydd dro ar ôl tro nes byddwch chi'n methu meddwl am ateb arall.

How many answers can you think of to this question? With your partner, ask each other the question time after time until you can't think of another answer.

Adre efo'r plant

- Fel arfer, mae digon o gyfle i ofyn y cwestiwn hwn i'r plant!
  Usually there are plenty of opportunities to ask the children this question!
- Dyma hen gêm: / *Here's an old game:*

Os oes gynnoch chi fabi neu blentyn bach iawn, gofynnwch i'r babi neu'r plentyn:
If you have a baby or very small child, ask the baby or child:

Lle mae dy drwyn di?	*Where's your nose?*

Pwyntiwch at ei drwyn o/ei thrwyn hi a dweud: / *Point to his/her nose and say:*

Dyma fo!	*Here it is!*
Lle mae dy geg di?	*Where's your mouth?*
Lle mae dy glust di?	*Where's your ear?*
Lle mae dy wallt di?	*Where's your hair?*

Os dach chi'n gwneud hyn yn aml, mi fydd y babi'n dechrau ymateb drwy bwyntio at ei geg/ei cheg ac yn y blaen. Cyn hir mi fydd o/hi'n dechrau dweud yr ateb hefyd.

If you do this often, the baby will start to respond by pointing to his/her mouth etc. Soon he/she will start to say the answer as well.

uned 13

13.1 Faint o'r gloch ydy hi, Mr Blaidd?

Mae pawb yn dilyn y tiwtor o gwmpas yr ystafell gan ofyn:

Everyone follows the tutor around the room asking:

Faint o'r gloch ydy hi, Mr Blaidd? *What time is it, Mr Wolf?*

Mae Mr Blaidd (y tiwtor) yn ateb, 'Dau o'r gloch' neu 'Naw o'r gloch' neu unrhyw amser arall o'r gloch.

Mr Wolf (the tutor) answers, 'Dau o'r gloch' *or* 'Naw o'r gloch' *or any other time of the clock.*

Mae'r dosbarth a'r tiwtor yn ailadrodd y cwestiwn a'r ateb nifer o weithiau nes i Mr Blaidd ddweud, 'Un o'r gloch, amser cinio!' Mae pawb yn ceisio rhedeg i ffwrdd ond mae Mr Blaidd yn troi a dal y person agosa. Fo/hi fydd y Mr Blaidd nesa.

The class and the tutor repeat the asking and answering a number of times until Mr Wolf says, 'Un o'r gloch, amser cinio! *('One o'clock, lunchtime!') Everyone tries to run away but Mr Wolf turns and catches the nearest person. That person will be the next Mr Wolf.*

Adre efo'r plant

Chwaraewch yr un gêm. / *Play the same game.*

13.2 Rhaglenni teledu

Mae eich tiwtor wedi rhoi copi o dudalen teledu'r papur newydd i chi. Chwiliwch am y rhaglenni plant a gofyn i'ch partner pryd maen nhw'n dechrau.

Your tutor has given you a copy of the television page of the newspaper. Look for the children's programmes and ask your partner when they start.

Faint o'r gloch mae 'Sali Mali'?

Adre efo'r plant

Os ydy'ch plentyn yn dechrau darllen, helpwch o/hi i chwilio yn y papur newydd am y rhaglenni teledu mae o/hi'n hoffi.

If your child is starting to read, help him/her to look in the newspaper for the television programmes he/she likes.

13.3 Amser

Be' sy'n digwydd ar yr amseroedd hyn? Cysylltwch yr amseroedd ar y chwith â'r gweithgareddau ar y dde. Dyn nhw ddim yn y drefn gywir.

What happens at these times? Connect the times on the left to the activities on the right. They are not in the correct order.

7.00 y bore	amser bath
7.30 y bore	amser cinio
8.15 y bore	amser te
12.30 y pnawn	amser codi
5.00 y pnawn	amser stori
6.15 y pnawn	amser cysgu
6.30 y pnawn	amser brecwast
7.00 y nos	amser mynd i'r ysgol
7.30 y nos	amser gwely
8.00 y nos	amser tacluso

Rŵan ymarfer efo'ch partner. Mae eich partner yn dweud yr amseroedd a dach chi'n dweud be' sy'n digwydd. Ar ôl gweithio unwaith trwy'r amseroedd i gyd, dechreuwch eto, ond y tro yma chi sy'n dweud yr amseroedd a'ch partner sy'n dweud be' sy'n digwydd.

Now practise with a partner. Your partner says the times and you say what happens. After working once through all the times, start again, but this time you say the times and your partner says what happens.

Ar ôl digon o ymarfer, ceisiwch wneud hyn eto, gan ddweud be' sy'n digwydd o'ch cof. Dim ond y partner sy'n dweud yr amseroedd sy'n cael edrych ar y llyfr.

After enough practice, try doing this again, saying what happens from memory. Only the partner telling the times looks at the book.

Adre efo'r plant

Cyn bydd eich plentyn yn barod i ddweud yr amser ar y cloc, mae'n bosib cyflwyno'r syniad bod amser penodol i wneud pethau. Wrth edrych ar y cloc, tynnwch sylw'r plentyn at y cloc a dweud pethau fel 'Hanner awr wedi deuddeg – amser cinio'. Ar ôl gwneud hyn am nifer o ddyddiau, ceisiwch ddweud 'Hanner awr wedi deuddeg – amser .....'. Mae'n bosib bydd y plentyn yn gorffen y frawddeg i chi.

Before your child is ready to tell the time by looking at the clock, it's possible to introduce the idea that there is a specific time to do things. As you look at the clock, draw the child's attention to the clock and say things like 'Hanner awr wedi deuddeg – amser cinio' *('12.30 – time for lunch'). After doing this for a number of days, try saying* 'Hanner awr wedi deuddeg – amser .....' *It's possible the child will finish the sentence for you.*

Cân

Heno, heno, hen blant bach,
Heno, heno, hen blant bach.
Dime, dime, dime, hen blant bach,
Dime, dime, dime, hen blant bach.

Cysgu, cysgu, hen blant bach, (gan smalio cysgu/*pretending to sleep*)
Cysgu, cysgu, hen blant bach.
Dime, dime, dime, hen blant bach,
Dime, dime, dime, hen blant bach.

Fory, fory, hen blant bach, (gan smalio deffro/*pretending to wake up*)
Fory, fory, hen blant bach.
Dime, dime, dime, hen blant bach,
Dime, dime, dime, hen blant bach.

uned 14

14.1 Llongau rhyfel / Battleships

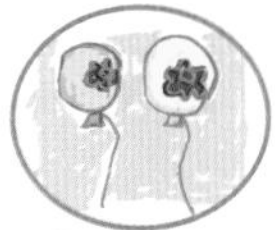
i barti

i nofio

i'r parc

i'r traeth

i ddawnsio

i beintio

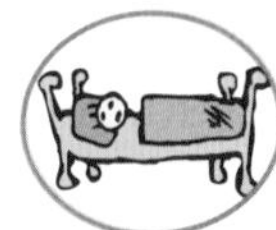
i'r gwely

i'r tŷ bach

Mi aethoch chi i bedwar o'r llefydd uchod ddoe. Dewiswch unrhyw bedwar a'u marcio nhw. Mae eich partner yn gofyn cwestiynau er mwyn darganfod lle aethoch chi.

You went to four of the above yesterday. Choose any four and mark them.
Your partner asks questions in order to discover where you went.

A: Est ti i'r parc ddoe?
B: Naddo, es i ddim i'r parc ddoe.

A: Est ti i nofio ddoe?
B: Do, mi es i i nofio ddoe.

Ailadrodd nes darganfod y pedwar lle. / *Repeat until you discover all four places.*

Adre efo'r plant

Gêm

Mae'r tiwtor wedi rhoi copi o'r lluniau i chi. Torrwch y lluniau i'w gwahanu.
Rhowch bedwar o'r lluniau ar y bwrdd o flaen y plentyn a dweud be' sy yn y lluniau: 'mi es i i'r traeth, mi es i i ddawnsio, mi es i i'r gwely'....ac yn y blaen.
Caewch eich llygaid a gofyn i'r plentyn guddio un o'r lluniau y tu ôl i'w gefn/i'w chefn a dweud 'Barod'. Agorwch eich llygaid a dyfalu be' mae'r plentyn yn ei guddio gan ofyn:

'Est ti i ddawnsio?' ac yn y blaen nes i chi gael yr ateb, 'Do'. Mae'n debyg bydd y plentyn yn ateb yn Saesneg, neu efallai'n dweud 'Ia' neu 'Ydy'! Peidiwch poeni. Dwedwch chi'r ateb cywir yn Gymraeg ar ei ôl o/ar ei hôl hi.

The tutor has given you a copy of the pictures. Cut the pictures apart. Put four of the pictures on the table in front of the child and say what the pictures describe: 'Mi es i i'r traeth, mi es i i ddawnsio, mi es i i'r gwely ...' *('I went to the beach, I went dancing, I went to bed...') Close your eyes and ask the child to hide one of the pictures behind his/her back and say* 'Barod.' *Open your eyes and guess which picture the child is hiding by asking: 'Est ti i ddawnsio?' and so on until you get the answer 'Do'. It's likely the child will answer in English – or say 'Ia' or 'Ydy' perhaps! Don't worry. You repeat the answer correctly in Welsh.*

Ailadroddwch. Ar ôl dod yn gyfarwydd â'r gêm, gadael i'r plentyn gau ei lygaid o/ei llygaid hi a chithau i guddio'r llun.

Repeat. When the game is familiar, let the child close his/her eyes and you hide the picture.

14.2 Meimio

Mae eich partner yn meimio sut ddaeth o i'r dosbarth (does dim rhaid dweud y gwir). Gofynnwch:

Your partner mimes how he or she came to class (there is no need to tell the truth). Ask:

A: Ddest ti yn y car ?
ar y trên ?
mewn awyren ?
mewn cwch ?
ar gefn beic ?
ar gefn ceffyl?

B: Do, mi ddes i yn y car.
neu **B:** Naddo, ddes i ddim yn y car.

Adre efo'r plant

Defnyddio teganau neu luniau: car, trên, awyren, cwch, beic, ceffyl. Dangoswch nhw i'r plentyn gan ddweud eu henwau, ac wedyn eu rhoi mewn cas gobennydd. Mae'r plentyn yn dal y cas gobennydd. Dach chi'n tynnu un tegan neu lun (y car) allan heb ei ddangos i'r plentyn. Meimiwch. Mae'n debyg bydd y plentyn yn dweud 'car'. Dwedwch chi 'Mi ddes i yn y car.'

Use toys or pictures: car, train, aeroplane, boat, bike, horse. Show them to the child, saying their names, and then put them in a pillow case. The child holds the pillow case. You pull out one toy or picture (the car) without showing it to the child. Mime. It's likely the child will say 'car'. You say, 'Mi ddes i yn y car.'

Ailadroddwch efo'r teganau eraill ac wedyn gadael i'r plentyn feimio.

Repeat with the other toys and then let the child mime.

Cân
Tôn – 'Bobby Shafto'

Ddest ti yma yn y car?
Ddest ti yma yn y car ?
Ddest ti yma yn y car ?
Yma yn y ca – ar.

Ddest ti yma mewn awyren?
Ddest ti yma mewn awyren?
Ddest ti yma mewn awyren?
Yma mewn aw-yr-en.

uned 15

15.1 Dyddiadur

Gorffennwch y dyddiadur yma am ddydd Gwener, dydd Sadwrn a dydd Sul diwetha.

Finish this diary for last Friday, Saturday and Sunday.

Dydd Gwener Roedd hi'n ______________ (y tywydd)
Mi es i ______________
Mi ges i ______________ (bwyd)
Roedd ______________ ar y teledu am ______________ (amser)
Mi es i i'r gwely am ______________ (amser)

Dydd Sadwrn Roedd hi'n ______________ (y tywydd)
Mi es i ______________
Mi ges i ______________ (bwyd)
Roedd ______________ ar y teledu am ______________ (amser)
Mi es i i'r gwely am ______________ (amser)

Dydd Sul Roedd hi'n ______________ (y tywydd)
Mi es i ______________
Mi ges i ______________ (bwyd)
Roedd ______________ ar y teledu am ______________ (amser)
Mi es i i'r gwely am ______________ (amser)

Nawr gofynnwch i'ch partner am ddydd Gwener. Symud ymlaen at bartner newydd i ofyn am ddydd Sadwrn a symud ymlaen eto i ofyn am ddydd Sul.

Now ask your partner about Friday. Move to a new partner to ask about Saturday and move on again to ask about Sunday.

Adre efo'r plant

Cadw dyddiadur bob dydd am wythnos. Chi sy'n ysgrifennu. Y plant sy'n tynnu lluniau. Cofiwch ddarllen y dyddiadur efo'r plant ar ôl i chi ei orffen.

Keep a diary every day for a week. You do the writing. The children draw pictures. Remember to read the diary with the children after you finish it.

15.2 Cofio lluniau

Gan ddefnyddio'r lluniau o Uned 14, chwarae gêm gofio. Rhowch y lluniau ar y bwrdd o flaen eich partner. Dwedwch be' sy yn y lluniau: 'Mi es i i nofio', 'Mi es i i chwarae', ac yn y blaen. Trowch y lluniau drosodd. Pwyntiwch at un llun a dweud 'Mi es i i...' a gadael i'ch partner ddyfalu. Trowch y llun drosodd i gadarnhau'r ateb. Ailadroddwch efo'r lluniau eraill fesul un.

Using the pictures from Unit 14, play a memory game. Put the pictures on the table in front of your partner. Say what is in the pictures: 'Mi es i i nofio', 'Mi es i i chwarae', *and so on. Turn the pictures over. Point to one picture and say* 'Mi es i i...' *and let your partner guess. Turn the picture over to confirm the answer. Repeat with the other pictures one at a time.*

Adre efo'r plant

Chwaraewch yr un gêm. Os ydy'r plentyn yn ifanc iawn, chwaraewch efo pedwar neu bump o luniau ar y tro. Os ydy'r plentyn yn ymateb yn Saesneg, dwedwch chi'r Gymraeg ar ei ôl o/ar ei hôl hi.

Play the same game. If the child is very young, play with four or five pictures at a time. If the child responds in English, you say the Welsh after him/after her.

uned 16

16.1 Pelmanism

Mi wnes i chwarae yn y dŵr	*I played in the water*
Mi ges i stori	*I had a story*
Mi wnes i ddarllen lyfr	*I read a book*
Mi wnes i fwyta cinio	*I ate lunch*
Mi wnes i edrych ar y teledu	*I watched television*
Mi wnes i beintio llun	*I painted a picture*

Mae eich tiwtor wedi rhoi dwy set o gardiau i chi i gyfleu'r brawddegau uchod. Rhowch y cardiau wyneb i lawr. Codwch gerdyn o un set a dweud be' sy yn y llun: 'Mi wnes i beintio llun.' Codwch gerdyn o'r set arall a dweud be' sy yn y llun. Os ydy'r un lluniau ar y ddau gerdyn, tynnwch nhw o'r gêm a chymryd tro arall. Os ydy'r lluniau'n wahanol, rhowch nhw'n ôl ac mae eich partner yn cymryd tro.

Your tutor has given you two sets of cards to convey the above sentences. Put the cards face down. Pick up a card from one set and say what is in the picture: 'Mi wnes i beintio llun.'

Pick up a card from the other set and say what is in the picture. If the same pictures are on both cards, take them out of the game and take another turn. If the pictures are different, put them back and your partner takes a turn.

Adre efo'r plant

Chwaraewch yr un gêm. / *Play the same game.*

16.2 Meimio

Mae eich partner yn meimio rhywbeth o'r rhestr yn 16.1. Dyfalwch a gofyn, 'Wnest ti fwyta cinio?' Mae eich partner yn ateb 'Do' neu 'Naddo.'

Your partner mimes something from the list in 16.1. Guess and ask, 'Wnest ti fwyta cinio?' *Your partner answers* 'Do' *or* 'Naddo.'

Adre efo'r plant

Defnyddiwch y lluniau Pelmanism. Rhowch un set ar y bwrdd o flaen y plentyn. Chi sy'n meimio. Mae'r plentyn yn ymateb trwy bwyntio at y llun. Dwedwch chi be' sy yn y llun, e.e. 'Mi wnes i beintio llun.'

Use the Pelmanism pictures. Put one set on the table in front of the child. You do the miming. The child responds by pointing to the picture. You say what is in the picture, e.g. 'Mi wnes i beintio llun.'

16.3 Gwneud stori

Efo'ch partner, rhowch gymaint o atebion ag sy'n bosib i'r cwestiynau yma, heb edrych ar y llyfr.

With your partner, give as many answers as possible to these questions, without looking at the book.

Lle aeth Tedi?
Be' wnaeth Tedi?
Pryd ddaeth o adre?
Be' gaeth o i swper ?

Adre efo'r plant

Gwnewch lyfr pedair tudalen o'r enw 'Diwrnod Tedi' (neu hoff degan eich plentyn).

Make a four-page book called 'Diwrnod Tedi' *(Teddy's Day) (or your child's favourite toy's day).*

Tudalen 1 – Lle aeth Tedi? Mi aeth o i ____________________

Tudalen 2 – Be' wnaeth Tedi? ____________________

Tudalen 3 – Pryd ddaeth o adre? Mi ddaeth o adre am ___________ o'r gloch.

Tudalen 4 – Be' gaeth o i swper? Gaeth o ________________ i swper.

Darllenwch y llyfr efo'ch plentyn.

Read the book with your child.

uned 17

17.1 Stori ddoe

Gwisgo
Cerdded i'r cylch meithrin
Chwarae
Bwyta cinio
Rhedeg yn y parc
Edrych ar y teledu
Ymolchi
Darllen stori
Mynd i'r gwely

Mae'r rhestr uchod yn dangos be' wnaethoch chi efo'r plant ddoe.
Bob yn ail â'ch partner, dwedwch be' wnaethoch chi:

The above list shows what you did with the children yesterday.
Alternately with your partner, say what you did:

A: Mi wnaethon ni wisgo.
B: Ar ôl i ni wisgo, mi wnaethon ni gerdded i'r cylch meithrin.
A: Ar ôl i ni gerdded i'r cylch meithrin, mi wnaethon ni chwarae.

Ar ôl gorffen, gweithiwch tuag yn ôl a defnyddio 'cyn i ni':

After finishing, work backwards and use 'cyn i ni':

A: Cyn i ni fynd i'r gwely, mi wnaethon ni ddarllen stori.

Adre efo'r plant

Pan fydd y plant yn y gwely, cyn iddyn nhw gael stori,
helpwch nhw i gofio be' wnaethoch chi yn ystod y dydd:

When the children are in bed, before they have a story, help them to remember what you did during the day:

Mi wnaethon ni wisgo.
Ar ôl i ni wisgo, mi wnaethon ni gerdded ....

Os dach chi'n gwneud hyn bob nos, mi fydd y plant yn dechrau cofio ac mi fyddwch chi'n gallu dechrau brawddeg:

If you do this every night, the children will start to remember and you will be able to start a sentence:

Ar ôl i ni wisgo, mi.......

ac efo lwc mi fydd y plant yn gorffen y frawddeg.

and with luck, the children will finish the sentence.

Cofiwch fod angen llawer o ymarfer cyn i'r plant wneud hyn.

Remember that it takes a lot of practice before the children do this.

uned 18

18.1 Rhoi cyngor

Bob yn ail â'ch partner, dwedwch eich bod chi'n mynd i wneud un o'r pethau yma:

Alternately with your partner, say you are going to do one of these things:

Dewiswch y cyngor gorau i roi i'ch partner o'r rhestr yma. Dydy'r rhestr ddim yn y drefn gywir:

Choose the best advice to give your partner from this list. The list isn't in the correct order:

A: Dw i'n mynd i... peintio
tynnu llun
mynd i'r tŷ bach
nofio
torri papur
chwarae yn yr ardd
mynd i barti
bwyta fferins
ysgrifennu

Cofiwch y treiglad meddal!

B: Rhaid i ti... gwisgo welingtons
gwisgo ffedog
peidio rhedeg efo'r siswrn
dal y pensil fel hyn
golchi dy ddwylo wedyn
prynu anrheg
pacio tywel
peidio ysgrifennu ar y wal
brwsio dy ddannedd wedyn

Cofiwch y treiglad meddal!

Newidiwch bartner. Rhowch ddarn o bapur dros y rhestr gyngor. Unwaith eto dach chi â'ch partner yn dweud bob yn ail eich bod chi'n mynd i wneud un o'r pethau ar y chwith uchod. Ceisiwch roi cyngor i'ch partner heb edrych ar y rhestr gyngor.

Change partners. Put a piece of paper over the advice list. Once again you and your partner say alternately that you are going to do one of the things above on the left. Try to advise your partner without looking at the advice list.

Adre efo'r plant

Dewiswch dri neu bedwar o'r pethau ar y rhestr gyngor i'w dysgu ar eich cof a'u defnyddio bob dydd efo'r plant. Pan fyddwch yn gallu eu defnyddio bob dydd, dysgwch ragor a'u defnyddio nhw.

Choose three or four of the things from the advice list to learn by heart and use every day with the children. Once you can use them every day, learn and use more of them.

18.2 Gêm drac – Rhaid i ni

Taflwch ddis er mwyn symud o gwmpas y grid. Dwedwch be' mae'n rhaid i chi a'r plant ei wneud fel arfer yr amser hwnnw o'r dydd.

Throw a dice in order to move around the grid. Say what you and the children usually have to do at that time of day.

Am saith o'r gloch, rhaid i ni ________________ fel arfer.

Dechrau (y bore)

7.00	8.30	11.00	12.30
5.30	4.00	3.30	2.00
6.00	6.30	7.00	7.30

Diwedd (y nos)

Adre efo'r plant

Ychydig o weithiau bob dydd, cyn i chi ddechrau gweithgaredd newydd, tynnwch sylw'r plant at y cloc a dweud:

A few times each day, before you start a new activity, draw the children's attention to the clock and say:

Mae hi'n ... o'r gloch, rhaid i ni ... rŵan. *It's ... o'clock, we must ...... now.*

18.3 Mae Seimon yn dweud *(O'Grady says)*

Rhaid i chi wneud pethau pan fydd y tiwtor yn dweud:

You must do things when the tutor says:

Mae Seimon yn dweud, rhaid i chi .....

Rhaid i chi beidio gwneud pethau pan fydd y tiwtor yn dweud:

You must not do things when the tutor says:

Rhaid i chi ....

Mi fydd y rhai sy'n gwneud rhywbeth, heb i Seimon ddweud, allan o'r gêm.

Those who do something, without Seimon saying, will be out of the game.

Adre efo'r plant

Chwaraewch yr un gêm. / *Play the same game.*

uned 19

19.1 Dos i nôl

cot **esgidiau** **bag ysgol** **llyfr** **het** **siwmper** **tedi** **tegan** **pêl** **doli**

Efo'r tiwtor, ymarfer dweud wrth rywun am nôl y pethau uchod:

With the tutor, practise telling someone to fetch the above things:

Dos i nôl cot.

Rŵan, mae'r tiwtor wedi rhoi'r pethau uchod, neu luniau ohonyn nhw, o gwmpas yr ystafell. Bob yn ail â'ch partner, dwedwch wrtho fo/wrthi hi am fynd i nôl un o'r pethau.

Now, the tutor has put the above things, or pictures of them, around the room. Alternately with your partner, tell him/her to go and fetch one of the things.

Adre efo'r plant

Manteisiwch ar bob cyfle i ddweud 'Dos i nôl...' wrth eich plant.

Take advantage of every opportunity to say 'Dos i nôl...' *to your children.*

19.2 Croesi'r ffordd

Darllenwch i'ch partner. Mi fydd eich tiwtor yn helpu efo'r geiriau anodd.

Read to your partner. Your tutor will help with the difficult words.

Cod y Groes Werdd

1. **Chwilia am le saff.**
2. **Stopia**. Saf ar y pafin wrth yr ymyl.
3. **Edrycha a gwranda.**
4. **Aros** nes bydd hi'n saff croesi. Os oes traffig yn dŵad, gad iddo fo fynd heibio.
5. **Edrycha a gwranda eto.** Os does dim traffig yn agos, cerdda'n syth ar draws y ffordd.
6. **Edrycha a gwranda** am draffig trwy'r amser wrth groesi.

Darllenwch y darn eto i bartner newydd. Yna symudwch ymlaen eto at bartner newydd arall.

Read the passage again to a new partner. Then move on again to another new partner.

Rŵan mi fydd y tiwtor yn rhoi'r darn i chi efo'r brawddegau wedi eu gwahanu. Heb edrych ar y llyfr, rhowch y brawddegau yn y drefn gywir.

Now the tutor will give you the passage with every sentence cut apart. Without looking at the book, put the sentences in the correct order.

Adre efo'r plant

- Bob tro dach chi'n croesi'r ffordd efo'r plant, hyd yn oed efo plentyn bach iawn mewn coets, dwedwch y pethau yma a'u gwneud:

  Every time you cross the road with the children, even with a very small child in a pushchair, say and do these things:

  Stopia
  Edrycha
  Gwranda
  Cerdda

- Yn y tŷ neu yn yr ardd, chwaraewch groesi'r ffordd efo'r tedis a'r doliau.

  In the house or garden, play crossing the road with the teddies and dolls.

uned 20

20.1 Cyn i ti ..., Ar ôl i ti ..., Rhaid i ti.....

Gweithiwch efo partner a llenwi'r bylchau efo un o'r rhain:

Work with a partner and fill the gaps with one of these:

torchi dy lewys di	**brwsio dy ddannedd di**
tacluso	**bwyta dy swper di**
gwneud dy waith cartre di	**tynnu dy esgidiau di**
golchi dy ddwylo di	**cael bath**

> **Geirfa**
>
> torchi dy lewys di
> *- to roll up your sleeves*

Cyn i ti edrych ar y teledu, rhaid i ti ____________________

Cyn i ti fynd i'r gwely, rhaid i ti ____________________

Cyn i ti fwyta fferins, rhaid i ti ____________________

Cyn i ti beintio, rhaid i ti ____________________

Ar ôl i ti fynd i'r tŷ bach, rhaid i ti ____________________

Ar ôl i ti chwarae efo'r blociau, rhaid i ti ____________________

Ar ôl i ti fwyta fferins, rhaid i ti ____________________

Ar ôl i ti chwarae yn yr ardd, rhaid i ti ____________________

Newidiwch bartner a darllen eich brawddegau i'ch gilydd. Oes gwahaniaethau?

Change partners and read your sentences to each other. Are there differences?

Adre efo'r plant

Dewiswch ychydig o'r brawddegau uchod a'u dysgu ar eich cof. Cofiwch eu defnyddio efo'ch plant. Pan fyddwch chi'n eu defnyddio'n aml, dysgwch rai eraill.

Choose a few of the above sentences and learn them by heart. Remember to use them with the children. Once you are using them often, learn a few more.

20.2 Esgusodion

Bob yn ail â phartner, darllenwch y gorchmynion a'r esgusodion, o leia ddwywaith:

Alternately with a partner, read the commands and excuses at least twice:

Gorchmynion	**Esgusodion**
Gwna dy waith cartre di!	Cyn i mi wneud fy ngwaith cartre i, rhaid i mi ddarllen comic.
Brwsia dy ddannedd di!	Cyn i mi frwsio fy nannedd i, rhaid i mi fwyta siocled.
Golcha dy ddwylo di!	Cyn i mi olchi fy nwylo i, rhaid i mi orffen peintio.
Tyrd i gael bath!	Cyn i mi ddŵad i gael bath, rhaid i mi nôl cwch.
Dos i'r gwely!	Cyn i mi fynd i'r gwely, rhaid i mi ffeindio tedi.
Taclusa dy deganau di!	Cyn i mi dacluso fy nheganau i, rhaid i mi orffen y gêm.
Tynna dy esgidiau di!	Cyn i mi dynnu fy esgidiau i, rhaid i mi eistedd.
Gwisga dy got di!	Cyn i mi wisgo fy nghot i, rhaid i mi wisgo fy siwmper.

Rŵan, mae'r tiwtor yn mynd i roi cerdyn i bawb. Mae gorchymyn gan hanner y dosbarth ac esgus gan y lleill. Ewch o gwmpas a chyfateb y gorchmynion a'r esgusodion.

Now, the tutor will give everyone a card. Half the class has a command and the others have an excuse. Go around and match up the commands and the excuses.

Adre efo'r plant

Defnyddiwch y gorchmynion efo'ch plant. Yn rhy fuan o lawer, mi fydd y plant yn dechrau defnyddio'r esgusodion!

Use the commands with the children. All too soon, the children will start to use the excuses!

20.3 Problemau a helpu

Efo partner, cyfatebwch y problemau hyn â'r help mwya addas. Dyn nhw ddim yn y drefn gywir:

With a partner, match these problems with the most suitable help. They are not in the correct order:

Problem	**Help**
Lasys esgidiau'n agor	Tyrd. Rhaid i mi dorchi dy lewys di.
Siocled ar y dwylo	Tyrd. Rhaid i mi sychu dy drwyn di.
Botymau ar agor	Tyrd. Rhaid i mi roi sws i ti.
Paent ar y siwmper	Tyrd. Rhaid i mi gau dy fotymau di.
Trwyn yn rhedeg	Tyrd. Rhaid i mi olchi dy ddwylo di.
Crio	Tyrd. Rhaid i mi gau dy lasys di.

Rŵan darllenwch y problemau i'ch partner fesul un. Mae eich partner yn ceisio cofio'r help heb edrych ar y llyfr.

Now read the problems to your partner one at a time. Your partner tries to remember the help without looking at the book.

Geirfa

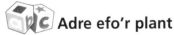

lasys esgidiau - *shoelaces*
botymau - *buttons*
sws - *kiss*

Adre efo'r plant

Cofiwch ddefnyddio'r brawddegau 'help' uchod efo'ch plant.

Remember to use the above 'help' sentences with your children.

uned 21

21.1 Disgrifio pobl

Defnyddiwch y lluniau ar dudalen 132 yn Uned 21 y prif gwrs.

Use the pictures on page 132 in Unit 21 of the main course.

Partner A: (yn disgrifio un o'r bobl)
(describing one of the people)
Mae o'n dal ac yn denau,...

Partner B: Fo / Hi (gan bwyntio at y person) *(pointing at the person)*

Partner A: Ia / Naci

Adre efo'r plant

Chwaraewch yr un gêm. / *Play the same game.*

21.2 Lliwiau

Mi fydd y tiwtor wedi dŵad â llawer o deganau neu luniau o deganau i'r dosbarth. Maen nhw o flaen y dosbarth. Bob yn ail â'ch partner, ymarfer:

The tutor will have brought a lot of toys or pictures of toys to class. They are in front of the class. Alternately with your partner, practise:

Dos i nôl rhywbeth...
Go and fetch something ...

coch
glas
gwyrdd
melyn
du
porffor/piws
gwyn

Adre efo'r plant

Chwaraewch yr un gêm. / *Play the same game.*

21.3 Baneri

Defnyddiwch y baneri yn Uned 21 y prif gwrs. Efo partner, chwaraewch y gêm yma:

Use the flags in Unit 21 of the main course. With a partner, play this game:

Partner A: Mae hi'n wyn ac yn goch.
Partner B: Japan
Partner A: Ia / Naci

Adre efo'r plant

Chwaraewch yr un gêm. / *Play the same game.*

Cân

Tôn – 'I can sing a rainbow'

Coch a melyn a fioled a glas,
Porffor ac oren a gwyrdd.
Dyma liwiau'r enfys,
Lliwiau'r enfys,
Lliwiau'r enfys hardd.

uned 22

22.1 Un coch, un glas ... gwneud setiau o bedwar

Mi fydd y tiwtor wedi paratoi setiau o bedwar cerdyn efo'r un lliw arnyn nhw. Mi fydd o/hi yn cymysgu'r cardiau a'u rhannu ymhlith aelodau'r dosbarth. Rhaid casglu setiau o bedwar cerdyn yr un lliw.

The tutor will have prepared sets of four cards with the same colour on them. He/she will shuffle the cards and share them between members of the class. Collect sets of four cards of the same colour.

Ewch o gwmpas a gofyn:

Ga' i un **coch**? *May I have a red one?*

Mae'r person arall yn dweud 'Na chei' (os nad oes gynno fo/hi gerdyn coch) *(if he/she hasn't got a red card)* neu 'Cei' (ac yn rhoi cerdyn coch i chi) *(and gives you a red card).*

Rhaid symud ymlaen at berson arall ar ôl gofyn un cwestiwn. Rhaid siarad efo pawb nifer o weithiau cyn gorffen. Pan fydd gynnoch chi set o bedwar cerdyn yr un lliw, ewch â nhw i'r tiwtor. Mi fydd o/hi yn rhoi rhagor o gardiau ichi.

You must move on to another person after asking one question. You will have to speak to everyone a number of times before finishing. Once you have a set of four cards of the same colour, take them to the tutor who will give you more cards.

Adre efo'r plant

- Defnyddiwch 'Ga' i un coch?' ac yn y blaen, wrth chwarae efo lego a gemau tebyg, wrth dynnu lluniau efo creonau ac wrth ddewis fferins a dillad.

  Use 'Ga' i un coch?' *and so on when playing with lego and similar games, drawing pictures with crayons and choosing sweets and clothes.*

- Dysgwch eich plentyn i ofyn am bethau yn Gymraeg. Bob tro mae'r plentyn yn gofyn am rywbeth yn Saesneg, neu'n pwyntio at y peth mae o/hi isio, dwedwch chi 'Ga' i ...?' Rhaid bod yn amyneddgar, ond yn y diwedd mi fydd y plentyn yn gofyn yn Gymraeg.

  Teach your child to ask for things in Welsh. Every time the child asks for something in English, or points at the thing he/she wants, you say 'Ga' i ...?' *You must be patient but eventually the child will ask in Welsh.*

22.2 Dw i isio…

Be' mae eich plant chi isio? Helpwch y tiwtor i gasglu syniadau ar y bwrdd gwyn/du. Efo'r tiwtor, ymarferwch ofyn am y pethau ar y bwrdd gwyn/du. Rŵan efo'ch partner, gofynnwch y cwestiwn:

Be' wyt ti isio?

drosodd a throsodd, er mwyn cofio cymaint o atebion 'Dw i isio ….' ag sy'n bosib, heb edrych ar y bwrdd gwyn/du.

What do your children want? Help the tutor to collect ideas on the white/black board. With the tutor, practise asking for the things on the white/black board. Now with your partner, ask the question, 'Be' wyt ti isio?' *over and over, in order to remember as many* 'Dw i isio …' *answers as possible, without looking at the white/back board.*

Adre efo'r plant

Os dach chi'n cynnig dewis i blentyn, mae'n well cynnig dewis rhwng dau beth. Os oes gormod o ddewis, mae'n anodd penderfynu:

If you are offering a child a choice, it's better to offer a choice between two things. If there's too much choice, it's difficult to decide:

Be' wyt ti isio? Coch neu las?

uned 23

23.1 Pres

Mae angen darnau amrywiol o bres/arian, darn o bapur plaen a phensil. Mae'r tiwtor yn mynd i ddefnyddio'r geiriau yma:

You need various coins, a piece of plain paper and a pencil. The tutor is going to use these words:

Rhowch	*Put*
Rhwbiwch	*Rub*

Rhowch y darnau arian ar y bwrdd. Rhowch y papur dros y darnau a rhwbio pen y darnau efo ochr y pensil. Mi fydd llun y darnau'n ymddangos ar y papur. Os dydy'r rhif ddim yn dangos yn glir, ysgrifennwch drosto fo i'w wneud yn gliriach. Ailadroddwch er mwyn llenwi'r papur.

Put the coins on the table. Put the paper over the coins and with the side of the pencil, rub the top of the coins. If the number doesn't show clearly, write over it to make it clearer. Repeat in order to fill the paper.

Cyfrif faint o bres sy ar y papur. Ewch o gwmpas y dosbarth yn cyfnewid papurau efo pobl eraill a chyfrif faint o bres sy gynnyn nhw. Pwy ydy'r cyfoethoca?

Count how much money is on the paper. Go around the class exchanging papers with other people and counting how much money they have. Who is the richest?

Adre efo'r plant

Torrwch luniau'r darnau o bres neu arian o'r papur. Gwnewch ragor efo'r plant. Defnyddiwch y pres i chwarae siop.

Cut the pictures of the coins out of the paper. Make more with the children. Use the money to play shop.

Rhybudd: byddwch yn ofalus wrth drin darnau arian efo'r plant. Peidiwch gadael iddyn nhw eu bwyta!

Warning: *be careful when using coins with the children. Don't let them eat them!*

23.2 Dyfalu darnau

Caewch eich llygaid. Mae eich partner yn rhoi darn o arian yn eich llaw. Heb edrych a chan deimlo efo un llaw yn unig, dyfalwch pa fath o ddarn ydy o (ceiniog, dwy geiniog, punt, ac yn y blaen).

Close your eyes. Your partner puts a coin in your hand. Without looking and feeling with one hand only, guess what sort of coin it is (a penny, two pence, a pound, and so on).

Ceiniog ydy o? Ia/Naci

Adre efo'r plant

Chwaraewch yr un gêm. Rhaid bod y plentyn yn ddigon hen i adnabod gwahanol ddarnau.

Play the same game. The child must be old enough to recognise different coins.

23.3 Chwarae siop

banana 5c

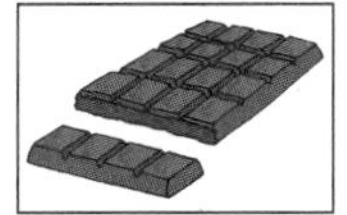

siocled 7c

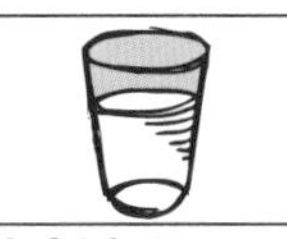

llefrith 6c

afal 6c

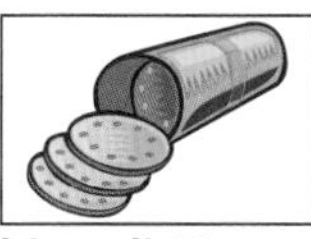

bisgedi 10c

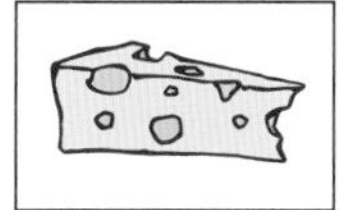

caws 9c

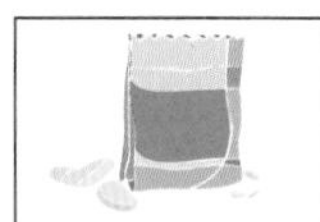

creision 7c

saws coch 10c

bara 8c

pys tun 8c

iogwrt 7c

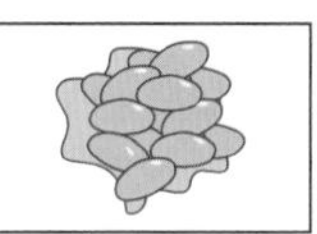

ffa pob 8c

Ymarfer gofyn i'ch partner am dri pheth. Mae eich partner yn gwneud y sym a gofyn am y pres. Smalio talu.

Practise asking your partner for three of the above. Your partner works out the sum and asks for the money. Pretend to pay.

Adre efo'r plant

Chwarae siop. Mae siopau teganau'n gwerthu pecynnau ffug, ond mae hi'r un mor hawdd chwarae efo pecynnau gwag, neu bethau o'r cwpwrdd bwyd.

Play shop. Toy shops sell fake packets, but it is just as easy to play with empty packets, or things from the food cupboard.

Os ydy'ch plentyn yn ifanc iawn, does dim angen defnyddio pres o gwbl, dim ond smalio talu. Os ydy'r plentyn yn gallu cyfrif, ysgrifennwch brisiau isel ar y pecynnau. Defnyddiwch y pres papur wnaethoch chi yn y dosbarth, neu bres plastig.

If the child is very young, there is no need to use money at all – you can pretend to pay. If the child can count, write low prices on the packets. Use the paper money you made in class, or plastic money.

Wrth i'r plentyn fynd yn hŷn, tynnwch ei sylw at y prisiau ar y silffoedd yn yr archfarchnad.

As the child grows older, draw his/her attention to the prices on the shelves in the supermarket.

uned 24

24.1 Y corff

Efo'r tiwtor, ymarfer dweud: / *With the tutor, practise saying:*

pen	clust	gwddw	llaw	braich	cefn
bol	coes	troed	ceg	trwyn	llygad

Yna efo partner, ymarfer gofyn 'Lle mae dy ....di?' Mi fydd eich partner yn pwyntio.

Now with a partner, practise asking 'Lle mae dy ....di?' *Your partner will point.*

Adre efo'r plant

Gêm i'w chwarae efo babanod a phlant ifanc iawn ydy hon – roedd yr un gêm yn Uned 12. Yn aml iawn, mae rhieni'n chwarae'r gêm yma cyn i'r plentyn ddechrau siarad. Gofynnwch y cwestiwn, 'Lle mae dy fol di?' Rhaid i chi roi eich bys ar fol y babi a dweud, 'Dyma fo!' Wrth i'r plentyn dyfu, mi fydd o/hi'n ymuno yn y gêm.

This is a game to play with babies and very young children. You played the same game in Unit 12. Very often parents play this game before the child starts to talk. Ask the question, 'Lle mae dy fol di?' *Place your finger on the baby's tummy and say,* 'Dyma fo!' *As the child grows, he/she will join in the game.*

24.2 Corff Tedi

Mewn grwpiau o dri neu bedwar, cymerwch dro i daflu dis. Dach chi'n tynnu llun o rannau corff Tedi yn ôl y rhifau dach chi'n eu taflu. Os dach chi'n taflu'r dis ac yn cael rhan sy gynnoch chi'n barod, dach chi ddim yn gallu ychwanegu dim byd at Tedi'r tro hwnnw. Yr enillydd ydy'r un sy'n cwblhau Tedi'n gyntaf.

In groups of three or four, take turns to throw a dice. You draw parts of Teddy's body according to the numbers you throw. If you throw the dice and get a number corresponding to a part you already have, you don't add anything to Teddy that time. The winner is the one who completes Teddy first.

Adre efo'r plant

Chwarae'r un gêm. Os ydy'r plentyn yn rhy ifanc i dynnu llun Tedi, tynnwch lun i bob chwaraewr a gwahanu rhannau'r corff cyn i chi ddechrau chwarae. Mae'r chwaraewyr yn casglu'r rhannau at ei gilydd wrth chwarae.

Play the same game. If the child is too young to draw a picture of Teddy, draw a picture for each player and cut the parts of the body apart before you start playing. The players gather the parts as they play.

24.3 Pelmanism – Salwch

Mae'r tiwtor wedi rhoi dwy set o luniau i chi. Rhowch nhw ar y bwrdd efo'r lluniau i lawr. Gofynnwch i'ch partner:

The tutor has given you two sets of pictures. Put them on the table picture side down. Ask your partner:

Be' sy'n bod arnat ti? *What's the matter with you?*

Mae eich partner yn codi un cerdyn ac yn ateb yn ôl y llun, e.e. 'Mae gen i gur pen.' Wedyn mae o/hi'n codi cerdyn arall ac yn ateb yn ôl y llun. Os ydy'ch partner wedi codi dau gerdyn efo'r un llun arnyn nhw, mae o/hi'n eu tynnu o'r gêm. Os na, rhowch nhw nôl. Eich tro chi nesa.

Your partner picks up one card and answers according to the picture, e.g. 'Mae gen i gur pen.' *Then he/she picks up another card and answers according to the picture. If your partner has picked up two cards with the same picture, he/she removes them from the game. If not, put them back. Your turn next.*

Adre efo'r plant

Chwarae'r un gêm. / *Play the same game.*

Cân

Eisteddwch ar gadair. Plygwch a chyffwrdd y rhannau wrth ganu amdanyn nhw. Canwch weithiau'n gyflym, weithiau'n araf ac mi fydd y plant yn dysgu'r geiriau yma hefyd.

Sit on a chair. Bend and touch the parts as you sing about them. Sing sometimes quickly, sometimes slowly and the children will learn these words too.

Tôn – 'There is a tavern in the town'

Pen, ysgwyddau, coesau, traed,
Coesau traed,
Pen, ysgwyddau, coesau, traed,
Coesau, traed,
A llygaid, clustiau, trwyn a cheg,
Pen, ysgwyddau, coesau, traed,
Coesau, traed.

uned 25

25.1 Meimio salwch

ffliw	**annwyd**	**peswch**	**cur pen**	**clust yn brifo**
cefn yn brifo	**troed yn brifo**	**poen bol**	**braich yn brifo**	**dolur gwddw**

Efo'ch partner, meimiwch yn eich tro a gofyn:

With your partner take turns to mime and ask:

Be' sy'n bod arna i?

Mae eich partner yn ateb:

Your partner answers:

Mae ffliw arnoch chi. / Mae ffliw arnat ti.

Adre efo'r plant

Chwarae ysbyty efo'r tedis a'r doliau. / *Play hospital with the teddies and dolls.*

25.2 Tegan dweud ffortiwn / *Fortune teller*

Mae'r tiwtor wedi rhoi sgwâr o bapur i chi. Mi fydd y tiwtor yn dangos i chi sut mae plygu'r papur i wneud 'Tegan dweud ffortiwn'. Rhowch liwiau, rhifau a negeseuon ar y papur. Rhowch un o fysedd a bawd y ddwy law i mewn i'r corneli. Gofynnwch i'ch partner:

The tutor has given you a square of paper. The tutor will show you how to fold the paper to make a 'Fortune teller'. Put colours, numbers and messages on the paper. Put your thumb and one finger of both hands into the corners. Ask your partner:

Pa liw wyt ti isio?

Dwedwch bob llythyren o'r lliw, gan agor a chau'r 'Tegan dweud ffortiwn' unwaith ar gyfer pob llythyren. Gofynnwch:

Say each letter of the colour, opening and closing the 'Fortune teller' once for each letter. Ask:

Pa rif wyt ti isio?

Cyfrif y rhif, gan agor a chau fel o'r blaen. Gofynnwch eto:

Count the number, opening and closing as before. Ask again:

Pa rif wyt ti isio?

Darllenwch y neges o dan y rhif. / *Read the message under the number.*
Syniadau ar gyfer negeseuon: / *Ideas for messages:*

Rwyt ti'n olygus	Rwyt ti'n ddiddorol	Rwyt ti'n ddiflas
Rwyt ti'n ddel	Rwyt ti'n dda	Rwyt ti'n dwp

Adre efo'r plant

Gwnewch 'Deganau dweud ffortiwn' a chwarae efo nhw. Mi fydd y brawddegau yma'n ddefnyddiol:

Make 'fortune tellers' and play with them. These sentences will be useful:

Plygwch y papur fel hyn.	Plyga'r papur fel hyn.	*Fold the paper like this.*
Trowch y papur drosodd.	Tro'r papur drosodd.	*Turn the paper over.*
Plygwch eto.	Plyga eto.	*Fold again.*

Mi fydd y plant yn gwerthfawrogi rhai negeseuon fel:

The children will appreciate some messages like:

Mwnci wyt ti!	*You're a monkey!*
Mochyn wyt ti!	*You're a pig!*

25.3 Darllen llyfrau

Mi fydd y tiwtor wedi dŵad â llyfrau plant i'r dosbarth. Darllenwch i'ch partner. Peidiwch poeni os dach chi ddim yn deall pob gair. Mi fydd y tiwtor yn helpu efo geiriau anodd.

The tutor has brought children's books to class. Read to your partner. Don't worry if you don't understand every word. The tutor will help with difficult words.

Adre efo'r plant

Cofiwch fynd â'r plant i'r llyfrgell a dewis ychydig o lyfrau Cymraeg i'w darllen efo nhw. Mae'r profiad o fwynhau stori efo'ch gilydd ac edrych ar y lluniau yr un mor bwysig â deall y geiriau. Mae'n bosib trafod y llyfr yn Saesneg. Darllenwch y stori wedyn yn Gymraeg.

Remember to take the children to the library and choose a few Welsh books to read with them. The experience of enjoying a story together and looking at the pictures is just as important as understanding the words. It's possible to discuss the book in English. Read the story then in Welsh.

Cân

Tôn – 'Polly put the kettle on'

Be' sy'n bod ar tedi bach?
Be' sy'n bod ar tedi bach?
Be' sy'n bod ar tedi bach?
Ar tedi bach?

Mae gan Tedi beswch cas,
Mae gan Tedi beswch cas,
Mae gan Tedi beswch cas,
Peswch cas.

uned 26

26.1 Sut un ydy o/hi?

Mae'r tiwtor wedi gofyn i bawb ddŵad â ffotograffau o'u plant neu blant eraill yn y teulu. Mi fydd y tiwtor wedi glynu'r ffotograffau wrth y bwrdd gwyn/du ac wedi ysgrifennu rhif yn ymyl pob ffoto.

The tutor has asked everyone to bring photos of their children or other children in the family. The tutor will have stuck the photos to the white/black board and written a number beside each photo.

Ar ddarn o bapur, ysgrifennwch ddisgrifiad o un o'ch plant. Rhowch y papur i'ch partner. Mi fydd o/hi'n mynd i edrych ar y ffotograffau a cheisio cael hyd i'ch plentyn chi. Ewch ymlaen i wneud yr un peth efo nifer o bobl eraill.

On a piece of paper, write a description of one of your children. Give the paper to your partner. He/she will go to look at the photos and try to find your child. Do the same thing with a number of other people.

Adre efo'r plant

Ysgrifennwch ddisgrifiad o'ch plentyn i'w roi yn y llyfr lloffion, 'Dyma fi' y gwnaethoch chi ei ddechrau yn Uned 10. Gofynnwch i'ch plentyn beintio ei lun/ei llun ei hun i'w gynnwys yn y llyfr lloffion.

Write a description of your child to put into the 'Dyma fi' *scrapbook you started in Unit 10. Ask your child to paint his/her own picture to be included in the scrapbook.*

26.2 Yn y tŷ

Tynnwch lun croestoriad o'ch tŷ neu'ch tŷ delfrydol. Labelwch yr ystafelloedd.

Draw a cross-section of your house or of your ideal house. Label the rooms.

lolfa **ystafell fwyta** **cegin** **ystafell ymolchi**
ystafell wely Mami a Dadi **ystafell wely Manon**
y grisiau **yr ardd**

Dach chi'n smalio eich bod chi yn un o'r ystafelloedd. Ysgrifennwch enw'r ystafell honno ar ddarn arall o bapur, heb ddangos i'ch partner. Mae eich partner yn gofyn cwestiynau i ddarganfod lle dach chi:

Pretend you are in one of the rooms. Write the name of that room on another piece of paper, without showing your partner. Your partner asks questions to discover where you are:

Wyt ti yn y gegin? Ydw/Nac ydw

Adre efo'r plant

Chwarae mig

Dwedwch wrth eich plentyn am fynd i un o'r ystafelloedd yn y tŷ. Sefwch yng nghanol y tŷ a galw:

Tell your child to go to one of the rooms in the house. Stand in the middle of the house and call:

Wyt ti yn ystafell wely Mami a Dadi?

Mae'n debyg bydd y plentyn yn ateb yn Saesneg. Dwedwch chi'r ateb yn Gymraeg ar ei ôl o/ar ei hôl hi.

It's likely the child will answer in English. You repeat the answer in Welsh.

Os ydy'ch plentyn yn dechrau dysgu darllen, ysgrifennwch enwau'r ystafelloedd yn Gymraeg ar labeli ar y drysau. Cofiwch eu rhoi'n ddigon isel i'r plant eu gweld.

If your child is starting to learn to read, write the names of the rooms in Welsh on labels on the doors. Remember to put them low enough for the children to see.

uned 27

27.1 Llongau rhyfel *Battleships*

ysgrifennu dy enw di	**torri efo siswrn**	**gwisgo dy got di**
dal y pensil fel hyn	**torchi dy lewys di**	**tynnu dy siwmper di**
helpu Mami	**agor y drws**	**darllen stori**

Marciwch bedwar o'r gweithgareddau uchod. Gofynnwch gwestiynau i'ch partner er mwyn cael hyd i'r pethau mae o/hi wedi'u marcio.

Mark four of the above activities. Ask your partner questions in order to find the things he/she has marked.

Wyt ti'n medru darllen stori? Ydw/Nac ydw

Adre efo'r plant

Mae canmoliaeth yn bwysig i'ch plentyn. Pan fydd eich plentyn yn llwyddo, cofiwch ddweud:

Praise is important to your child. When your child succeeds, remember to say:

Da iawn, rwyt ti'n medru **torri efo siswrn** rŵan!

27.2 Y plant

eistedd	**sefyll**	**cerdded**	
rhedeg	**cicio pêl**	**dal pêl**	**reidio beic**
canu	**siarad**	**nabod ei enw o/ei henw hi**	

Geirfa

nabod ei enw o/ei henw hi - *recognize his/her name*

Mewn grwpiau o dri, trafodwch be' mae eich plant chi'n medru wneud neu ddim yn medru wneud.

In groups of three, discuss what your children can or cannot do.

Adre efo'r plant

Wrth siarad â'ch plentyn, dydy hi ddim yn syniad da ei gymharu o/ei chymharu hi â phlant eraill. Mae'n well canolbwyntio ar be' mae o/hi'n medru wneud. Be' am gofnodi cyraeddiadau'r plant mewn llyfr lloffion arbennig a chynnwys ffotograffau:

When talking to your child, it isn't a good idea to compare him/her with other children. It's better to concentrate on what he/she can do. How about recording the children's achievements in a special scrapbook and including photographs?

9 Mawrth 2006 Mae Siân yn medru cerdded.

27.3 Trafod cartwnau, llyfrau, comics ...

Pingu Spiderman Batman Wcw
Superted Dennis a Dannedd Teletubbies Shrek

Mewn grwpiau o dri, trafodwch be' mae'r cymeriadau hyn, a chymeriadau poblogaidd eraill, yn medru wneud neu ddim yn medru wneud:

In groups of three, discuss what these characters, and other popular characters, can or cannot do:

Dydy Pingu ddim yn medru siarad Cymraeg.

Adre efo'r plant

Wrth edrych ar lyfrau neu gomics, trafodwch be' mae'r cymeriadau'n medru wneud neu ddim yn medru wneud.

When looking at books or comics, discuss what the characters can or cannot do.

uned 28

28.1 Wyt ti wedi ...?

Mi fydd y tiwtor wedi dŵad â llawer o bethau neu luniau i'r dosbarth. Mae tua 16 ohonyn nhw ar y bwrdd. Efo partner, edrychwch arnyn nhw'n ofalus. Mi fydd y tiwtor yn helpu efo unrhyw eiriau anodd.

The tutor has brought a lot of items or pictures to class. There are approximately 16 of them on the table. With your partner, study them carefully. The tutor will help with any difficult words.

Rŵan, caewch eich llygaid. Mi fydd eich partner yn symud ychydig o'r pethau o gwmpas ar y bwrdd. Agorwch eich llygaid, edrychwch ar y bwrdd a gofyn cwestiynau:

Now, close your eyes. Your partner will move a few of the items around on the table. Open your eyes, look at the table and ask questions:

Wyt ti wedi symud **y car coch?** Ydw/Nac ydw

Adre efo'r plant

Chwaraewch yr un gêm. / *Play the same game.*

28.2 Lle mae tedi wedi bod?

Ymarfer yr atebion efo'r tiwtor: / *Practise these answers with the tutor:*

yn y cwpwrdd	**y tu ôl i'r bin**	**yn y gornel**	**dan y bwrdd**
yn y bag	**ar y silff**	**y tu ôl i'r cloc**	**dan y poster**

Mae'r tiwtor wedi rhoi tedi neu ddoli i chi a'ch partner. Mae eich partner yn cau ei lygaid/ei llygaid. Ewch i guddio'r tedi neu'r ddoli rywle yn yr ystafell. Ewch nôl at eich partner a dweud 'Dw i'n barod'. Mae eich partner yn mynd i chwilio am y tegan. Mae o/hi'n dŵad â'r tegan nôl i chi. Gofynnwch:

The tutor has given you and your partner a teddy or doll. Your partner closes his/her eyes. Hide the teddy or doll somewhere in the room. Go back to your partner and say 'Dw i'n barod'. *Your partner goes to search for the toy. He/she brings the toy back to you. Ask:*

Lle mae tedi wedi bod?
Mae o wedi bod …

Adre efo'r plant

Chwarae gêm debyg. Rhowch y tedi (heb ei guddio) yn un o ystafelloedd y tŷ. Rywdro yn ystod y dydd, gofynnwch i'r plentyn fynd i chwilio am y tedi. Pan fydd y plentyn yn dŵad nôl efo'r tedi, gofynnwch:

Play a similar game. Put the teddy (without hiding it) in one of the rooms of the house. Sometime during the day, ask the child to go to search for the teddy. When the child comes back with the teddy, ask:

Lle mae tedi wedi bod?
Mae o wedi bod yn y gegin.

Mae hi'n bosib bydd rhaid i chi ofyn y cwestiwn a'i ateb, nes i'r plentyn ddysgu'r gêm.

It's possible you will have to ask the question and answer it, until the child learns the game.

Cân

Tôn – 'She'll be coming round the mountain'

Lle mae tedi wedi bod? Wedi bod?
Lle mae tedi wedi bod? Wedi bod?
Lle mae tedi wedi bod?
Tedi wedi bod?
Lle mae tedi wedi bod? Wedi bod?

uned 29

29.1 Llongau rhyfel *Battleships*

Mynd i'r cylch meithrin

chwarae yn y dŵr	peintio	tynnu llun	cael stori
dawnsio	reidio beic	ysgrifennu	canu
chwarae yn y gegin	yfed llefrith	gwisgo i fyny	cyfrif
chwarae yn y tywod	chwarae trên	gwneud model	dringo

Mi fyddwch chi'n gwneud pump o'r pethau yma yn y cylch meithrin heddiw. Marciwch nhw. Mi fydd eich partner yn gofyn cwestiynau er mwyn darganfod be' fyddwch chi'n wneud.

You will be doing five of these things in the cylch meithrin *today. Mark them. Your partner will ask questions to discover what you will be doing.*

Fyddi di'n dawnsio? Bydda/Na fydda

Adre efo'r plant

Wrth fynd i'r cylch meithrin, gofynnwch i'ch plentyn be' fydd o/hi'n wneud:

On the way to the cylch meithrin, *ask your child what he/she will be doing:*

Fyddi di'n chwarae yn y tywod? Bydda/Na fydda

Mae hi'n bosib bydd rhaid i chi ofyn y cwestiynau a'u hateb eich hun ar y dechrau.

It's possible you will have to ask the questions and answer them yourself at the beginning.

29.2 Amser gwely

yn y gwely	ar y silff	yn y cwpwrdd
dan y gwely	yn y fasged	yn y bocs
ar y cwpwrdd	ar y bocs	ar y fasged

Mi fydd tedi'n cysgu yn un o'r llefydd uchod. Penderfynwch lle ac ysgrifennu'r lle ar ddarn o bapur. Mi fydd eich partner yn gofyn cwestiynau i ddarganfod lle bydd tedi'n cysgu.

Teddy will be sleeping in one of the above places. Decide where and note the place on paper. Your partner will ask questions to discover where teddy will be sleeping.

Fydd tedi'n cysgu yn y fasged? Bydd/Na fydd

Adre efo'r plant

Os oes gan eich plentyn dedi arbennig sy'n cysgu yn y gwely fel arfer, chwaraewch gêm pan fydd y plentyn yn mynd i'r gwely. Rhowch y tedi rywle arall yn yr ystafell a gofyn:

If your child has a special teddy who usually sleeps with him or her in the bed, play a game when the child goes to bed. Put the teddy somewhere else in the room and ask:

Fydd tedi'n cysgu yn y bocs? Na fydd

Symud tedi i rywle arall. / *Move teddy somewhere else.*

Fydd tedi'n cysgu dan y gwely? Na fydd

Fydd tedi'n cysgu yn y cwpwrdd? Na fydd

Symud tedi i'r gwely efo'r plentyn. / *Move teddy to the bed with the child.*

Fydd tedi'n cysgu yn y gwely? Bydd!

uned 30

30.1 Disgrifio cymeriadau

Mewn grwpiau o dri mi fydd pawb yn ei dro yn disgrifio cymeriad mae plant yn ei nabod (cymeriad mewn rhaglen deledu, cartŵn, ffilm, llyfr, comic). Mi fydd y lleill yn dyfalu pwy sy'n cael ei ddisgrifio.

In groups of three everyone will take turns to describe a character that children recognise (a character in a television programme, cartoon, film, book, comic). The others will guess who is being described.

Disgrifiwch olwg y cymeriad a be' mae o/hi'n medru wneud a ddim yn medru wneud.

Describe the character's appearance and what he/she can and cannot do.

Adre efo'r plant

Wrth edrych ar lyfrau neu luniau efo'r plant, chwaraewch yr un gêm, a disgrifio'r cymeriadau sy'n cael eu dangos.

When looking at books or pictures with the children, play the same game, describing the characters shown.

30.2 Edrych ar ffotograffau

Ymarfer efo'r tiwtor

Lle oeddet ti?	*Where were you?*
Ro'n i yn Ibiza	*I was in Ibiza*

Mae'r tiwtor wedi gofyn i chi ddŵad â ffotograffau i'r dosbarth. Edrychwch ar ffotograffau eich partner, pwyntio a gofyn:

The tutor has asked you to bring photos to class. Look at your partner's photos, point and ask:

Lle oeddet ti yn y ffoto yna?
Ro'n i yn Llanberis

Newidiwch bartner nifer o weithiau. / *Change partners a number of times.*

Adre efo'r plant

Edrychwch ar ffotograffau'r teulu efo'r plant a gofyn:

Look at photos of the family with the children and ask:

Lle oeddet ti yn y ffoto yna?

30.3 Darllen llyfrau

Unwaith eto mae'r tiwtor wedi dŵad â llyfrau plant i mewn i'r dosbarth. Darllenwch i'ch partner. Peidiwch poeni os dach chi ddim yn deall pob gair. Mi fydd y tiwtor yn helpu efo unrhyw eiriau anodd.

The tutor has once again brought in some children's books. Read to your partner. Don't worry if you don't understand every word. The tutor will help with any difficult words.

Adre efo'r plant

Ewch â'r plant i'r llyfrgell i edrych ar y llyfrau.
Dewiswch ychydig o lyfrau Cymraeg i'w darllen efo nhw.

Take the children to the library to look at the books.
Choose a few Welsh books to read with them.

Cân

Tôn – 'Happy Birthday'

Penblwydd hapus i ti,
Penblwydd hapus i ti,
Penblwydd hapus i ___________,
Penblwydd hapus i ti.

nodiadau

nodiadau